日本の食文化

「和食」の継承と食育

[新版]

編著者 江原絢子　石川尚子

著者　大久保洋子　島﨑とみ子　冨岡典子
　　　中澤弥子　橋爪伸子

アイ・ケイ コーポレーション

はじめに

　本書は既刊の「日本の食文化―その伝承と食の教育」を「日本の食文化―「和食」の伝承と食育」と副題を改め，新版として刊行するものである。

　既刊の「日本の食文化―伝承と食の教育(2009)」編集の折には「食生活と文化―食の歩み(1998)」「近現代の食文化(2002)」の二書の特徴を見直し，特に世界の食文化形成について取り入れ，家政系の大学・短期大学，および調理師養成などの専門学校の教科書・参考書とした。

　また，半期の授業を想定して15回分の章を設け，各章を4節でまとめ，それぞれの節は見やすく，理解しやすいよう見開き2ページで完結する構成とし，図表や写真を豊富に取り入れ，各節ごとの流れがつかめるよう簡単な年表を配置した。これによって，章を追って学ぶこともできるし，必要な章を抜粋して学習できるものとした。さらに深く学習・研究がすすめられるよう，各章のテーマに関する参考文献を紹介した。こうした特徴がこれまで多くの大学・短大の食文化論の教科書として愛用されたものと思われ，すでに8版を重ねてきた。初版から字句の修正を除いて大きな改訂は行わなかったが，2013年12月「和食」がユネスコ無形文化遺産として登録され，2005年に公布された「食育基本法」に基づいた第3次食育推進基本計画も2016年3月に決定され，日本の食文化の保護・継承の促進はますます重要性を増している。

　そこで今回の新版でも，従来の趣旨を踏襲しながら，これら変化の現状に合わせて，序章「和食」；日本人の伝統的な食文化を設けるとともに各章の内容についても課題を加えるなどの見直しを行い，大幅な改訂を行うこととした。

　1章では　「食文化」の定義　食文化の研究領域　食に関する思想
　2章では　世界の食文化形成と自然環境
　3章では　日本の自然環境・社会環境と食文化の関連について記述
　4章では　大陸，南蛮，欧米など異文化の影響による日本の食文化の形成・変化
　5～8章では　食事の構成―主食の文化，副食の文化，調味料・油脂・香辛料の
　　　　　　　文化，菓子・嗜好品の文化―を中心に記述
　9章では　日本料理の形成と展開として主として本膳料理，懐石料理などの料理
　　　　　　形式の形成を記述
　10章では　食事に必要な台所設備，調理道具，食器など。

11章，12章では　日常食と飢饉など非常の食を対比
13章では　外食文化
14章では　行事と地域の食文化として，郷土料理と各地の食文化
15章では　家庭・地域・学校・社会における食育
各章を以上のような内容とした。

なお，副題を「その伝承と食の教育」とした既刊書から「「和食」の継承と食育」としたのは，ユネスコ無形文化遺産の提案書や食育推進基本計画に使用されている表現に合わせて変更したためである。しかし，日本の風土と歴史のなかで育まれ，伝承されてきた優れた食文化を次の世代に受け継ぐことの必要性と大切さを込めた副題としての意味は変わっていない。

本書が広く活用され，食文化・食育に興味をもつきっかけとなれば幸いである。先に述べた，本書の基となっている二書の出版の折に多々ご教示くださった石川寛子氏に感謝申し上げ，編集に関わるアドバイスなどお世話になりましたアイ・ケイコーポレーションの森田富子氏，編集担当の信太ユカリ氏にお礼申し上げる。

2016年9月

　　　　　　　　　　　　　　　　　　　　編著者　　江原　絢子
　　　　　　　　　　　　　　　　　　　　　　　　　石川　尚子

目　次

序章　「和食」；日本人の伝統的な食文化　　（江原絢子）

1節　ユネスコ無形文化遺産に登録された「和食」　……………　2
1. ユネスコ無形文化遺産とは　　2
2. ユネスコ無形文化遺産登録の経緯　　3

2節　和食文化の特徴〔1〕　……………　4
1. 「自然の尊重」を基本精神としている和食文化　　4
2. 日本の自然に海外からの食文化を融合させた「和食」　　4

3節　和食文化の特徴〔2〕　……………　6
1. 行事食・儀礼食を通した自然への祈り　　6
2. 健康的な食生活への貢献　　7

4節　和食文化の保護・継承に向けて　……………　8
1. 誰が和食文化を実践し保護するのか　　8
2. 一般社団法人和食文化国民会議　　9
3. 海外へ進出する「和食」　　9

〈参考文献〉

1章　食文化の領域　　（江原絢子）

1節　食文化の定義　……………　12
1. 「文化」の定義　　12
2. 食文化の定義　　13

2節　食文化研究の領域と対象　……………　14
1. 食文化研究の領域　　14
2. 食文化研究の対象　　14

3節　食文化研究の方法と研究資料　……………　16
1. 食文化研究の方法　　16
2. 食文化研究の流れ　　17
3. 先行研究と研究資料　　17

4節　食に関する思想　……………　18
1. 食事作法の思想　　18
2. 食事における禁欲の思想　　19
3. 健康食の思想と変化　　19

〈参考文献〉

2章 世界の食文化形成 (石川尚子)

1節 世界の食文化形成と環境 ………………………………… 22
1. 食文化の形成要因　22
2. 食文化の伝播　23

2節 世界の食文化類型とその特徴 ………………………………… 24
1. 世界の食文化類型　24
2. 6大食文化圏の特徴　24

3節 粉食文化と粒食文化 ………………………………… 26
1. 粉食文化　26
2. 粒食文化　27

4節 世界の料理文化 ………………………………… 28
1. 世界の料理文化圏　28
2. 各料理文化圏の特徴　28

〈参考文献〉

3章 日本の食文化形成と展開 (石川尚子)

1節 日本の食文化形成と自然環境 ………………………………… 32
1. 日本の食文化形成の要因　32
2. 自然環境の特徴　32

2節 日本の食文化形成と社会環境 ………………………………… 34
1. 日本食文化の三つの変革期　34
2. 社会環境との関わり　35

3節 日本食文化の特徴 ………………………………… 36
1. 日本食文化の一般的な特徴　36
2. 日本食文化の地域的な特徴　37

4節 日本食文化の現状 ………………………………… 38
1. 高度経済成長が生み出した食事情　38
2. 日本食文化の現状と課題　39
3. 食文化の発展とは　39

〈参考文献〉

4章 異文化接触と受容 (橋爪伸子)

1節 大陸文化 ………………………………… 42
1. 古　代　42
2. 中　世　43
3. 近　世　43

2節 南蛮文化，紅毛文化 ………………………………… 44
1. さとうと南蛮菓子　44
2. 南蛮料理　44

   3. オランダの食文化　　　　　　　　　　　　　　45
3節　欧米文化　　　　　　　　　　　　　　　　　　　　　　　　　　46
   1. 肉食の受容　　　　　　　　　　　　　　　46
   2. 西洋料理の導入　　　　　　　　　　　　　46
   3. 材料の国産化　　　　　　　　　　　　　　47
4節　多国籍の食　　　　　　　　　　　　　　　　　　　　　　　　　48
   1. 国際的な異文化接触　　　　　　　　　　　48
   2. 世界のさまざまな食文化の受容　　　　　49
〈参考文献〉

5章　主食の文化　　　　　　　　　　　　　　　　　　　（島﨑とみ子）

1節　木の実といも類　　　　　　　　　　　　　　　　　　　　　　52
   1. 木の実の利用と変遷　　　　　　　　　　52
   2. やまいも・さといもの利用と変遷　　　　52
   3. さつまいも・じゃがいもの利用と変遷　　53
2節　米　　　　　　　　　　　　　　　　　　　　　　　　　　　　　54
   1. 稲の伝播と社会・経済への影響　　　　　54
   2. 米調理法の変遷　　　　　　　　　　　　54
   3. 米加工品の変遷　　　　　　　　　　　　55
3節　大麦と小麦　　　　　　　　　　　　　　　　　　　　　　　　56
   1. 麦類の原産地と伝播　　　　　　　　　　56
   2. 大麦・小麦の生産と加工・調理　　　　　56
   3. パンとその普及　　　　　　　　　　　　57
4節　雑　穀　　　　　　　　　　　　　　　　　　　　　　　　　　58
   1. 雑穀の種類と栽培　　　　　　　　　　　58
   2. 栽培の歴史と雑穀の特性　　　　　　　　58
   3. 雑穀利用の変遷と調理法　　　　　　　　59
〈参考文献〉

6章　副食の文化　　　　　　　　　　　　　　　　　　　（冨岡典子）

1節　魚介類　　　　　　　　　　　　　　　　　　　　　　　　　　62
   1. 古代，中世　　　　　　　　　　　　　　62
   2. 近世　　　　　　　　　　　　　　　　　62
   3. 近代，現代　　　　　　　　　　　　　　63
2節　豆　類　　　　　　　　　　　　　　　　　　　　　　　　　　64
   1. 縄文時代から中世まで　　　　　　　　　64
   2. 江戸時代における加工・調理　　　　　　64
   3. 大豆の輸入と加工の近代化から現代の健康食品まで　　65
3節　肉，乳，卵　　　　　　　　　　　　　　　　　　　　　　　　66
   1. 肉　類　　　　　　　　　　　　　　　　66

2. 牛乳と卵　　　　　　　　　　　　　　　　　　　67
4節 野菜, 果物, きのこ, 海藻 ……………………………………………68
　　1. 野菜, 果物　　　　　　　　　　　　　　　　　　68
　　2. きのこ　　　　　　　　　　　　　　　　　　　　69
　　3. 海　藻　　　　　　　　　　　　　　　　　　　　69
〈参考文献〉

7章　調味料, 油脂, 香辛料　　　　　　　　　　　（大久保洋子）

1節 塩とさとう ………………………………………………………72
　　1. 製塩の発展　　　　　　　　　　　　　　　　　　72
　　2. さとうとその他の甘味料　　　　　　　　　　　　73
2節 発酵調味料 ………………………………………………………74
　　1. 酒と酢　　　　　　　　　　　　　　　　　　　　74
　　2. みそとしょうゆ　　　　　　　　　　　　　　　　75
3節 油　脂 ……………………………………………………………76
　　1. 近世以前の食用油　　　　　　　　　　　　　　　76
　　2. 江戸時代における油料理　　　　　　　　　　　　76
　　3. 近代・現代の食用油の動向　　　　　　　　　　　77
4節 だし, 香辛料 ……………………………………………………78
　　1. だし　　　　　　　　　　　　　　　　　　　　　78
　　2. 香辛料　　　　　　　　　　　　　　　　　　　　79
〈参考文献〉

8章　菓子, 茶, 酒　　　　　　　　　　　　　　　（橋爪伸子）

1節 和菓子 ……………………………………………………………82
　　1. 外来食品の影響　　　　　　　　　　　　　　　　82
　　2. 和菓子の大成　　　　　　　　　　　　　　　　　83
2節 洋菓子 ……………………………………………………………84
　　1. 洋菓子の伝来　　　　　　　　　　　　　　　　　84
　　2. 洋菓子の受容と国産　　　　　　　　　　　　　　84
　　3. 洋菓子の大衆化と普及　　　　　　　　　　　　　85
3節 茶 …………………………………………………………………86
　　1. 茶の渡来　　　　　　　　　　　　　　　　　　　86
　　2. 茶の受容と展開　　　　　　　　　　　　　　　　86
　　3. 茶の普及と製茶法の発達　　　　　　　　　　　　87
　　4. 紅茶, ハーブティ　　　　　　　　　　　　　　　87
4節 酒 …………………………………………………………………88
　　1. 日本の酒の特徴と起源　　　　　　　　　　　　　88
　　2. 技術革新と日本酒の完成　　　　　　　　　　　　88
　　3. 焼酎, その他　　　　　　　　　　　　　　　　　89

〈参考文献〉

9章 日本料理の形成と発展 （島﨑とみ子）

1節 日本料理の系譜 ……………………………………………………………92
1. 日本料理の原点　92
2. 日本料理様式の展開　93

2節 本膳料理 ……………………………………………………………………94
1. 本膳料理の成立　94
2. 本膳料理の特徴　94
3. 本膳料理の展開　95

3節 懐石料理 ……………………………………………………………………96
1. 懐石料理の成立　96
2. 懐石料理の特徴　96
3. 懐石料理の展開　97

4節 会席料理 ……………………………………………………………………98
1. 会席料理の成立　98
2. 会席料理の特徴　98
3. 会席料理の展開　99

〈参考文献〉

10章 台所・食器・食卓の文化 （中澤弥子）

1節 台所と燃料 …………………………………………………………………102
1. 原始，古代　102
2. 中世，近世　102
3. 近代，現代　103

2節 調理の諸道具 ………………………………………………………………104
1. 原始，古代　104
2. 中世，近世　104
3. 近代，現代　104

3節 食器 …………………………………………………………………………106
1. 土器と漆器　106
2. 陶器と磁器，南蛮ガラス　106
3. 洋食器とプラスチック製食器　107
4. リサイクル食器と非常時の食器　107

4節 食卓 …………………………………………………………………………108
1. 銘々膳　108
2. チャブ台，ダイニングテーブル　109
3. 居場所としての新しい食卓　109

〈参考文献〉

11章 日常の食生活 　　　　　　　　　　　　　　　　　（中澤弥子）

1節 日常食の形態 ……………………………………………………112
1. 主食と副食の分離　112
2. 食事回数と日常食の基本の形　112
3. 近代の日常食の形　113
4. 高度経済成長期以降の食事の多様化　113

2節 日常食の食材と料理 ……………………………………………114
1. 原始，古代　114
2. 中世，近世　114
3. 近代，現代　115

3節 日常食の地域性 …………………………………………………116
1. 近世・明治時代初期　116
2. 大正・昭和時代戦前期　116
3. 第二次世界大戦後，現代　117

4節 弁当と弁当箱 ……………………………………………………118
1. 古代・中世の弁当の歴史　118
2. 近世の弁当の歴史　118
3. 近代・現代の弁当の歴史　118
4. 弁当箱の変遷　119

〈参考文献〉

12章 非常の食生活 　　　　　　　　　　　　　　　　　（石川尚子）

1節 飢饉時の食 ………………………………………………………122
1. 飢饉発生の要因と実態　122
2. 飢饉時の食の実態　123

2節 戦争と食 …………………………………………………………124
1. 兵士たちの食生活　124
2. 庶民の食生活　124

3節 災害と食 …………………………………………………………126
1. 関東大震災と食　126
2. 阪神淡路大震災と食　127
3. 東日本大震災と食　127

4節 非常食の工夫 ……………………………………………………128
1. 多様な非常食　128
2. 非常時の主食　128
3. 食文化としての非常食　129

〈参考文献〉

13章　外食文化の成立と変化　　　　　　　　　　　　　　　（大久保洋子）

1節　外食文化の成立と形態 ……………………………………………………132
1. 外食の成立　　132
2. 外食の形態　　133

2節　食べもの屋の形成と発展 …………………………………………………134
1. 食べもの屋の形成　　134
2. 定食屋から料理屋へ　　135

3節　飲食店の多様化と拡大 ……………………………………………………136
1. 西洋料理店から洋食店へ　　136
2. 家族連れの外食　　136
3. 大衆食堂の成立と変化　　136
4. 外食の多様化　　137

4節　外食産業の発展 ……………………………………………………………138
1. 外食産業の誕生　　138
2. 外食の娯楽化　　138
3. 外食の国際化　　139

〈参考文献〉

14章　行事と地域の食文化　　　　　　　　　　　　　　　　（冨岡典子）

1節　年中行事と行事食 …………………………………………………………142
1. 年中行事の由来と定着　　142
2. 年中行事の食べもの　　143

2節　通過儀礼と儀礼食 …………………………………………………………144
1. 誕生から成人まで　　144
2. 婚　礼　　145
3. 人生の終焉　　145

3節　郷土料理の形成と要因 ……………………………………………………146
1. 郷土料理の形成　　146
2. 郷土料理の分類　　147

4節　各地の産物と郷土料理 ……………………………………………………148
1. 全国の名物・名産品　　148
2. 郷土に伝承される「すし」　　148
3. 世界に定着したSUSHI文化　　149

〈参考文献〉

15章 家庭・地域，学校，社会における食育　　（江原絢子）

1節 家庭・地域における食育 ……………………………………………………152
  1. 場の違いによる食育　152
  2. 体験，訓練，みようみまね　153
  3. 心を育てる食の体験　153

2節 学校における食育 ……………………………………………………………154
  1. 学校設置と地域生活の変化　154
  2. 栄養学と数量教育の重視　154
  3. 第二次世界大戦後の学校給食とその影響　154

3節 情報化社会における食育 ……………………………………………………156
  1. 明治・大正時代の雑誌・料理書　156
  2. 主婦を対象とした料理雑誌　157
  3. ラジオ・テレビからインターネットへ　157

4節 これからの食育 ………………………………………………………………158
  1. 変わる食卓　158
  2. 「食育」の政策　159
  3. 豊かな食生活のために　159

〈参考文献〉

索　引 …………………………………………………………………………………161

序章　「和食」；日本人の伝統的な食文化

概　要

　2013年12月，ユネスコ無形文化遺産に「和食：日本人の伝統的な食文化－正月を例として－」が登録された。その提案書には「和食」は，食の生産から消費までの技能や知識，実践，伝統に関わる社会的慣習であり，資源の持続的な利用と関係している「自然の尊重」という基本的な精神に因んでいると述べられている。

　和食文化の主な特徴は，自然の恵みと時代ごとに受け入れてきた海外の食文化を融合させて日本特有の文化を築いてきたこと，自然を生かしながら豊かな食材を育て，それを最大限に利用してきたなかでさまざまな調理法，加工法，貯蔵法を生み出してきたことがあげられる。

　また人々は，自然のあらゆるものに神が存在していると感じてきたことから，神をもてなし，食べ物をささげて，共に食事をすることで健康や豊作を願ってきた。それが行事・行事食の意味でもあり，地域や家族で共に食することで絆が深まったことも和食文化の特徴でもある。さらに，米を中心に，四季折々の食材や発酵食品を組み合わせた食事は，健康的な食生活に寄与してきた。

　提案書では，和食文化の実践者は，すべての日本人であるとされ，これまでの実践は，家庭により行われてきたが，核家族化の進展や地域社会の弱体化，食生活スタイルの変化などによって，和食文化の存在感や活力は少しずつ失われているとある。

　また，今後の和食文化の保護・継承に責任をもつ組織として，一般社団法人和食文化国民会議が，2015年から本格的活動をスタートさせた。今後も，家庭だけでなく学校などでの実践も強化して，優れた日本人の和食文化を促進することが求められる。

原始・古代						中世		近世		
縄文時代	弥生時代	古墳時代	奈良時代	平安時代		鎌倉時代	室町時代	安土桃山時代	江戸時代	
・木の実の水さらし技術	・煮炊用土器	・稲作農耕社会の広がり ・炊飯用土器	・米を蒸す甑の使用	・箸の使用定着	・貴族の大饗料理、中国の影響で定着	・精進料理の発展	・本膳料理の成立 ・包丁流派の誕生	・懐石料理の定着 ・南蛮菓子伝来	・出版料理書、料理屋の普及 ・会席料理成立	

1節　ユネスコ無形文化遺産に登録された「和食」

1. ユネスコ無形文化遺産とは

　2013年12月，ユネスコ（国際連合教育科学文化機関）無形文化遺産に「和食；日本人の伝統的な食文化－正月を例として－」（Washoku, traditional dietary cultures of the Japanese, notably for the celebration of New Year）が登録された。

　ユネスコ無形文化遺産として，日本では，「和食」の登録だけでなく，すでにそれ以前にいくつもの登録が行われている。そもそもユネスコの文化遺産とは何かについて簡単に述べておきたい。

　文化遺産には，有形と無形とがあり，それぞれ異なる条約によって登録が行われている。有形文化遺産は「世界遺産条約」（「世界の文化遺産及び自然遺産の保護に関する条約」）により審査が行われるのに対し，「無形文化遺産」は，「無形文化遺産の保護に関する条約」（以下「保護条約」とする）によっている。無形文化遺産登録とは，「保護条約」第16条にある「人類の無形文化遺産の代表的な一覧表」に記載されることである。

　「無形文化遺産」は「世界遺産」（World Heritage）に対し，単に「無形文化遺産」（Intangible Cultural Heritage）と称され，世界という表示はないが，「保護条約」の代表一覧には，「人類の無形文化遺産」（Intangible Cultural Heritage of Humanity）とされているからか，申請に向けた検討会などでは，「世界」が使われている。

　「無形文化遺産」への一覧には，和食文化登録の検討以前に，2008年からすでに能楽，歌舞伎，京都祇園祭の山鉾行事，など20件が記載されている。「日本食文化の世界無形文化遺産登録に向けた検討会」議事録・資料，文化庁における和食の審議記録，提案書を参考資料として，申請の経緯について述べてみよう。

　提案書の提出には，いくつかの条件を満たしていることが求められる。とくに，「保護条約」第2条の内容（図序－1）を満たすことが重要であり，そのほか幅広い支持者がいることなども条件となっている。

　「無形文化遺産」とは，慣習，描写，表現，知識及び技術並びにそれらに関連する器具，物品，加工品及び文化的空間であって，社会，集団及び場合によっては個人が自己の文化遺産の一部として認めるものをいう。
　この無形文化遺産は，<u>世代から世代へと伝承され</u>，社会及び集団が自己の環境，<u>自然との相互作用及び歴史に対応して絶えず再現し</u>，かつ，当該社会及び集団に同一性及び継続性の認識を与えることにより，文化の多様性及び人類の創造性に対する尊重を助長するものである。この条約の適用上，無形文化遺産については，既存の人権に関する国際文書並びに社会，集団及び個人間の相互尊重並びに<u>持続可能な開発の要請と両立する</u>ものにのみ考慮を払う。

（―線筆者による）

図序－1　保護条約2条

近世	近・現代			
	明治時代	大正・昭和時代		平成時代
・みそ・酒・みりんなど定着 ・和食にだし、しょうゆ・ ・和菓子の完成 ・肉食禁忌思想の定着	・肉食解禁と牛鍋の流行 ・西洋料理書刊行 ・和洋折衷料理の家庭向料 理書増加	・栄養学の発達 ・戦争による食料統制 1950年 パンとミルク、おかずの 完全給食開始 1970年代 ファミレストランの開店 ファストフード店、ファミ	1980年代 日本型食生活の提唱	2013年 「和食」ユネスコ無形文化 遺産に登録 「和食の日」11月24日 に制定

2. ユネスコ無形文化遺産登録の経緯

(1) 検討会の組織

2010年11月、フランスの美食術、地中海料理、メキシコの伝統料理が食文化としては、はじめてユネスコ無形文化遺産に登録された。フランスの「美食術」(ガストロノミー)は、出産、結婚、誕生日などにおける最も重要な時を祝うための社会的慣習であるとしている。また、メキシコの伝統料理は、とうもろこし、まめ、唐辛子を基本とした多様な農産物を使用する料理で、誕生や死などの人生の出来事、伝統的な祭礼、儀式などにおける核としての役割を果たすとしている。

これらの登録も契機となり、日本においても和食文化を登録したいとの機運が高まった。また、東日本大震災での原発事故による風評被害から日本食に対する信頼を回復し、復興のシンボルとすべきとの考え方もあった。

農林水産省において検討会が組織され、2011年7月5日から11月4日の第4回まで毎月1回開催された。詳細な議事録から重点を紹介したい。委員長は、静岡芸術大学学長(当時)熊倉功夫氏、委員は東京農業大学名誉教授、調理師学校理事長・校長、日本料理アカデミー理事長、味の素株式会社代表取締役会長など11名に加えて、アドバイザー(東京文化財研究所無形文化遺産部長)に、オブザーバー(外務省、文化庁、厚生労働省、経済産業省、観光庁)が名簿に記されているが、女性の委員はみられない。

(2) 検討会の経緯－会席から和食へ

第1回の議事録では、まず日本の食文化の重要な要素を整理する必要があるとしている。登録内容の名称・内容は、第2回検討会で議論され、「会席料理を中心とした伝統をもつ特色ある独特の日本料理」とすることで合意された。しかし、第3回検討会では、フランスの美食術の申請経緯についての現地調査について報告が行われ、次の3点が重要とされた。

① 世代を超えて伝達され、常に発達していく可能性があるかどうかということ。
② 一部エリートのものではないことで、広く一般大衆に開かれ保護すべき内容のもの。
③ 経済面に関連する内容は記載しないこと。

第4回検討会では、無形文化遺産に申請していた韓国の「宮中料理」が広範囲なコミュニティの参加があるかなどの問題点が指摘されたと報告された。フランスでの報告なども合わせると、一般大衆に開かれて保護すべきことが、登録の内容として重要とされていることが明らかとなった。

そこで、第3回までの「会席」を前面に出すのではなく、日本人の伝統的な食文化を示す言葉として「和食」(Washoku)を加えて、「和食；日本人の伝統的な食文化」として提案することが決定された。文化庁での審議ののち、2012年3月にユネスコに提案書が提出され、翌13年12月に代表一覧に記載されることが決定した。その提案書の内容から和食文化の特徴をみてみたい。

原始・古代							中世		近世		
縄文時代	弥生時代	古墳時代	奈良時代	平安時代		鎌倉時代	室町時代	安土桃山時代	江戸時代		
・木の実の水さらし技術 ・煮炊用土器	・稲作農耕社会の広がり ・炊飯用土器	・米を蒸す甑の使用	・箸の使用定着	・響で定着 ・貴族の大饗料理中国の影響		・精進料理の発展	・本膳料理の成立 ・包丁流派の誕生	・懐石料理の定着 ・南蛮菓子伝来	・出版料理書，料理屋の普及 ・会席料理成立		

2節　和食文化の特徴〔1〕

1. 「自然の尊重」を基本精神としている和食文化

　ユネスコに提出した提案書には，「「和食」は，食の生産から消費までの技能や知識，実践，伝統に関わる社会的慣習であり，資源の持続的な利用と関係している「自然の尊重」という基本的な精神に因んでいる」と述べられている。また各地域コミュニティの食文化は地域ごとに特有であるが，共通の性質として，「自然の尊重」，「健康の増進」，「絆の強化」があげられている。しかし，提案書の文字数が限定されていることもあって，具体的なことはほとんど記されていない。本稿では，提案書の精神を理解するために，より具体的な内容について述べる。

　下記の図序-2は和食文化の基本である「自然の尊重」の基本精神をもとに生み出された和食文化の主な内容を図示したものである。自然を生かしながら豊かな食材を育て，それを最大限に利用してきたなかで，さまざまな調理法，加工法，貯蔵法を生み出してきた。自然は，恵みももたらすが，災害もしばしばもたらした。人々は，自然を神と見立て，災いを払い，福をもたらすよう祈ってきた。それが行事・行事食の意味でもある。

2. 日本の自然に海外からの食文化を融合させた「和食」

　日本は四季があり温暖な気候に恵まれているが，夏は高温多湿な地域が多く年間の雨量も比較的多く，豊富で良質な水に恵まれている。そのため，多様な農産物が生産された。水田稲作は，連作障害がなく，単位当たりの収穫も高く，日本では比較的栽培しやすい作物として，弥生時代には日本列島

自然の恵みと異文化の融合
四季のある日本の自然がもたらす作物，海の恵み，豊富で良質な水の恵みのなかで，時代ごとに海外の文化を取り入れ，融合させながら独自の文化を築いてきた。

行事・行事食は神へのおもてなし
自然のなかにある神により生かされていると感じた人々は，行事や行事食，祭り，花見などで神へのご馳走を用意し，共に食べることを通し，除災招福の願いをこめ，家族や地域の絆も深めてきた。

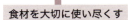

食材を大切に使い尽くす
自然の恵みにより得られた作物や収穫物を最後まで使い尽くすために，各種の乾物や発酵食品を生み出し，調理法や調理道具などの工夫と技術が発達した。

季節感を楽しむ心
四季の変化により，食材を選択し，器や箸など食の道具だけでなく，食卓のしつらいにも季節の花を盛るなど，季節感を大事にした食生活を楽しむ。

健康に寄与する食事の基本形
「飯・汁・菜・漬物」の組み合わせを基本とした食生活は，菜の数や食材の種類により，日常食にも特別な食事にも対応でき，とくに1980年頃の組み合わせのバランスは健康的とされ，世界でも注目されている。

図序-2　和食文化の主な内容

近世	**明治時代** ・肉食禁忌思想の定着 ・和菓子の完成 ・みそ・酒・みりんなど定着 ・和食にだし、しょうゆ・ **明治時代** ・理書増加 ・和洋折衷料理の家庭向料 ・西洋料理書刊行 ・肉食解禁と牛鍋の流行
近・現代	**大正・昭和時代** ・栄養学の発達 ・戦争による食料統制 **1950年** ・完全給食開始 ・パンとミルク、おかずの **1970年代** ・ファストフード店、ファミリーレストラン開店 **1980年代** ・日本型食生活の提唱 **平成時代** **2013年** ・「和食」ユネスコ無形文化遺産に登録 ・「和食の日」11月24日に制定

に広がった。

　米と同様，麦類，雑穀類，豆類，いも類，野菜類は，各時代に海外から伝来し，日本の各地域の自然環境に合わせて改良されてきたものがほとんどである。日本の自然の環境と時代ごとに伝来した海外の食文化を受容し，融合させて日本独特の食文化をつくりあげてきた。その例を下記に示す。

日本の自然環境と食材等
- 温暖・夏高温多湿　→　多様な農産物
- 周囲が海　　　　→　魚介類・海藻
- 山と河　　　　　→　豊富で良質な水

↓

特有の食文化
- 蒸す・茹でる・煮る調理
- だし(かつお節・昆布・煮干しなど)
- みそ・しょうゆ，日本酒などの発酵技術　箸のみの使用
- 茶の湯・和菓子(甘味文化)
- 食事形式(飯・汁・菜・漬物)
- 肉じゃが・すきやき・とんかつ
- 自然の尊重と結びついた年中行事と行事食

←

異文化の伝来

―中国・朝鮮半島の文化―
- 野菜・箸と匙
- 食事形式・作法
- 喫茶習慣
- 年中行事

―南蛮文化―
- 砂糖菓子
- とうがらし
- 野菜類　揚げ物

―欧米文化―
- 西洋料理・食材
- 肉食習慣
- 牛乳・乳製品
- 医学・生理学
- 栄養学・衛生学など
- 学校教育

＊各時代に伝来した文化とその主な伝来内容の例
＊中国・朝鮮半島の文化は，原始・古代から近代以降も影響を与えてきたが，ここでは主に古代頃の伝来内容を示す
＊南蛮文化は16世紀，欧米文化は幕末以降の伝来内容を示す

図序－3　自然と異文化を融合させた日本の食文化
熊倉功夫・江原絢子『和食とは何か』をもとに作成

図序－4　市場の多様な農産物
（撮影：江原絢子）

図序－5　だしをきかせた吸物
（撮影：江原絢子）

図序－6　箸（日本）　（撮影：江原絢子）

図序－7　箸と匙（韓国食）　金仁恵氏提供

原始・古代						中世		近世	
縄文時代	弥生時代	古墳時代	奈良時代	平安時代		鎌倉時代	室町時代	安土桃山時代	江戸時代
・木の実の水さらし技術 ・煮炊用土器	・稲作農耕社会の広がり ・煮炊用土器	・炊飯用土器 ・米を蒸す甑の使用	・箸の使用定着	・箸で定着 ・貴族の大饗料理中国の影響		・精進料理の発展	・包丁流派の誕生 ・本膳料理の成立	・南蛮菓子伝来 ・懐石料理の定着	・及会席料理成立 ・出版料理書、料理屋の普及

3節　和食文化の特徴〔2〕

1. 行事食・儀礼食を通した自然への祈り

　和食の基本的精神である「自然の尊重」という意味は，自然を守り持続可能な形で環境を壊さない程度に使い，そこから得られた食材は，最後まで大切に使い尽くすことが含まれる。しかし，和食文化の根底にある「自然の尊重」は，日本人のより深い精神的なよりどころであるともいえよう。日本人は，自然のなかに神という霊的な存在を感じ，山や木，石，動物など自然のあらゆるところに神が存在していると感じたきたため，その神の恩恵によって生かされ，平穏な暮らしができると信じてきた。

　感謝と共に神をもてなすために，特別な食べ物や新しい収穫物などを「神饌」として供えた。例えば，春が来て桜の花のもとで花見をして酒宴を催すのは，桜が，農耕の神（サ）の宿る木（クラ）で山の神が田の神として里に降り，農業を守ると信じてきたからである。桜の開花は，田の神が里にきたことを象徴している。桜の花を見て，その年の豊凶を占い，神様をもてなして豊作を約束してもらおうとするのが花見の本来の意味である。

　正月など年中行事だけでなく誕生，婚礼などの人生儀礼も，神への祈りがもとになっている。正月は，歳神様（歳徳神）を迎える行事である。江戸時代の例をみると，12月からすす払い，せち箸（祝い箸）つくり，餅つき，松飾などつぎつぎと準備を行うが，そのたびに，神棚に神酒を供え，身を清めて，しめ縄をなうなど神を迎えるために，どれだけ心を砕いているかをうかがうことができる。

祝い箸の両側は細くなっているが，片方を神が片方を人が食べる神人共食を意味している。鏡餅には神の霊力が宿っていると信じられてきた。さまざまな行事を通して家族や地域の人々が神と共に神人共食するなかで，共同体意識を育て，アイデンティティーを再確認することにもなった。これらが和食文化の最も重要な特徴でもある。

図序－9　歳神様を迎える正月　（撮影：江原絢子）

図序－8　花見　田の神が宿る桜
（撮影：江原絢子）

近世	近・現代		
・みそ・酒・みりんなどが定着 ・和食にだし、しょうゆ・ ・和菓子の完成 ・肉食禁忌思想の定着	**明治時代** ・理書増加 ・和洋折衷料理の家庭向料 ・西洋料理書刊行 ・肉食解禁と牛鍋の流行	**大正・昭和時代** ・栄養学の発展 ・戦争による食料統制 ・1950年 　完全給食開始 　パンとミルク、おかずの ・1970年代 　ファミレストラン開店 　ファストフード店、ファミ ・1980年代 　日本型食生活の提唱	**平成時代** ・2013年 　「和食」ユネスコ無形文化 　遺産に登録 ・「和食の日」11月24日 　に制定

2. 健康的な食生活への貢献

(1) 800年以上続く和食の基本形「飯・汁・菜(おかず)・香の物(漬物)」

　和食の特筆すべき特徴は，和食の基本形とされる「飯・汁・菜(おかず)・香の物(漬物)」の組み合わせが，平安時代末期から成立していたとされることである。汁や菜の数を変えることや菜の内容を変化させることで，特別なハレ食とすることも日常食とすることもでき，多様な食材を組み合わせることで，バラエティーに富む食事とすることも可能である。

　室町時代に成立した武士の供応食である本膳料理形式(p.94参照)は，江戸時代後期には農村部にも広がり，婚礼，葬儀，正月などの儀礼食として普及し，地域によっては，第二次世界大戦後も行われた。さらに，茶の湯に伴い発展した懐石料理(p.96ページ参照)も和食の基本形の組み合わせであるが，順番に供されるために熱いものは熱く供し，季節感のある材料を調理して，器を選択するなど今日の日本料理に近い「自然の尊重」を料理に映し出している。

　日常食も菜の数は1～2種と少ないが，基本的な形で供されてきた。近代までの日常の食事は，主食からほとんどのエネルギーを摂取していたことから，今日の栄養学的視点からみれば必ずしも健康的とはいえないかもしれない。しかし，魚介類を多く使用するハレの日もしばしば実施しており，日常食より料理の種類も増やし，酒や甘味なども併せて楽しみを加えることで食事のバランスをとっていたことも忘れてはならない。このような食生活はつい最近まで一般家庭の基本でもあった。

(2) 日本型食生活の提唱

　とくに1975～1980年頃の平均的食生活は，摂取エネルギーを，たんぱく質(P)，脂質(F)，炭水化物(C)からバランスよく摂取しているとされ(これをPFCバランスとよんだが，現在エネルギー産生栄養素バランスという)，日本型食生活として推奨された。飯を中心に和食の基本形を残しながら，野菜，魚介類に肉や乳・乳製品を加えた食事がバランスを生んだものと思われる。和食の基本形「飯・汁・主菜・副菜・漬物」に近い形を取りつつ，主菜・副菜に多様な食材を組み合わせることで，より健康的な食事を比較的簡単に構成することができるのが和食の基本であり，日本の食生活の考え方でもある。

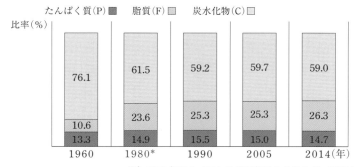

図序-10　エネルギーの栄養素別構成の変化

注〕1980年頃のバランスが理想的とされたが，現在も平均ではバランスを保っている

厚生労働省「国民健康・栄養調査」および「国民栄養調査」により作成

原始・古代						中世		近世	
縄文時代	弥生時代	古墳時代	奈良時代	平安時代		鎌倉時代	室町時代	安土桃山時代	江戸時代
・木の実の水さらし技術 ・煮炊用土器	・稲作農耕社会の広がり	・炊飯用土器 ・米を蒸す甑の使用	・箸の使用定着	・貴族の大饗料理年中行事、 中国の影響で定着		・精進料理の発展	・本膳料理の成立 ・包丁流派の誕生	・懐石料理の定着 ・南蛮菓子伝来	・及会席料理成立 ・出版料理書、料理屋の普

4節 和食文化の保護・継承に向けて

1. 誰が和食文化を実践し保護するのか

提案書をみると，和食文化の実践者は，「全ての日本人である」と述べられている。また，これまでの実践は，家庭により行われてきたが，核家族化の進展や地域社会の弱体化，食生活スタイルの変化などによって，和食文化の存在感や活力は少しずつ失われているとある。そのため，家庭だけでなく学校や社会での実践も強化して，家庭をサポートする必要もあるとしている。

(1) 体験を通して習得する

家庭は，習得するまで日々繰り返し何度も体験できるすぐれた実験場でもある。1955年以降の高度経済成長期より以前の多くの家庭では，便利な電気機器も少なく，家事に時間がかかる時代で，子どもたちも家事の手伝いが必要とされただけでなく，親もまた，訓練のためにも仕事を与えた家庭が多くみられた。

火をおこす，湯を沸かす，米を洗う，配膳，片づけなど，日々食にかかわる作業は，それぞれが単純でも繰り返すことで技術が磨かれ，食への関心も高くなると思われる。おにぎりを三角形ににぎることや柿やりんごの皮むきなども皆で競争して行ううちに技術も確実なものとなる。仕事や遊びを通し，体験を繰り返すなかで，技術の向上だけでなく食べ物を大切にする心などを含めて自ら学びとることができる。このような実践が，和食文化の継承につながるといえよう。

民俗学者宮本常一は，その著『家郷の訓』のなかで，自身の母の子に対する教育について記している。一つは，子がよく働く人になってくれることであった。さまざまな仕事を与えながら，飽かずに続けられるよう母はいろいろな工夫をしたという。また，もう一つ大切なことは，神を敬う人になってほしいということである。日々神仏に供え物をして祈ること，留守の人の無事を祈って陰膳を用意したという。人は，神仏に庇護されていると考えていたからである。子どもたちに親が与えられることが何かを端的に物語るものであり，これらが自然を尊重する「和食」の精神につながるものともいえる。

(2) 学校・社会を通して和食文化を伝える

2016年度より第3次食育推進基本計画が策定された。第2次の内容を引き継いだものも多いが，「和食」がユネスコ無形文化遺産に登録されたことにより，その内容もあらたに追加された。

とくに，学校給食では第2次にもある米飯給食の着実な実施に加え，和食給食の献立の開発を行い，子どもたちと共に食べながら，食文化の大切さを伝え「和食」の継承を推進するとある。2014～2016年の文部科学省の調査では，完全給食を実施している学校の平均でみると，米飯給食は，週3.4回であるが，地域差，学校差などが大きい。しかし，現在優れた取り組みをしている学校も増加し，子どもたちが炊飯を実施したり，食器に地域特産の塗器を使っているところなど，意欲的な取り組みを行っている。そうした例にならい，全国的にさらなる新しい取り組みが期待される。

和食文化の歴史

近世	近・現代					
明治時代以前	明治時代	大正・昭和時代	1950年	1970年代	1980年代	平成時代 2013年
・みそ・酒・みりんなど定着 ・和食にだし、しょうゆ・和菓子の完成 ・肉食禁忌思想の定着	・理書増加 ・和洋折衷料理の家庭向料理書刊行 ・肉食解禁と牛鍋の流行	・栄養学の発達 ・戦争による食料統制	・パンとミルク、おかずの完全給食開始	・ファストフード店、ファミリーレストラン開店	・日本型食生活の提唱	・「和食」ユネスコ無形文化遺産に登録 ・「和食の日」11月24日に制定

2. 一般社団法人和食文化国民会議

　2015年4月「一般社団法人和食文化国民会議」が，第1回の総会を開き本格的活動をスタートさせた。和食文化をユネスコ無形文化遺産として提案した2012年3月，「日本食文化のユネスコ無形文化遺産化推進協議会」が設立され，翌年7月，協議会に事務局を開設し，名称を「「和食」文化の保護・継承国民会議」（略称：和食会議）と改変したが，さらにこれが2015年2月，「一般社団法人和食文化国民会議」と，法人として設置された。ユネスコ無形文化遺産として登録され，保護措置に責任をもつ組織の設置が必要で，ユネスコへの報告の義務も生じることになったからである。「和食会議」では，3部会（調査・研究部会，普及・啓発部会，技・知恵部会）を設置し，さらに和食に関心をもつ全国の人たちとの情報交換のために全国「和食」連絡会議を設置している。調査・研究部会では，2015年11月24日の「和食の日」に和食文化ブックレット第1巻『和食とは何か』を発刊し，その後，『年中行事としきたり』など，全10巻および『和食手帖』を発刊し，広く和食文化の推進活動を行っている。会員は誰でもなれるうえ，講演会なども行っている。HPからその内容を確認してほしい。

3. 海外へ進出する「和食」

　日本の食は，海外で高い評価を受けつつある。フランスなどでは日本の弁当箱が人気を博し，海外の日本食レストランも増加している。アジアやアメリカでは「飯，汁，菜，漬物」という和食の基本形を定食として提供している日本の企業もある。また，海外のスーパーマーケットでも巻ずしや幕の内弁当などが販売されている。しかし，日本の国内で和食文化の成り立ちやその魅力を海外の人たちに説明できる日本人は多いとはいえないのではないか。これからの日本を担う若い人たちが，日本の食文化，地域の食文化を理解するだけでなく，そこに誇りを感じることができることを期待している。古いものに戻ることが継承ではない。和食文化の継承には，食の背景にある精神を受け継ぎつつも，新たな時代のものを取り入れて再構築することであり，創造的な活動でもある。

図序-11　和食の日のポスター
（一社）和食文化国民会議作成

秋は「実り」の季節
「自然」に感謝し，五穀豊穣を祈る行事が，全国各地で盛んに行われます。日本の食文化にとって大切な，この秋の日に，「和食」文化の保護・継承の大切さについて改めて考えてほしい，そのような願いから，11月24日を"いい日本食"『「和食」の日』と認定しました。

図序-12　スーパーマーケットでの寿司販売（ロンドン）
（撮影　中澤弥子）

参考文献

足立己幸・江原絢子・針谷順子・高増雅子『和食の教科書』文渓堂，2016
石毛直道『日本の食文化史旧石器時代から現代まで』岩波書店，2015
岩田三代『伝統食の未来』ドメス出版，2009
岩田三代編「世界の食文化無形文化遺産」『vesta』101号（味の素食の文化センター），2016
江原絢子（監）『和の食文化』全4巻，岩崎書店，2015
江原絢子（監）『日本の伝統文化　和食』全6巻，学研教育出版，2015
江原絢子・石川尚子・東四柳祥子『日本食物史』吉川弘文館，2009
江原絢子・東四柳祥子『日本の食文化史年表』吉川弘文館，2011
奥村彪生『日本料理とは何か　和食文化の源流と展開』農村漁村文化協会，2016
神崎宣武『47都道府県伝統行事百科』丸善出版，2012
神崎宣武『しきたりの日本文化』角川学芸出版，2013
熊倉功夫・江原絢子『和食とは何か』（和食文化ブックレット）思文閣出版，2015
熊倉功夫（監）・江原絢子（編著）『和食と食育』アイ・ケイコーポレーション，2014
熊倉功夫『「食」その伝統と未来—食のシンポジウム』ドメス出版，2010
熊倉功夫『文化としてのマナー』岩波書店，1999
熊倉功夫『日本料理の歴史』吉川弘文館，2007
熊倉功夫編『日本の食の近未来』思文閣出版，2013
後藤加寿子・熊倉功夫『おもてなしとマナー』（和食文化ブックレット）思文閣出版，2016
食料問題研究会『図解日本食料マップ』ダイヤモンド社，2012
辻芳樹『和食の知られざる世界』新潮社，2013
中村羊一郎『年中行事としきたり』（和食ブックレット），思文閣出版，2016
原田信男『和食とはなにか　旨みの文化をさぐる』，角川学芸出版，2014
原田信男『日本人はなにを食べてきたか』角川学芸出版，2010
原田信男『江戸の食文化・和食の発展とその背景』小学館，2014
原田信男『和食と日本文化—日本料理の社会史』小学館，2005
疋田正博『食を育む水』ドメス出版，2007
的場輝佳編「和食のクライテリア」『vesta』94号（味の素食の文化センター），2014
龍谷大学農学部食料農業システム学科『知っておきたい食・農・環境：はじめの一歩』昭和堂，2016

1章　食文化の領域

概　要

　食文化とは，1980年代に一般に広く用いられるようになった比較的新しいことばである。そのために一般化した定義がみられない。文化ということばさえ，時代や研究者によりさまざまな定義がなされている。そのなかでも，比較的受け入れられている文化の定義である「人間が自然界に対処しながら蓄積してきた人間らしい行動様式」あるいは「人類の生活様式と同義語に近い」などを基本としながら，食文化については，次のような定義が提案される。

　本書では，「食文化とは，民族・集団・地域・時代などにおいて共有され，それが一定の様式として習慣化され，伝承されるほどに定着した食物摂取に関する生活様式」と定義する。

　また，食文化研究は，食料の生産，流通，調理・加工，配膳，摂取の流れを含む生活様式に関する研究をその範囲としている。地域や時代により，特有の食文化を形成するに至る経緯と要因を研究し，今後の食生活につながる示唆を得ることが求められる。具体的な食文化研究の対象は，食品・食材に関すること，調味料，日本料理の発展に関すること，異文化交流，日常の食生活，非常の食生活に関することなどさまざまなものがある。

　食文化研究の方法は，著作物の調査，聞き書き法，アンケート，考古学的手法などがある。研究のテーマが決まれば，それに関する先行研究を検索して検討することが必要となる。先行研究で明らかにされなかったことについて，新たに考察を加えることにより，独自の研究を展開することができる。

原始・古代				中世		
縄文・弥生時代		平安時代		鎌倉・室町時代		
・DNA分析 ・プラント・オパール分析 ・炭素の安定同位元素分析		・927年 『延喜式』成立 ・931～38年 『和名類聚抄』成立		・絵巻物にみる食風景 ・1295年以降 『厨事類記』成立	・『庭訓往来』の食記事	・1489年以前 『四條流庖丁書』

1節　食文化の定義

1.「文化」の定義

「食文化」ということばは，1960年代頃から文化人類学者石毛直道により「食事文化」として使われ，1980年代には，一般にも広く用いられるようになった比較的新しいことばのため，一般に広く定着した定義はみられない。そこで，『文化人類学15の理論』を参考に文化人類学分野の「文化」に対する定義をみてみよう。

まず，Tylor. E. B（1832‐1917）は，「文化ないし文明とは，知識，信仰，芸術，道徳，法，慣習および社会の成員たる人間によって習得されたその能力とか習慣を包含する総体的複合である」とし，Benedict, Ruth F（1887‐1948）は，文化の特徴について「人間行動のあらゆる可能な形式のなかから，ある限られた部分が望ましいものとして助長され，他のものは抑制される」と述べている。さらに，Sahlins, M. D.（1930‐　）は，「環境―自然環境だけでなく，周辺諸民族との関係すなわち社会環境をも含む全体環境―に適応しているために，多様な形態を示している。すなわち，文化はその環境に適応する過程で特殊化する」と，文化が自然環境に加え，社会環境に規定されて特有の文化を生み出すと述べている。このような解釈をいくつか整理してみると，人間の精神的な部分を向上させるような，芸術，文学，学問などに関して文化という場合と，人間がつくり上げてきたあらゆる生活様式を文化とよぶ立場がみられる。文化の日，文化勲章，文化会館などとよぶ場合の文化は，前者の解釈によるものであろう。

石毛は，文化とは「人間が自然界に対処しながら蓄積してきた人間らしい行動様式を示す」とし，人間がつくり上げてきたものすべてを文化と解釈している。さらに，川喜田二郎は，「文化とは，ほとんど人類の「生活様式」と同義語に近い」と同様の解釈をしながら，「人々の共有財産となり，先輩から後輩へと伝承されない限り文化とはならない。共有，伝播，伝承されてはじめて文化となる」と，さらに具体的に述べている。このことは，文化の形成が，個人的な行動ではなく，民族や地域などかなり広範囲の集団の人々に共有されることが必要であることを示している。そして，「伝承されてはじめて

図1-1　米食文化（ベトナム）
東南アジアでは年間に2-3回米を収穫するところも多い。
（撮影　江原絢子）

図1-2　米の粉でつくるライスペーパー（ベトナム）
（撮影　江原絢子）

近世	近・現代
江戸時代 ・出版料理書にみる料理 ・農書にみる生産・加工 ・食物本草書類 ・日記類にみる食生活 ・地方文書にみる食生活	**明治・大正・昭和時代** ・家庭向料理書の出版 ・学校における食の教育 ・日常食の地域性 ・西洋料理の受容過程 **第二次世界大戦時代** ・主食の工夫に関する研究 **第二次世界大戦後** ・学校給食に関する研究 ・統計資料の活用 ・外食に関する研究 ・海外の食文化の研究

文化となる」という点は重要な視点であり，文化というためには，単なる流行ではない定着した生活様式であることが必要であることを意味している。

2. 食文化の定義

石毛は，「食文化は，食料生産や食料の流通，食物の栄養や食物摂取と人体の生理に関する観念など，食に関するあらゆる事項の文化的側面を対象としている」と説明している。すなわち，人間が工夫を重ねて形成した食に関する生活様式を「食文化」としていると解釈される。

図1-3 発酵乳からのバターつくり（ネパール）
自然環境により異なるバターづくり　（撮影　江原絢子）

また，吉田集而は，「食文化は，食物の生産から人の胃袋に入るまでをその範疇とする。すなわち，食物をつくること，貯蔵すること，加工すること，までが食文化の範囲であろう」と，食文化の範囲を述べている。

以上のように，食文化の定義は，まだ共通理解に至るほどの確立した定義はないといえよう。そこで，ここでは，川喜田の文化解釈を参考とし，石毛，吉田の定義をも加えながら「食文化」の定義を次のように考えることとする。すなわち，「食文化とは，民族・集団・地域・時代などにおいて共有され，それが一定の様式として習慣化され，伝承されるほどに定着した食物摂取に関する生活様式をさす」と説明することにしたい。また，「食物摂取に関する生活様式」とは，食料の生産，流通から，これを調理・加工して配膳し，一定の作法で食するまでをその範囲に含んでいる。

図1-4 江戸時代の料理書
八百善主人『江戸流行料理通』1829 料理屋の食事の様子がうかがえる。
（東京家政学院大学図書館所蔵）

一方，「食習慣」といういい方も，「食文化」と同様，食材の選択，調理法，組み合わせ方，食べ方を積み重ねて，一定の様式が形成されるという点で同じように解釈される。しかし，「食文化」が，時代，集団での「共有」やそれを伝播・伝承するまでの広い範囲を含んでいるのに対し，「食習慣」は，個人の食事の摂り方が習慣化する場合にも用いられており，より狭い意味にも使われる。

個人の食習慣は，その時代・地域における食文化と深く関わっている。例えば米についてみると，1960年代以降から，米の消費量が年々減少し，パンや肉類摂取の食習慣が形成されている。このように，はじめは個人や狭い範囲の「食習慣」でも，その習慣が広まり，積み重ねられることによって，あらたな「食文化」が形成されるといえよう。

図1-5 本膳料理の献立例（二の膳付き）（東京家政学院大学生活文化博物館所蔵）

1節　食文化の定義——13

原始・古代	中世
縄文・弥生時代 ・DNA分析 ・プラント・オパール分析 ・炭素の安定同位元素分析 927年　『延喜式』成立 931〜38年　『和名類聚抄』成立　平安時代	鎌倉・室町時代 ・絵巻物にみる食風景 ・1295年以降　『厨事類記』成立 ・『庭訓往来』の食記事 ・1489年以前　『四條流庖丁書』

2節　食文化研究の領域と対象

1. 食文化研究の領域

　「食文化」の範囲は，1節で述べたとおり食料の生産，流通，調理・加工，配膳，摂取などの流れを含む人々の生活様式に関する研究を範囲とする。これらが，地域や時代，集団により特有の文化を形成する状況とその要因を研究することにより今後の食生活への示唆を得ること，これまでに築いてきた人々のあゆみからこれからの食生活のあり方を学びとることも期待される。

　食文化研究は，食文化のことばが，比較的新しいことからもわかるように，その研究方法については必ずしも一定の方法論が共有されているとはいえない新しい分野といえる。しかし，歴史学，文化人類学，民俗学，経済学，考古学，社会学，文学，農学，調理学，食品学など各学問分野の研究方法を融合させながら，人々が築いた食生活の実際を歴史的に明らかにし，それぞれの文化の特徴は何かを探り，今後に生かすべき普遍的な事柄をみいだすことが必要とされる。

　これまでの食文化に関する研究は，それぞれの学問領域で行われてきた食の歴史的・文化的研究のなかに蓄積されているため，各分野から先行研究を探す必要がある。食生活を取り巻く社会・経済の変化，それによる家族の変化，教育の変化などを含めて食生活をとらえるためには，上記の学問分野の研究にも目を向けることが求められる。

　原始時代の食料生産や加工などに関することは，考古学の研究方法によることになる。3節でもふれるように，新しい分析方法が開発されることにより，これまで定説とされたものが覆されることもある。家政学分野では，考古学的研究を行うことは少ないと思われるが，考古学分野の新たな手法を用いた研究を収集しておく必要があろう。

　食料の生産やその流通に関する研究は，歴史学はもとより農学史および経済史などの分野の研究に学ぶべきものが多い。例えば，しょうゆ，塩，さとうなどの生産の歴史と流通についてもこれらの学問分野で各種の研究がみられる。その研究をふまえ，調味料を生産した人々の暮らしやそれらが食生活のなかでどのように使われたのかなどについて，他の資料を加え研究をすすめることもできるであろう。

2. 食文化研究の対象

　表1-1は，日本の食文化研究の対象となるテーマ例をまとめたものである。これまでに多く行われてきた研究は，米，麦，雑穀，魚介類，野菜類など食品・食材に関する研究である。塩，しょうゆなどの調味料に関する研究もあるが，これまでの研究の多くは，流通に関するもの，製造方法に関するものが圧倒的に多い。これらのほとんどは，かならずしも食文化を意識して研究されたものばかりではない。これらと同一食品の食文化研究を行うためには，必ずその時代のあるいはその地域の人々の暮らしへの視点が加わることが必須であろう。ともすれば，食品そのものの歴史的経緯を追うだけの研究となることも多いけれども，それらを生産した人々がどのような暮らしをしていたのか，あるいは食品は日々の生活のなかでどのように利用されていたのか，生活のなかでどのような位置づけで

近世						近・現代						
江戸時代						明治・大正・昭和時代			第二次世界大戦時代		第二次世界大戦後	
出版料理書にみる料理	農書にみる生産・加工	食物本草書類	日記類にみる食生活	地方文書にみる食生活		家庭向料理書の出版	学校における食の教育	日常食の地域性	西洋料理の受容過程	主食の工夫に関する研究	学校給食に関する研究	統計資料の活用	外食に関する研究	海外の食文化の研究

あったのか，日常の食品であったのか，特別な日の食品であったのかなどに目を向けた研究となってはじめて食文化研究といえる。

「日本料理（和食）の発展」に関する研究は，最も食文化研究らしい展開がみられる。しかし，新しい史料の発掘など，まだまだ解決すべき新たな課題がある。「異文化との接触・受容」に関する研究も，研究の余地が残されている。特に，幕末の異文化と食のかかわりや各地域における異文化接触については，今後さらに研究を重ねる必要があろう。

「日常の食」は，簡単に明らかにされやすい内容と思われがちであるが，日常生活に関する資料は最も残りにくく，実態を明らかにしにくいために研究がすすんでいるとはいえない。とりわけ，文字を残すことの少ない庶民の食生活の十分な研究はこれからだともいえる。そのほか，食器や台所の設備などの研究も食文化研究の対象となる。食器そのものの研究などは，民具学からの研究が多いが，そこに，どのような料理をどのくらい盛ったのか，誰がいつそれを使って食べたのかなどに関する研究は，ほとんどみられない。このようにしてみると，他領域の学問分野が対象とする食の分野をその分野の研究方法とともに受け入れながら，そこに，別の視点，すなわち人々の食生活を総合的にとらえる視点を加える必要があり，そのためには，さらに別の学問分野の方法や成果を組み合わせることで，できる限り実態がみえるようにする研究上の工夫が必要であろう。

表1-1　食文化研究の領域と内容例

	研究領域	研究内容例
1	食文化の領域　食の思想・教育	食文化研究史　食の思想　健康思想　食育と食文化
2	食材，調味料	主食と食生活の地域性　木の実利用の食文化　魚食文化の地域性　塩の生産と利用の変化　調理と調味料の変遷
3	菓子，酒，茶	和菓子の形成と変化　酒と地域性　茶の普及と食生活との関係
4	日本料理の発展	料理形式　料理書　料理屋の発展　料理文化の地域への浸透　料理人　神饌
5	異文化との接触・受容	外国食文化の受容　和洋折衷による家庭料理の変化
6	台所，食器，食卓	台所設備などの変化と食生活
7	日常の食，非常の食	階層・地域・時代による食事　日常食の食材と献立の変化　飢饉の食　戦時の食の工夫
8	外食文化	料理店，学校給食
9	郷土料理と行事食	郷土料理，行事と行事食，地域の食文化
10	海外との比較	欧米，アジア諸国の食文化

原始・古代	中世
縄文・弥生時代 ・DNA分析 ・プラント・オパール分析 ・炭素の安定同位元素分析 平安時代 ・927年『延喜式』成立 ・931〜38年『和名類聚抄』成立	鎌倉・室町時代 ・絵巻物にみる食風景 ・1295年以降『厨事類記』成立 ・『庭訓往来』の食記事 ・1489年以前『四條流庖丁書』

3節　食文化研究の方法と研究資料

1. 食文化研究の方法

　研究方法は資料の違いによって，①著作物による研究，②聞き書きによる研究，③アンケート調査，④考古学的手法による研究などに分けられる。

　①は最も多く行われている方法であるが，著作物の種類により，日記のような記録類，一定の人に意志を伝えようとした文書類，刊行された料理書，雑誌，新聞，統計資料などに分けられる。これらを併用する場合もあるが，できる限り対象とした時代に記されたものを選択する必要がある。例えば江戸時代に漢字かな混じりのくずし字で書かれたものを現代の文字に翻刻した活字本も十分研究資料となり得るが，すべてが翻刻されるわけではないため，各時代の資料を読める能力を養っておくほうが望ましいことはいうまでもない。また，雑誌や新聞などは，テーマにそった記事を収集し，整理することにより，内容の変化や特徴がみえてくる。また，絵や写真も食文化研究の資料となる。

　これらの資料は，いつ，どこで，誰により記されたものであるか，その信頼性について十分な検討が必要である。また，日記などは，事実を示すことが多い点で食生活の実態を知るためにはよい資料といえるが，印象深い事項のみが記される傾向があることを承知して扱う必要がある。また，雑誌や料理書などは，その時代の食生活の実態を示すものではないので，実態を知ろうとする資料としては適さないなど，資料の長所，短所を知り，各研究との整合性を確認する必要がある。

　②は，民俗学などで行われることの多い方法である。特に文字を残すことの少ない庶民の日々の食生活の実態は，はっきりしない場合が多い。個別の暮らしを深く知ることや予測できないくらしぶりを発見できる点で③のアンケートにはみられない利点がある。相手が応えやすい雰囲気づくりや信頼感を得るための努力をどれだけできるかによって，得られる成果も異なるといえよう。特に貧しい暮

表1-2　食文化研究の流れ

①	テーマと問題の所在：現代の課題からテーマ設定の理由を論じる。
②	研究の目的：本研究で何を明らかにしたいのかについて，明確に表現する。
③	先行研究の検討：先行研究を紹介し，明らかにされていることと残されている課題を明確にし，残されている課題についてテーマとする。
④	資料の信頼性，妥当性，限界の検討：テーマに即した資料としてどの点で妥当であるかについて明記する。
⑤	資料調査：資料からテーマにそった内容を収集し，整理，分析する。資料は複数の場合もある。
⑥	結果と考察：⑤にもとづき，明らかになった内容をテーマごとに整理して論述し，その理由と根拠について明らかにする。
⑦	まとめ：はじめの研究目的がどの程度達成されたのか，残された課題が何かについても明記する。

近世						近・現代						
江戸時代						明治・大正・昭和時代				第二次世界大戦時代	第二次世界大戦後	
・出版料理書にみる料理	・農書にみる生産・加工	・食物本草書類	・日記類にみる食生活	・地方文書にみる食生活		・家庭向料理書の出版	・学校における食の教育	・日常食の地域性	・西洋料理の受容過程	・主食の工夫に関する研究	・学校給食に関する研究	・統計資料の活用 ・外食に関する研究 ・海外の食文化の研究

らしなど負の部分を語るのに本音を語る気持ちになれるかどうかは，聞き取り手の手腕でもある。聞き取りながらメモをとることは難しいので，調査者を複数とするか，録音機器を用意する必要もある。しかし，録音する場合は，相手の許可をもらう必要がある。

③のアンケートも実態を知るための資料となるが，個別の食生活を知るためというより，地域や集団の全体の傾向をつかむための資料として有効である。したがって，通常100名以上の多人数のデータが必要となる。

④発掘などの器物をもとに研究する考古学的研究は，特に文字のない原始時代などでは，きわめて重要な研究方法である。今日では，発掘された骨や器物に残る物質をいろいろな方法で測定することで，何を食べていたのかを推察することが可能となってきた。イネなどの葉脈にそってついている細胞壁に，珪素が集積してガラス化したプラント・オパール（p.54 図5-4）の分析により，イネ科の種類を区別できる方法，DNA分析，炭素の安定同位元素分析などの分析方法の発達による新たな研究方法が開発され，考古学資料から新事実が発見されることが期待される。

2. 食文化研究の流れ

最も一般的な文字資料を用いる場合についてみると，研究は表1-2のような流れで行われる。①では，テーマを選択するに至った理由とテーマにかかわる現代的問題点について明らかにする。②では，本研究で明らかにしたい内容を明確にする。また，③では，テーマに即した先行研究を整理し，残された課題を指摘する。さらに，④では，取り上げる資料の信頼性，テーマや研究内容にふさわしい資料であるかどうかを検討する。⑤では整理したものを表やグラフにすると特徴や違いを明らかにしやすくなる。⑥では結果について特徴ある内容，新たな発見について考察する。⑦でははじめに掲げた研究目的にそって，何が明らかになり，何が残された課題かを明確にする。調査結果の単なる報告では研究とはならず，結果から何が読みとれるかについての研究者の解釈・主張が必要となる。

3. 先行研究と研究資料

研究のテーマに関連した先行研究は，できる限り網羅して収集する。学会誌などのバックナンバーを図書館などでみる。また，国会図書館の文献検索を利用するか，CiNii（国立情報学研究所）を用いキーワードを入れて検索して，必要な論文名と所収学会誌などを収集する。次にその所在を確認し，内容を検討する。所蔵を知る場合も国立国会図書館，CiNiiを利用する。

図1-6 献立資料例 三木楼「三木楼料理献立集」
（東京家政学院大学図書館所蔵）（江戸時代）

図1-7 絵からみる資料 明治期の台所
阪本隆哉『衛生食物調理法』1904

原始・古代	中世
・538年 仏教伝来 ・675年 肉食禁止令 ・大饗料理の成立　平安時代	・栄西『喫茶養生記』著す 1214年頃　鎌倉時代 ・1237年 道元『典座教訓』著述 ・精進料理の成立 ・『喫茶往来』成立 ・本膳料理の成立 ・武家作法書 ・茶の湯と懐石料理成立　室町時代

4節　食に関する思想

1. 食事作法の思想

「食べる」という行為は，何も気を遣わなければ，外からみて美しいものではなく，どちらかといえば動物的，醜い行為であるともいえる。『食事作法の思想』を参考にしながら食事作法の形成と要因について考えてみよう。

食料獲得にある程度ゆとりがでてくると，食べる行為に対する羞恥心がでてくるのではないかと考えられている。そのため，できるだけ食べる行為をみせたくない，みたくないという考え方が生じる。特に日常の食事は，内々のもので人にみせるものではないと考えられたため，人々が食料を分配し，集まって共食するところでは，あるルールが生まれ，それが作法として定着していったと考えられている。

室町時代，宮中に仕える女房たちが，食物のことを直接表現することを避けて，田楽をおでん，とうふをおかべ，杓子をおしゃもじなどと表現し，これを女房詞と称した。これも食べる行為に対する羞恥心と食物を話題にすることが卑しいことであるとする思想があったことを示すものともいえる。

箸の使用と箸使いのタブーについても，かなり以前から規定している。作法とは，社会生活において互い守ることが期待されている言動ということで，道徳的というよりも先に述べたように，動物との差異化の意識，羞恥心の排除，美意識への志向などからきているといわれる。また，食事の作法は各社会の文化の違いにより異なっている。手で食べるか，箸を使うのか，ナイフ・フォークを使うかは，いずれもその社会で共有され認知されてはじめて，作法は作法として機能する。また，同じ箸を使う地域でも日本と，韓国，中国でそれぞれ作法は異なっている。

例えば，食事のときに音を立てることは，ヨーロッパ，韓国，中国などでもタブーである。日本の場合も基本的には無作法であるが，ある種の合図として音を立てる場合がある。例えば，湯がほしいときには箸で机をたたいて堂小僧をよんだという。また，日本の伝統的な食事作法のなかで，食事中は無言で食べることが重視されたが，近代の西洋文化の移入とともに，食卓を囲む形式

図1-8　本膳料理の作法と供し方
『小笠原流諸礼調法記』1803（東京家政学院大学図書館所蔵）

我が国では，牛を穢物とし，温毒とし，昔から社祠が禁じており，たとえ厳法で強制しても食することは好まぬ。（中略）時に厚賦（あぶらっこいもの）の宜い場合もある。

図1-10　肉食禁忌に関する記述
人見必大『本朝食鑑』1697より作成

近世	江戸時代	・本草学の発展 ・肉食禁忌の浸透 ・養生論の展開
近・現代	明治時代	・肉食解禁 ・衛生思想移入
	大正時代	・栄養学の進展
	昭和時代	・学校教育で栄養学重視 1930年代
	平成時代	・機能性食品研究 ・メディアによる健康情報 1991年の過多 ・特定保健用食品制度 2001年 ・栄養機能食品 2015年 ・機能性表示食品制度

2. 食事における禁欲の思想

人間のなかで食事に対する禁欲の思想がいつ形成されたのかははっきりしないが，食物を分配する過程で，ルールが生まれると，何らかの禁欲を強いられることになる。食欲に任せれば争いが生じ，分配が困難となる。これを思想とはよべないであろうが，禁欲の思想の出発点とはいえよう。宗教が発展するなかで，食物に対する禁欲が，人生観や世界観とつながる場合には，文化としての禁欲の思想と考えてよいであろう。例えば，イスラム教，ユダヤ教では豚肉食が禁忌とされているが，これは，聖典にある教えに従っており，その宗教をもつ社会では，豚肉は食品の一つとしては扱われない。また，日本の江戸時代までの社会では，牛肉や豚肉などの獣肉食は，けがれにつながるとする肉食禁忌思想が定着し，とりわけ公的な食事に獣肉食は行われず，料理書でもほとんど扱われなかった。

ある意志をもって「食べない」ことを選択することは，宗教やけがれの思想だけではない。各社会において，あるべき人の姿に近づくために，禁欲をする場合もある。ダイエットにより，スマートな体型になろうとすることも，ある意味で，食事に対する禁欲の思想がその社会にあるためといえよう。

3. 健康食の思想と変化

健康に長生きしたいという思いは，いつの時代にも人々が求めてきたことである。中国から本草学を取り入れてきた日本は，古代から江戸時代まで，健康と食の思想の基盤に本草学を置き，食物選択の指針とした。江戸時代には日本人の生活に合わせた本草学の本が出版された。人見必大『本朝食鑑』(1697)，貝原益軒『大和本草』(1709)などは，その代表的なものである。また，本草学をもとにした貝原益軒『養生訓』(1713)などの養生書も刊行され，人々の健康への関心は深まったといえる。

しかし，近代において，西洋近代科学が導入されたことにともない，栄養学が取り上げられることとなり，健康食に対する考え方は変化した。栄養学は，学校教育，医学分野でも受け入れられ，現在では，あらゆる食事の評価に栄養学的視点が使われるまでになった。しかし，近年では食品を栄養素だけでなく，体調調節機能を第3の機能としてみる見方が注目されるようになる。

健康との関わりを期待した健康食品が次々と広がっただけでなく，メディアにおいても特定の食品を取り上げて健康性がアピールするようになったが，特定の食品が健康によいという情報とわるいとする情報が錯綜し，消費者は選択にとまどう状況も起きている。特定保健用食品(1991年)，栄養機能食品制度(2001年)などにより，機能性を表示できることになったが，簡単には許可できないため，さまざまな健康食品が出回っている。2015年からは，事業者の責任で科学的根拠をもとに消費者庁に届け出ることで，商品に機能性表示をすることが可能となった。しかし，どの食品にもそれぞれ機能性があるため，日々の食事において各種の食品を組み合わせて摂取することが重要で，特定な食品のみに依存しない食生活を心がけたい。

参考文献

綾部恒雄編『文化人類学15の理論』中央公論社，1994
井上忠司・石毛直道編『食事作法の思想』ドメス出版，1990
石毛直道『食事の文明論』中央公論社，1982
石毛直道監・豊川裕之編『講座食の文化　食の思想と行動』味の素食の文化センター，1999
石毛直道『食卓の文化史』岩波書店，1993
石毛直道・鄭大聲『食文化入門』講談社，1995
石毛直道『食文化研究の視野』石毛直道自選著第2巻，ドメス出版，2011
石毛直道「食文化に関する民族学的研究の動向」『vesta』第10号，1992
猪俣節子「近世の食思考」『生活文化史』第15号，1989
江原絢子「食文化の研究方法について　その1」『日本調理科学会誌』第31巻第2号，1998
江原絢子「食文化の研究方法について　その2」『日本調理科学会誌』第31巻第3号，1998
江原絢子・東四柳祥子『日本の食文化史年表』吉川弘文館，2011
小倉玄照『禅と食』誠信書房，1987
貝原益軒著・石川謙校訂『養生訓・和俗童子訓』岩波書店，1961
貝原益軒著・伊藤友信訳『養生訓』講談社，1982
外食産業総合調査研究センター『日本の食文化と外食産業』ビジネス社，1992
上條伸彦『縄文時代における脱穀・粉砕技術の研究』六一書房，2015
川喜田二郎『素朴と文明』講談社，1989
神崎宣武『乾杯の文化史』ドメス出版，2007
熊倉功夫・石毛直道編『食の美学』ドメス出版，1991
国民栄養協会『日本栄養学史』秀潤社，1981
後藤加寿子・熊倉功夫『おもてなしとマナー』（和食ブックレット）思文閣出版，2016
佐原眞『食の考古学』東京大学出版会，1996
島田勇雄「日本の食事作法」『食生活研究』第4巻第2号，1983
瀬川清子「共食の方式」『風俗』第4巻第3号，1964
瀧澤利行『近代日本健康思想の成立』大空社，1993
芳賀登・石川寛子『全集　日本の食文化』全12巻，雄山閣出版，1996-99
畑中三応子『体にいい食べ物はなぜコロコロと変わるのか』ベストセラーズ，2014
原田信男『日本の食はどう変わってきたか　神の食事から魚肉ソーセージまで』角川学芸出版，2013
原田信男『歴史のなかの米と肉　食物と天皇・差別』平凡社，1993
人見必大著・島田勇雄訳注『本朝食鑑』全5巻，平凡社，1981
西澤治彦『中国食事文化の研究—食をめぐる家族と社会の歴史人類学』鳳響社，2010
マーヴィン・ハリス・板橋作美訳『食と文化の謎—Good to eat の人類学』岩波書店，1988
横田文良『中国の食文化研究』山東編・天津編・北東編，辻学園調理製菓専門学校，2006-2009

2章　世界の食文化形成

概要

　人類がどこで誕生し，どのようにして地球上に広がったのかは，食文化を考えるうえで非常に重要なことであり，最近のDNA研究によって，その疑問が次々に解明されつつある。オッペンハイマーらによれば，現在地球上に生存している私たちと同じ種の人類の祖先は，アフリカを起源とし，彼らの一部は12万5000年前，エジプトとイスラエルから北方へ進出した。また，アフリカの人類の一部は，8万5000年前にはアラビア半島南部からインドに向けて，7万5000年前にはインドから東の東南アジアと中国へ移動した。そして，アラビア半島の別な一団は5万2000年〜4万5000年前にヨーロッパに進出したという。

　こうした人類の移動説は興味あるものだが，彼らは住みついたさまざまな土地で，自分の命を全うするため，また，その子孫を残すために，食の工夫を重ねていった。その結果が，各地に形成された独特な食文化である。例をあげれば，熱帯地域では自生するバナナやいも類が主食物になったし，寒冷地帯では植物が育たないため，もっぱら獣肉や魚介類を主たる食べものとした。

　農耕・牧畜が始まると，気候風土に合わせた作物栽培や動物飼育を行い，安定的に食物を入手・貯蔵する技術を獲得していった。そして，食品と食品を組み合わせて食べる知恵，調理・加工することで消化よく，味よく食べる工夫などを行い，いくつかの食文化圏や料理文化圏が形成された。他方，世界各地の食文化は，地域との異文化接触などによって変化し，さらに，新しい食文化を形成させて今日に至っている。

原始・古代

- 15万年前
  - 人類の祖先、アフリカで誕生
- 12万5000年前
  - エジプトとイスラエルから北方へ
- 8万5000年前
  - アラビア半島からインドへ
- 7万5000年前
  - インドから東南アジアと中国へ
- 5万2000年〜4万5000年前
  - アラビア半島からヨーロッパへ
- 紀元前6500年
  - 長江中下流で稲作開始
- 紀元前3000年
  - エジプトに統一国家
- 紀元前3000年
  - メソポタミアにシュメール文明

1節 世界の食文化形成と環境

1. 食文化の形成要因

アフリカを起源とした人類は世界中に移動しながら、人としての食を獲得していった。移動のくらしを営むにしろ、定住するにしろ、人はその土地に生育する植物や動物など、入手できるあらゆる食べものを利用して生命を維持してきた。動物と異なり、人はさまざまなものを食べる雑食性によって、地球上のすみずみにまで生活の場を広げることができ、耕作と牧畜という食料をつくり出す方法まで考え出した。栽培種のイネは、のぎ（稲の先端の長い突起）がない、成熟するまで実が落ちない、たくさん実をつけ粒が大きい、いっせいに出穂するなど、人間の食料として都合のよい方向で品種改良されてきた（図2-1）。

また、生きるために食べるだけでなく、目の前の食料をできるだけむだなく、おいしく食べるために工夫を重ね、知恵をしぼって、人は動物とは異なる独特の食文化を形成している。和仁は、食文化を形成する要因を、自然の条件、人間の条件、社会の規約の三つに大別している（表2-1）。

そのうえで、固定せずに変化していく食文化を、特定の食文化圏内に要因があるケースとその食文化圏外に要因があるケースとを想定して、内的要因および外的要因に分類している。

こうした提言をもとに、食文化形成に影響した要因をまとめると、一つは自然環境である。その地域が暑いか寒いか、山地が多いか海ぞいか、そしてまた、川や海流の流れなどの地象的条件・気象的条件によって得られる主食料が大きく異なってくる。また、人は長い年月をかけて食べることのできる動植物を選別し、その採取法、栽培法、飼育法、貯蔵法、加工法、調理法、食べ方などを進歩させ、新たな環境を切り拓いてきた。

もう一つは、社会的・経済的環境である。飢饉や戦争などによる食料難や経済的な貧しさを乗り切るため、新しい食料の獲得や食べ方に知恵を絞り、工夫を重ねたこと、移住・旅行・交易などによる移動が食文化の伝播を促したこと、および、宗教や生活感覚などの精神的要因を加えた社会的・経済的・人間的環境が食文化形成に大きな役割を果たしている。

図2-1 野生のイネと栽培のイネ

表2-1 食文化を形成する要因

【食文化形成要因】
【自然の条件】 ①地象的条件
緯度、高度、内陸か海岸か、土壌の性質など
②気象的条件
気温、湿度、特徴的な気候など
【人間の条件】 ①食品食物獲得の技術
採集、漁労、狩猟、農耕、牧畜、酪農など
②調製の技術
調理器具、調理操作、調味、組み合わせ、献立など
③保存の技術
乾燥、塩蔵、酸蔵、発酵、殺菌・滅菌、化学物質の利用など
④流通の技術
分配、物的流通、情報流通など
【社会の規約】 ①食規範
宗教、禁制、タブー、儀礼など
②食慣習
食具、作法、食制、年中行事、流行など

【変化していく食文化】
【内的要因】 ①技術の変化
発明、考案、改良、改悪など
②価値観の変化
流行、情報、教養など
【外的要因】 ①技術の導入
模倣、改良、同化など
②価値観の導入
模倣、流行、情報、同化など

和仁皓明「食物文化の形成要因について」より作成

原始・古代									中世			近世		近・現代	

- 紀元前2300年　インダス文明　1800年〜
- 紀元前1600年　中国に殷おこる
- 紀元前221年　秦の始皇帝、中国を統一
- 紀元前202年　中国に漢おこる
- 紀元前27年　ローマ帝政開始
- 618年　中国隋滅び、唐おこる
- 1275年　マルコポーロ大都に到着
- 1492年　コロンブスバハマ諸島に到着
- 1570年　ヨーロッパにじゃがいも伝播
- 1986年　チェルノブイリ原発事故
- 近年　食のグローバル化すすむ

昭和時代

2. 食文化の伝播

　原産地から各地へ伝播していまや世界中で利用されている食品・食物，それらとともに他地域にもたらされた調味料・調理法・道具類，戦争による征服・被征服の関係のなかで消滅・変化した食や伝統を守りとおした原住民の食などは，食文化形成に影響した社会的・人間的環境といえるであろう。

　すなわち，世界の食文化は，自然環境とともに，歴史の流れおよび他地域との交流といった社会的環境によって，今日のかたちをつくってきている。人間の文化をカルチャーというように，人間の食を形成した大きな要因は農耕であった。そこで，世界の農耕による栽培植物の発生と伝播ルートについて次の四つに分類した(図2-2)によって，具体的な食文化伝播の様子をみてみよう。

　「根栽農耕文化」は，さとうきび，タロいも，ヤムいも，バナナなどの農耕を行う文化で，東南アジアの湿潤熱帯地域に自生していたものが栽培化され，アジア・アフリカルートで伝播した。「サバンナ農耕文化」は，アフリカのサバンナを発生地として，ささげ，しこくびえ，ひょうたん，ごまなどがインド・中国へ伝播している。「地中海農耕文化」は，アラビア半島を発生地として，冬作物である大麦，えんどう，ビート，小麦などがヨーロッパ・中国へ伝えられている。「新大陸農耕文化」は，中央アメリカや南アメリカ原産のじゃがいも，菜豆，かぼちゃ，とうもろこしなどがコロンブスの新大陸発見にともなって伝播した事例である。コロンブスは原住民の常食のとうもろこし，じゃがいも，さつまいもなどをヨーロッパにもち帰った。それら新大陸原産の作物は，栽培しやすく，有用であったため，ヨーロッパ各地，アジア，アフリカに伝わり，世界の食文化を大きく変える一因となった。

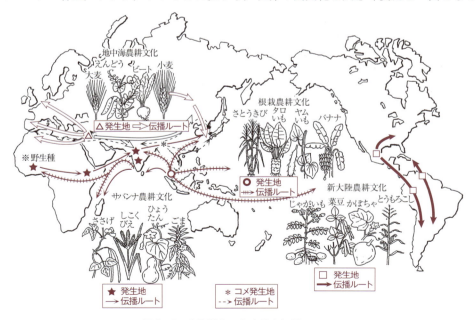

図2-2　栽培植物の発生地と伝播ルート
橋本慶子他『調理と文化』1993

- 紀元前4〜5万年
  - マンモスの狩猟
- 紀元前3万年
  - 焼石を入れた穴・炉
- 紀元前1万1000年
  - 最古のひきうす、かご
  - 雑穀のとり入れ
  - ヒツジの飼育
- 紀元前1万年
  - 弓による狩猟
  - 食用根茎の利用
  - 野生ブドウの収穫
  - 原生小麦
- 紀元前9000年
  - ヤギの家畜化
- 紀元前8000年
  - とうもろこしの栽培
  - インゲンマメの栽培
  - ウシの家畜化

原始・古代

2節　世界の食文化類型とその特徴

1. 世界の食文化類型

　世界の食文化については，いくつかの類型化が試みられている。例えば，生業経済に焦点をあてた，狩猟採集民の食文化(野生動物の狩猟や漁労，植物性食料の採集)，農耕民の食文化(有用植物を栽培して利用)，牧畜民の食文化(草食動物の群れを放牧・管理して，乳や肉を利用)などに分類する方法や，主要栽培作物に焦点をあてて，米作農耕文化，麦作農耕文化，雑穀農耕文化，根栽農耕文化，とうもろこし農耕文化に分類する方法などをあげることができよう。ここでは，どのような食料を主食物にしてきたかを中心に，世界の食文化を次の六つに類型化する(図2-3)。

2. 6大食文化圏の特徴

(1) 粒食文化圏　東アジアモンスーン地帯の照葉樹林地帯における食文化で，焼畑農耕とともに夏期の高温多湿を利用して水田稲作が行われている。主食物は，米(水稲・陸稲)のほか，あわ・きびなどの雑穀類，タロいも・さつまいもなどのいも類，大豆・小豆などの豆類などである。米を煮る土製の堝(なべ)，蒸す甑(こしき)や食器としての木皿が用いられている。発酵塩蔵食品である醤(ひしお)には，肉類を発酵させた肉醤(にくびしお)，穀類・豆類を発酵させた穀醤(こくびしお)，野菜などを発酵させた草醤(くさびしお)があり，魚を発酵させた魚醤(ぎょしょう)(うおひしおともよぶ)には，ベトナムのニョクマム，タイのナンプラー，日本のしょっつる(秋田)，いしる(能登)などがある。

(2) 粉食文化圏　インド亜大陸から中東，北アフリカ，ヨーロッパ，そして中国北部を含む広い地域の食文化で，主食物である小麦の栽培は冬期に多雨寒冷，夏期は暑くて乾燥する地中海型気候に適す

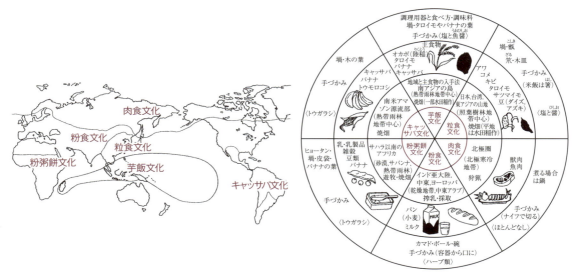

図2-3　世界の6大食文化類型
福田靖子他『食生活論』1994

注：堝は土製，鍋は金属製のなべ

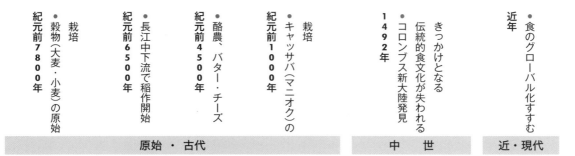

原始・古代	中世	近・現代

- 紀元前7800年 穀物（大麦・小麦）の原始栽培
- 紀元前6500年 長江中下流で稲作開始
- 紀元前4500年 酪農、バター・チーズ
- 紀元前1000年 キャッサバ（マニオク）の栽培
- 1492年 コロンブス新大陸発見 きっかけとなる伝統的食文化が失われる
- 近年 食のグローバル化すすむ

る。また，乾燥寒冷地帯では丈の低い柔らかい草を動物に食べさせて飼育する牧畜，乳しぼりを中心とする酪農が盛んで，肉や乳の加工品も多い。調理機器は，パンを焼くためのかまど（オーブン）が不可欠である。肉食のためにハーブ類が多用されている。

(3) 芋飯文化圏　熱帯雨林地帯を中心とする南アジアの島々の食文化である。おかぼ（陸稲）・タロいも・バナナ・キャッサバ（タピオカの原料）などを主食物とし，堝で煮たり，タロいもやバナナの葉に包んで蒸し煮にもする。塩や魚醤を調味料として用い，基本的には手食文化圏に属する。

(4) 粉粥餅文化圏　サハラ以南のアフリカの食文化である。焼畑農耕で得た雑穀および家畜の飼育で得た乳・乳製品利用がこの地域の特徴である。ほかに豆類，バナナなども食用とされる。雑穀のあらびきを堝で煮固め，粉粥餅にしたものを汁につけて食べる。そのためには堝は必需品であった。ひょうたん，家畜の皮袋，バナナの葉なども調理用具となっている。基本的に手食文化圏であり，香辛料として，とうがらしが用いられている。

図2-4　市場でタロイモを売る
昔はバナナの葉などにつつんで蒸し焼きにしていたが、今は茹でて食べている。
森枝卓士著『世界の食事おもしろ図鑑』2009

(5) キャッサバ文化圏　熱帯雨林地帯である南米アマゾン源流部に居住するインディオたちの食文化である。主食物は，キャッサバ，バナナ，とうもろこしなどで，農業は焼畑農耕によって行われる。アマゾンのジャングルを焼き，カリなどの栄養分をもった土地にさまざまな作物を3年程度の周期で栽培する。調理法は煮るのが中心で，堝が用いられている。また，バナナの葉などに包んで蒸す方法もとられていた。とうがらしはアマゾンにおける唯一ともいえる調味料・香辛料であるが，熱帯雨林地帯の過酷な気候条件のなかで，単調な主食に強烈な味を付加して食欲を刺激し，体内の代謝を促進する役目をもっている。また，とうがらしは，ビタミンCなどの供給源にもなっている。

(6) 肉食文化圏　北極圏に住む狩猟民の食文化である。植物はほとんど生育しないために，陸上や海の動物を主たる食料としている。獲物の肉は「生肉，凍った肉，乾いた肉，腐った肉（発酵肉），煮た肉，焼いた肉」として食べられており，煮る調理は交易によって入手した鍋（金属製）を用いる。獣肉および魚肉の血液，内臓に含まれるさまざまな栄養素，塩分が摂取できるため，調味料を摂る必要はなく，調味料はほとんどなしとなっている。

図2-5　セイウチの肉を処理する
石毛直道『世界の食文化(20)北極』

- 紀元前250年頃　東北地方北部で水田造成
- 紀元前400年頃　北部九州で水稲耕作本格化
- 紀元前1500年頃　日本で稲作開始
- 紀元前1000年頃　メソポタミア流域でマカロニ小麦
- 紀元前2000年　古代エジプトにパン焼き（バビロニア）
- 紀元前3000年　古代エジプトで発酵パン
- 紀元前4000年　メソポタミアで無発酵パン
- 紀元前5000年　コーカサスでパン小麦誕生
- 紀元前6500年　長江中下流で稲作開始
- 1万年前の新石器時代　小麦の利用

原始・古代

3節　粉食文化と粒食文化

　現在，世界の主要な穀物は米と小麦である。米と小麦はでんぷんを多く含み，エネルギー効率がよいため主食として古くから食べられてきた。米と小麦には表2-2のような調理特性がある。

　米の穀粒は外皮がもろく，胚乳は硬い。そのため，外皮を除去する目的で搗いて精白し，胚乳部分を粒食する。小麦は外皮が硬いが，胚乳はもろい。外皮を除去するとくずれるので，粉にする。そのため粉食が小麦の一般的な食べ方となっている。米のたんぱく質は栄養価が良質で，たくさん食べれば米だけでも生きられる。一方，小麦のたんぱく質は栄養価が低いため，卵や乳などと組み合わせて，不足するアミノ酸を補わなければならない。つまり，米は単食できるが，小麦はたんぱく質性食品と組み合わせる必要がある。主食を多食して副食を分離させた日本の食文化と，主食と副食を明確には分けない食文化との相違は，こうした米と小麦の構造上，栄養上の特徴にも原因がある。

　ついで，粉食文化・粒食文化それぞれの特徴をみてみよう。

1. 粉食文化

　主に小麦を製粉して主食料とする食文化を粉食文化という。小麦は粒のまま煮ても消化が悪くて食べられない。そこで，粒をすりつぶし，ふるいにかけて不消化部分を除き，胚乳だけを取り出したのが小麦粉である。小麦粉を水でねり，食べやすい薄さ・大きさにして焼いたのがパンである。パンにはインドのチャパティのような無発酵パンと，イースト菌を入れてふくらませた発酵パンがある。

　紀元前4000年の古代バビロニア遺跡から，人類最初の製粉技術の痕跡が発見されているし，古代エジプトのラムセス3世墳墓にはパン職人たちが描かれており（図2-6），古代エジプトには，既に専門的にパンを焼く職人たちが存在していた。中国北部では，饅頭，各種の麺類，団子類，餃子や焼売の皮など，多彩な粉食文化が発達し，日本でも飛鳥時代に小麦加工品が伝来するなど古代以降，中国から大きな影響を受けている。

　小麦粉のたんぱく質から形成されるグルテンは，水を加えてよくこねると，ねばる性質（伸展性）があり，さらにイーストを加え

表2-2　米と小麦の調理特性
杉田浩一『調理のコツの科学』1990より作成

特性	米	小麦
生産の環境	高温多湿、連作可能	冷涼乾燥、連作困難
穀粒の構造	外皮がもろく胚乳が硬い	外皮が硬く胚乳がもろい
利用の形態	精白して外皮を除去、粒食	製粉して胚乳を採取、粉食
調理・加工と調味	炊飯、調味ほとんど不要 ほとんどの料理と合う もち・うるちの別あり	パン・麺、調味必要 限られた料理とのみ合う
物理性の特徴		たんぱく質がグルテンを形成
たんぱく質の味の特徴	良質、たくさん食べれば米だけで生存可能	たんぱく価低く、卵・乳などとの組み合わせが必要
栄養価		

図2-6　ラムセス3世墳墓に描かれたパン職人たち
ウィルヘルム・ツイアー『パンの歴史』

原始・古代							中世			近世	現代
飛鳥時代			奈良時代				室町時代			江戸時代	平成時代
来 小麦加工品、中国より伝	692年 班田収授始まる	693年 日本、諸国に麦作奨励	720年 『日本書紀』に「水田種子・陸田種子」	766年 諸国に大麦、小麦の栽培奨励			1543年 ポルトガル人、種子島に漂着	1549年 フランシスコ・ザビエル来日		1802年 米料理本『名飯部類』刊行	2010年 ライスブレッドクッカー(GOPAN)発売

るとふくらむ性質(膨脹性)がある。伸展性を利用したものには麺類があり，膨脹性を利用したものにはパンや蒸し饅頭がある。

粉食文化圏では小麦，大麦，ライ麦など，その土地で収穫できる穀類を用い，乳や乳製品と組み合わせた多様な食べ方が工夫されてきた。また，食事全体がパン，チーズなど手で持てるものが多いため，箸や皿をもつ必要がなく，手食である。石毛らは，粉食文化圏を「手・立食・乾燥・粉食という系列」と定義づけている。

2. 粒食文化

米を粒のまま調理して食べる食文化を粒食文化という。米の籾は簡単に分離でき，内側の糠層は搗いただけで取り除くことができる。米は粒食に適する特徴があり，米の精白は搗精とよばれている。

基本的に穀類は粒食すれば廃棄部分は少なくなる。いわゆる歩留まりが高く，調理も簡単であったから，米の場合，効率的な食べ方として粒食が採用されたのであろう。粒のまま水分を加えて加熱する米の調理法は世界共通である。

米の種類には，インディカ(長粒種)とジャポニカ(短粒種)がある。また，ぶどう糖が鎖状につながるアミロースでんぷんを多く含むうるち米はねばりが少なく，枝分かれ状につながるアミロペクチンでんぷん100%のもち米はねばりが強い。調理法には蒸す，煮るなどの方法があるが，ジャポニカ中心の日本では，炊き上がったときに水分が全部米に吸収されている「炊き干し法」が一般的である。一方，インディカ中心のインド，ネパール，東南アジアなどでは，多めの水を加えて沸騰させ，余剰の水を捨てて，再び火にかけて蒸らす「湯とり法」が用いられてきた。また，インディカを用いる諸国では，油を用いて調理することが多い。

また，米を食べるためには，塩分を補わなくてはならない。そのため，粒食文化圏では，発酵調味料と組み合わせる食べ方が多くみられる。石毛らは，粒食文化圏は飯をはじめ器が必要なものが多いため，「皿・椀・座食・水という系列」と定義づけている。

2010年に米をそのままパンにするライスブレッドクッカー(GOPAN)が発売された。米は粒食という伝統もまた変容をとげている。

米を油とともに調理する料理にはプラウ，チェロウ，パエーリヤ，リゾットがあり，ほかにもトルコのピラフ，西アジアのポロウなどがある。これに対してチャーハンやナシ・ゴレンは炊いたごはんを油で炒める。米を主食としない地域では，肉料理の付け合わせに添えられることも多い。

図2-7 世界の代表的な米料理
21世紀研究会『食の世界地図』2004より作成

3節 粉食文化と粒食文化

- 紀元前1600年　中国に殷おこる
- 紀元前2000年　古代エジプトにパン焼きかまど
- 紀元前2300年　インダス文明　1800年
- 紀元前2800年〜　中国に黒陶文化　2300年
- 紀元前3000年　エジプトに統一国家
- 紀元前3000年　古代エジプトで発酵パン
- 紀元前4000年　メソポタミアで無発酵パン
- 紀元前6500年　長江中下流で稲作開始

原始・古代

4節　世界の料理文化

1．世界の料理文化圏

　世界各地の料理文化を文明発祥とその歴史的経緯をふまえて，中国料理文化圏，インド料理文化圏，ヨーロッパ料理文化圏，ペルシャ・アラブ料理文化圏の四つに分類した（図2−8）。

2．各料理文化圏の特徴

(1) 中国料理文化圏

　広大な面積と古い歴史をもつ中国の料理文化圏で，地域によって大きく四つに区分される。

　北京料理は北方の料理であり，宮廷料理としての発達をみた。豚・羊・牛などの肉や油を用いた高エネルギーで濃厚な味をもち，香辛料の活用，小麦食文化の発達などに特徴がある。四川料理は揚子江上流山岳地帯の料理で，野菜類と川魚などを食材とし，とうがらしを多用する。良質の岩塩を用いた漬物も発達している。広東料理は海岸線に面した亜熱帯地方の料理で，海産物，ふかひれ，水鳥などを食材とする。外国料理の影響もあって「食は広州にあり」といわれ，味のよさに定評がある。福建料理も海岸ぞいで，魚介や野菜などを食材とし，淡泊な味付けの色鮮やかな料理が発達している。

　このように，地域の独自性はみられるが，食材を巧みに保存・調理・加工して，味の向上をはかるとともに，薬膳・医食同源の思想を反映している点に共通性がある。

　肉類としては豚肉，油脂類としては，ごま油・ラードが多用される。調理法には，油脂を用いた短時間調理が多く，でんぷんがよく使われる。食材や道具類を合理的に活用して，いかに健康によく，味よく調理するかが研究され，そのため，中国料理は「味の料理」「舌の料理」といわれている。

(2) インド料理文化圏

　この料理文化圏では，各種香辛料が巧みに利用されている。特に，うこん（ターメリック）という独

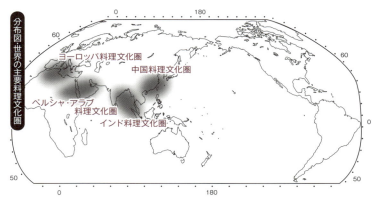

図2−8　世界の料理文化圏
本図は新大陸発見以前，15世紀をおおよそのめやすにしての分布を示す。
石毛直道他『世界の食事文化』1973

登録	伝播			
・ユネスコ無形文化遺産に地中海料理メキシコの伝統料理フランス美食術 2010年	・ヨーロッパにじゃがいも 1570年	・十字軍遠征 1096年〜	・中国、宋建国 960年	・点心を用いた飲茶流行長安などの大都市では、唐代末期 ・中国に唐おこる 618年 ・ペルシャ、ササン朝おこる 226年 ・ローマ帝政開始 紀元前27年 ・中国に漢おこる 紀元前202年 ・メソポタミア流域でマカロニ小麦 紀元前1000年
現代	近世	中世		原始・古代

特な色と風味をもつ香辛料が調理の基礎をつくっている。
　また，バターを加熱して油の成分のみを取り出したバターオイル（ギー）が広く利用されている。
　インド料理文化圏では宗教上の禁忌（タブー）によって，牛肉・豚肉を食べず，羊肉・鶏肉を食べる肉食スタイルが形成されている。主食は北部は粉食，南部は米食が一般的だが，粉食のチャパテイは鉄板で焼き，ナンはタンドールという粘土製の焼きがまで焼かれている（図2-9）。また，ダルとよばれる豆料理にも特徴がみられる。

(3) ヨーロッパ料理文化圏
　麦類の栽培と牛・羊などの飼育を通して，パン・肉・乳を組み合わせる料理文化が形成された。麦類はパンに加工され，主食的な地位を占めている。また，獣鳥肉類や乳・乳製品も主食的に食べられ，バター・オリーブ油などの油脂類も多用される。豚肉はハム・ソーセージなどに，乳もバター・チーズ・ヨーグルトなどに加工されて，常時食卓に供されるが，肉にしろ，乳にしろ，すべての部位利用に優れた知恵がみられる。
　ヨーロッパの料理に胡椒などの香辛料は欠かせない。獣肉にはもともと獣臭があり，熟成がすすむと悪臭になってしまうからである。さらに，北ヨーロッパの長い冬を乗り切るための保存食づくりにも，防腐剤としての香辛料（ハーブやスパイス）は不可欠であった。西洋料理が「香りの料理」「鼻の料理」といわれるのはそのためである。焼く調理法の発達もこの地域共通の料理文化といえる。

(4) ペルシャ・アラブ料理文化圏
　さまざまな国家・民族に支配されたペルシャ・アラブ圏には，トルコ・ペルシャ系およびアラブ系の二つの料理体系がある。この料理圏ではイスラム教の戒律によって豚肉はタブーである。豚肉の代わりに羊肉・仔羊肉（ラム）が多用され，その代表的な料理が肉を串にさして焼くシシケバブである。調味料としてはヨーグルトとオリーブ油，香辛料としてはとうがらし，胡椒，丁子などが大量に使用される。無発酵パン（ナン）を主食的に食べるが，行事食や上流階級の食事には，ピラフがつくられる。

図2-9　ナンを焼く
タンドールとよぶカマド（オーブン）のかべにくっつけて，ナンを焼く。
森枝卓士『世界の食事おもしろ図鑑』2009

図2-10　ペルシャ・アラブ料理　ヨルダンのシャーワルマ
薄切りにした羊肉を幾重にも積み重ねたものを垂直にゆっくり回しながら火であぶる。この焼肉をピクルスなどと一緒にサンドイッチ風に食べる。
『週刊朝日百科　世界の食べもの44』1981

4節　世界の料理文化——29

参考文献

アンドルー・F・スミス『ジャガイモの歴史』原書房，2014
石毛直道編著『世界の食事文化』ドメス出版，1973
石毛直道『食卓の文明史』岩波書店，1993
石毛直道『食卓文明論』中央公論新社，2005
石毛直道，岸上伸啓著『世界の食文化(20)極北』農山漁村文化協会，2005
ウィルヘルム・ツイアー，中澤久監修『パンの歴史』同朋舎出版，1985
ＮＨＫ海外取材班『食生活と文明』日本放送出版協会，1975
大阪府立弥生文化財研究所『卑弥呼の食卓』吉川弘文館，1999
岡田哲『コムギ粉の食文化史』朝倉書店，1993
小川喜八郎「照葉樹林と食文化」『文明のクロスワード』6-3，1987
河合利光編著『比較食文化論』建帛社，2000
佐々木高明『稲作以前』日本放送出版協会，1971
佐藤洋一郎編「食の文化フォーラム26　米と魚」ドメス出版，2008
ジェフリー・M・ピルチャー著・伊藤茂訳「食の500年史」ＮＴＴ出版，2011
島田彰夫『食と健康を地理からみると』農山漁村文化協会，1988
杉田浩一『調理のコツの科学』講談社，1990
スティーヴン・オッペンハイマー著，仲村明子訳『人類の足跡10万年全史』草思社，2007
孫　暁剛『遊牧と定住の人類学』昭和堂，2012
高野順『アンデス食の旅』平凡社，2000
田畑久夫「照葉樹林文化の成立と現在」古今書院，2003
辻原康夫『世界地図から食の歴史を読む方法』河出書房新社，2002
Ｐ・メンツェル＋Ｆ・ダルージオ著・みつじまちこ訳「地球の食卓」ＴＯＴＯ出版，2006
中尾佐助『栽培植物と農耕の起源』岩波書店，1966
中尾佐助『料理の起源』日本放送出版協会，1972
21世紀研究会『食の世界地図』文芸春秋，2004
橋本慶子他『調理と文化』朝倉書店，1993
福田靖子編著『食生活論』朝倉書店，1994
マグロンヌ・トゥーサン＝サマ『世界食物百科』原書房，1998
南直人『ヨーロッパの舌はどう変わったか』講談社，1998
宮本常一監修『シリーズ　食文化の発見1　粒食文化と芋飯文化』柴田書店，1981
宮本常一監修『シリーズ　食文化の発見2　キャッサバ文化と粉粥餅文化』柴田書店，1981
宮本常一監修『シリーズ　食文化の発見3　粉食文化と肉食文化』柴田書店，1981
森枝卓士「世界の食事おもしろ図鑑」PHP研究所，2009
和仁皓明「食物文化の形成要因について」『食生活総合研究会誌』1-1，1991
『週刊朝日百科　世界の食べもの44』朝日新聞社，1981
ルース・ドフリース著，小川敏子訳『食糧と人類』日本経済新聞出版社，2016

3章　日本の食文化形成と展開

概　要

　日本の食文化は，日本の気候風土とそこに住む人々の知恵と工夫によってつくりあげられた。

　日本料理は，西洋料理，中国料理と比較して「見る料理（目の料理）」「水の料理」といわれているが，こうした食文化が形成された要因として，さまざまな自然環境および社会環境が考えられる。

　例えば，四季の区別が明確で，温暖多湿という気候的要因，狭い国土が南北に長く，また，山地が多く，よい漁場ときれいな水に恵まれているという地理的要因，多様な農産物および魚介・海藻などの水産物が豊富であるという食品的要因，外国の食文化を柔軟に取り入れるという文化的・社会的要因，仏教や儒教などの影響で，肉食や食事を楽しむ習慣をタブー視した宗教的・道義的・精神的要因などである。

　そのなかでも，歴史の節目節目で起こった外国との異文化接触は，新しい食文化形成に大きな役割を果たした。古代・中世は中国・朝鮮などに，近世初期は南蛮（ヨーロッパ）に，明治に入ってからは欧米に，そして，第二次世界大戦後は世界各国から，食品・食物，料理，食べ方に至るまで，大きな影響を受けている。

　こうして形成された日本の食文化には，主食・副食の分離，一汁三菜の食膳形式，自然を生かした調理，発酵食品の発達などの共通した特徴がみられる一方，各地に独特な郷土料理が発達した。

　今日の食文化は果たして発展しているのか，後退しているのか，歴史的な視点から比較しつつ，日本食生活の現状と課題についても考えてみよう。

- 日本では落葉広葉樹（西日本では照葉樹、東植物相に
- 紀元前1万2000年頃
  - 縄文土器が製作される
  - 狩猟・採集中心の食生活
  - 日本列島、現在の地形・
- 紀元前1万8000年頃
  - 日本最古の化石人骨発見
- 紀元前3万5000年頃
  - 日本列島に一定の人口あり

原始・古代

1節　日本の食文化形成と自然環境

1. 日本の食文化形成の要因

　伝統的な日本の食文化が形成された要因としては，日本が位置する気候的・地理的条件などの自然環境とともに，歴史の流れのなかで培われたもの，異文化接触によって得たものなど，社会的・経済的・人間的環境がある。まず，自然環境からみてみよう。

2. 自然環境の特徴

（1）日本は山島
日本は多くの山脈と河川を抱え，複雑な地形と変化に富んだ自然をもつ島国である。卑弥呼が登場する『魏志倭人伝』では，倭の国を「山島」と表現しており，日本は島国であると同時に，国土の73％を山地や丘陵が占める山国でもある。ほぼ全国を縦断して数多くの山脈が走り，山はうっそうたる森林を形成している。山に降り注いだ雨は地下にしみこんで湧水となり，多くの河川湖沼，平野をつくり出した（図3-1）。こうした自然環境が日本食文化を特徴づける一つの要因となっている。

　具体的には，①日本は東アジアモンスーン地帯に属している。夏の高温多湿が「豊葦原の瑞穂の国」といわれる水田稲作中心の農耕文化を形成し，米を主食とし，発酵食品・調味料で主食を食べる日本型食生活が誕生した。②温帯・亜寒帯・亜熱帯地域を含む南北に細長い地形により，四季おりおりの野菜・果物・いも・きのこなど，多くの食材を利用できた。③きれいで，おいしく，豊富な水は，田畑の作物や淡水産の藻類・魚介類を育てた。調理・加工の面からみると，質・量ともに豊かな水は，とちの実やどんぐりなどのアク抜き，酒・とうふ・ところてんなどの食品加工，さしみ・煮もの・茹でもの・蒸しもの・汁ものなどの調理法を発達させている。

　日本の河川は急流が多くて水が濁らない。そのため，「水は三尺（90cm）流れるときれいになる」ともいわれ，日本には，食を含めてさまざまな「水の文化」が生まれている。

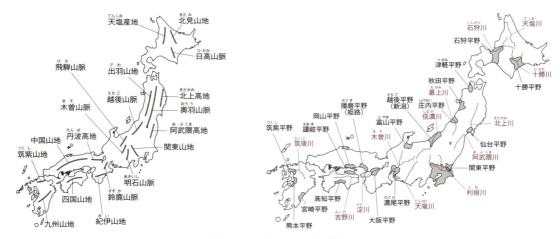

図3-1　日本の山・川・平野
矢野恒太記念会編『日本のすがた2016』2016

- 239年 登呂で高倉に米を貯蔵
- 紀元前250年頃 東北地方北部で水田を造成
- 紀元前400年頃 北部九州で水稲耕作が本格化
- 紀元前1500年頃 日本で稲作開始
- 紀元前3000年頃 巨大な貝塚や環状集落が造営

原始・古代

(2) 魚食文化の発達　日本は四周を，暖流の黒潮（日本海流），対馬海流，寒流の親潮（千島海流），リマン海流に洗われており，暖流と寒流がぶつかるところは，よい漁場となっている。また，遠浅の海，入り組んだ海岸線，大小の湾や島々は，海水産の生物を育て，四つの海流は北方の魚介，南方の魚介をよび込んで，多種類の魚介類を利用することが可能であった。日本における魚食文化の多彩さは，こうした自然環境を最大限に生かした人々の知恵と工夫の産物である。

(3) 縄文人の食生活　日本列島に人類が住みついたのは約4万年前といわれているが，1万年以上前から縄文時代が始まった。現在の日本の自然条件は縄文時代とそれほど変化はないと考えられ，縄文人の食生活と日本食文化との関わりをみてみる。

縄文時代の人々は，日本の自然環境が生み出す食材をもとに食生活を営んでいた。つまり，四季おりおりに採取できるとち，かし，しいなどのどんぐり類やくり，くるみ，いもなどをエネルギー源とし，獣鳥魚介類をたんぱく質源とする比較的バランスのよい豊かな食生活であった（図3-2）。

図3-2　縄文カレンダー
小林達雄『縄文人の世界』1996

木の実類は大量に収穫できること，女性・子どもにも採集できること，少なくても1年は貯蔵できることなどにより，主食的に食べられた（図3-3）。特にアク抜きが必要なとちの実やどんぐり類は，他の動物と競合しないため，人間の食料として貴重なものとなった。アク抜きした木の実のでんぷんは，ねって形をつくり，灰に埋めて焼いたり，団子汁などに調理している。また，猪や鹿，鯨やとどのような大型動物，大量に押し寄せるいわしやさけなどの魚類を集団で狩猟捕獲し，分配と保存が行われていた。貝類も大量に採集され，そのごみ捨て場となった貝塚から，道具と火の使用や食品保存の知恵など，優れた食文化の存在がうかがえる。

図3-3　縄文時代晩期の石皿
木の実などを粉にする道具の石皿やすり石（たたき石）などが縄文遺跡から出土している。
石川寛子他『食生活と文化』1988

さらに，福井県鳥浜遺跡からは，ひょうたん，えごま，りょくとう，ごぼうなど，日本原産ではない植物が発見されており，原始農耕の存在と大陸との交流が推測できる。そのほかにも，各種遺跡の分析から，縄文時代晩期には原始農耕が行われていたことが判明しており，すでに自然環境にのみ依拠しない，自然環境を切り拓く時代に入っている。

1節　日本の食文化形成と自然環境——33

原始・古代	中世
・紀元前1500年頃 日本で稲作開始 ・紀元前400年頃 北部九州で水稲耕作が本格化 ・147～248年 『魏志倭人伝』に倭国の食生活記事あり ・538年 仏教伝来 ・600～615年 遣隋使の派遣 ・675年 天武天皇、肉食禁止令 ・692年 班田収授(租として稲を納める)始まる	・1192年 武家政権(鎌倉幕府)開始　鎌倉時代 ・1543年 ポルトガル人、種子島に漂着　室町時代

2節　日本の食文化形成と社会環境

1. 日本食文化の三つの変革期

(1) 稲作の伝来　縄文時代晩期、北九州にもたらされた稲作は、西日本に広がり、さらに東北地方にまで伝播した。稲作とそれに付随する文化の伝来は、水田中心の農業形態、食料の安定供給、定住のくらし、米を主食とする食事習慣などを生み、支配層と非支配層が分離するなど、これまでの社会のしくみや経済制度を大きく変える転機となった。米をはじめとする植物性食品への移行は、塩分補給を必須とする。岩塩のない日本では海水から製塩する方法がとられ、さらに、食塩とともに食品を発酵・保存させる醤が発達した。

(2) 明治時代　江戸時代までの日本は主に大陸との交流が多かったが、明治政府は「富国強兵策」を打ち出し、主に西欧諸国をモデルに国づくりを行った。食に関しても、西欧風の文化を取り入れ、これまで強い禁忌に縛られていた肉食、特に牛肉食を奨励した。また、西洋野菜、牛乳・乳製品、嗜好飲料、パンや洋菓子、洋風調味料などが次々に導入され、庶民の目に触れる機会も増えてきた。図は仮名垣魯文著『牛店雑談安愚楽鍋』(1871)に描かれた牛肉店「日の出屋」の店先風景である(図3-4)。のれんに「牛乳(ミルク)、乾酪(チーズ)、乳油(バタ)、乳粉(パヲタル)」がみえ、牛肉屋で牛乳・乳製品を商っていたことがうかがえる。

図3-4　牛肉店「日の出屋」の店先風景
仮名垣魯文『牛店雑談安愚楽鍋』1871

　この時代は、西欧の学問や技術を積極的に取り入れたが、食の分野でも科学性、合理性が重視され、さまざまな研究や啓発・教育が行われている。具体例として、高峰譲吉の消化剤タカジアスターゼ発見(1890)、池田菊苗の昆布からうま味成分グルタミン酸塩分離(1907)、鈴木梅太郎の米ぬかから脚気に効果のあるオリザニン抽出(1910)などがある。

(3) 昭和の高度経済成長時代　第二次世界大戦の戦中・戦後は、凶作と戦争遂行のために食料事情が極端に悪化し、配給制度によって国家統制が強力に推しすすめられた時代である。国民すべてが飢餓状態にあったが、食料獲得や、入手した食料の食いのばしのために、さまざまな工夫が試みられた。第二次世界大戦敗戦後の混乱期から一転して、高度経済成長期を迎えた昭和元禄時

図3-5　ひとりでカップラーメンを食べる
石川寛子他『食生活と文化』1988

江戸時代 / 近世	1635年	鎖国政策始まる
	1863年	長崎に初の西洋料理店
明治時代 / 近・現代	1871年	仮名垣魯文『牛店雑談安愚楽鍋』刊
	1872年	肉食奨励のため、明治天皇牛肉食
	1876年	東京上野に「精養軒」開店
	1903年	村井弦斎『食道楽』刊
	1907年	池田菊苗、昆布からグルタミン酸塩分離
		築地ホテル館天長節奉晩餐会に本格フランス料理
昭和時代	1942年	食糧管理法制定
	1960年	高度経済成長始まる

代，食べものは自然の恵みの位置から，工場で大量生産される商品へと変化した。大量生産・大量消費・大量廃棄のなかで，物質的には豊かになったが，食品の安全性や食品公害，孤食（図3-5）の問題などが浮上してきた。

2. 社会環境との関わり

(1) **異文化接触** 歴史的にみると，時の政権が率先して異文化接触をした事例もあるし，民間の人々による異文化との交流もあった。明治維新までは主に中国・朝鮮などの大陸との交流，明治以後は主にヨーロッパ・アメリカとの交流，第二次世界大戦以降の高度経済成長期からは全世界との交流によって，食文化を変容させてきている。日本人は異文化を取り入れ，模倣の時代を経て，折衷化・同化させることが巧みであり，日本食文化の特徴ともなっている（異文化接触については4章参照）。

(2) **都市と地方** 中央集権的な政治勢力の誕生，地方有力者の発生，民衆の都市への移入などによって，都市が形成されると，商品としての食料生産，食料流通機構の整備，外食の発達など，消費者ニーズに合わせた，生産・流通・販売・消費形態の変化が起こる。中世都市における市や座の出現，江戸時代の江戸のように人口100万を養うための魚市（図3-6）や青物市の整備，また，松前から昆布などを運ぶ北前船，市中や街道ぞいの食べもの屋など，江戸時代の都市には多くの食産業が成立している。しかし，農山漁村では，自給自足的な食生活が一般的であり，飢饉などでは多くの犠牲者を出した。都市と地方，都市と農山漁村における食文化の相違は，社会的・経済的要因に規定されるといってもよい。

(3) **情報・教育，思想・宗教** 地域・家庭・施設などでの食の教育，各種の食の情報，食の思想や宗教による禁忌や奨励なども社会的要因である。例をあげれば，仏教伝来による獣類の動物の殺生戒，儒教の禁欲主義によって日常の食事を楽しむ習慣が育たなかったこと，あるいは，食事作法のように日常生活の食行動を規定しているものなど，日本人の精神やふるまいに大きな影響を与え，独特な日本食文化を形成している。

図3-6 日本橋魚市
斉藤幸雄他『江戸名所図会』1836

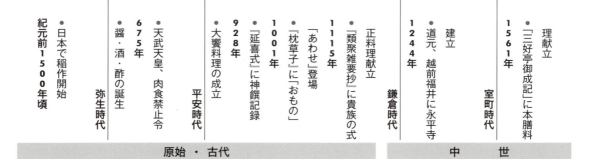

原始・古代	中世
弥生時代 ・日本で稲作開始 　紀元前1500年頃 ・醤・酒・酢の誕生 ・天武天皇、肉食禁止令 　675年 平安時代 ・大饗料理の成立 　928年 ・『延喜式』に神饌記録 　1001年 ・『枕草子』に「おもの」 「あわせ」登場 ・1115年 『類聚雑要抄』に貴族の式 正料理献立	鎌倉時代 ・道元、越前福井に永平寺 建立 　1244年 室町時代 ・1561年 「三好亭御成記」に本膳料 理献立

3節　日本食文化の特徴

1. 日本食文化の一般的な特徴

(1) 主食・副食の分離　稲作の普及につれて米の比重が高い食生活が営まれるようになった。米・麦・雑穀などを主食とし、野菜・豆・いも・魚介・海藻などを副食とする「主食・副食の分離」は、清少納言が『枕草子』のなかで、米の飯を「おもの」、副食を「あわせ」と表現したことからもうかがえる。主食として米は第一のものであったが、白米を常時食べることができたのは、富裕層か一部の都市住民にすぎず、大部分の人々の日常の主食は、麦・あわ・ひえ・いも・だいこんなどのカテ飯、雑炊、粉ものなどであった。一般庶民が白米を主食にできたのは、昭和30年代に入ってからのことである。副食の動物性たんぱく質は主に魚介に頼り、獣肉を排除したのも日本食文化の特徴である。

図3-7　日本型食生活

米、魚、野菜、大豆を中心とした伝統的な食生活のパターンに、肉類、牛乳・乳製品、油脂、果物などが豊富に加わって、多様性があり、栄養バランスのとれた健康的で豊かな食生活が「日本型食生活」とよばれるものである。

「食生活指針ガイド」より作成

(2) 一汁三菜の食膳形式　「飯、汁、主菜、副菜、副々菜、香の物」からなる一汁三菜の食膳形式が形成された。主食の穀類・いも類からはエネルギー、主菜の魚介類からは動物性たんぱく質、副菜や副々菜の野菜・海藻・いも・豆類からはビタミン、ミネラル、食物繊維、汁、菜などに用いられた大豆からは植物性たんぱく質が摂取でき、一汁三菜の食膳形式は栄養的にもバランスのよい献立となっている。日本型食生活（図3-7）は長寿国の食文化として、健康食として、世界的にも高い評価を得ている。

(3) 自然を生かした調理　自然を重視してきた日本人は、淡泊な味付け、料理の姿や彩りの美しさ、料理を引き立てる器へのこだわりなど、食品そのもののもち味を生かし、季節感とみた目を尊ぶ調理を工夫してきた。「走り、旬、なごり」などのことばにも、季節を重視する精神があらわれている。特に、包丁さばきや盛り付け技術（図3-8）が発達し、料理人を包丁人とよぶことはその象徴といえよう。

(4) 発酵食品の発達　微生物が繁殖しやすい気候条件を活用したみそ、しょうゆ、漬物類などの発酵食品は、調味料や食欲をすすめるおかずとして発達してきた。食品保存の側面とともに、栄養・嗜好・健康の面からも日本の食文化を特色づけている。

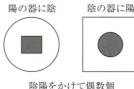

図3-8　盛り付けのバランス

福田靖子他『食生活論2版』2000より作成

安土桃山時代	1581年 一休宗純百年忌に精進献立 1587年 秀吉、北野大茶会開催 1592年 秀吉に懐石料理 神屋宗湛
江戸時代	1643年『料理物語』刊 1802年『名飯部類』刊
明治時代	牛鍋屋が繁盛
大正時代	1924年 大衆飲食店開業、日本洋食大人気
昭和時代	1941年 米穀配給通帳制・外食券制実施 1960年頃 高度経済成長 国際化時代
平成時代	2007年 郷土料理百選選定 2013年「和食」ユネスコ無形文化遺産に登録

（近世／近・現代）

(5) **食生活に対する態度** 「日常食はつつましやか，ハレの食事は豪勢に」とするかつての食生活に対する態度は，儒教の禁欲主義と経済の貧しさからくる日常の倹約とそこから解放される非日常の散財という異なる精神文化，社会慣習から形成された。農村地域の民俗調査などをみると，日常食は「麦，豆，野菜に塩の味」，ハレ食は「米と魚と甘い物」という二極分化された内容となっている。

2．日本食文化の地域的な特徴

　日本各地には，それぞれ異なる自然的・地理的条件下で発達した食文化，都市，農村，漁村などの生業の違いによる食文化など，多様性があり，画一的に論ずることはできない。特に，地域的な違いは，人々の環境への適合，あるいは，環境への挑戦の足跡とみることができる。一方，人やものの移動を通して，食文化が伝播したプロセスにも注目する必要があろう。こうした食文化の地域性を「東西日本を分ける味覚境界線」という視点でとらえた(図3-9)をもとに，共通点・相違点をみる。

　第一次味覚境界線は，東西日本を分断する。米粒が残る程度に飯をすりばちで搗く「ゴヘイモチ，キリタンポ，ボタモチ」などの文化圏を「ハンゴロシ文化」，臼などで完全に搗いて米粒を残さない餅文化圏を「モチ文化」とよんで，第一の境界線とした。また，第二次味覚境界線は「糊食文化」および「麺食文化」である。「糊食文化」には，小麦粉のグルテンのねばりを出さない「ほうとう，すいとん，流し焼き」，「麺食文化」には，グルテンの変性をともなう「うどん，きしめん，そうめん」などが該当する。糊食文化としてのすいとんには，「ヒッツミ，ウキウキ，トッテナゲ，ダゴ」など，各地にユニークな名称がある。大豆の加工品としては，塩を加えない発酵食品を「一そ」，大豆と塩でつくる豆みそを「二そ」，大豆，塩，大麦あるいは米を材料とした麦みそや米みそを「三そ」として，それぞれの文化圏が示されている。「一そ」文化は第三次味覚境界線以北に位置し，みそのように塩を加えないで大豆を発酵させる「ナットウ」文化圏のことをさす。

　地域の食文化を自然的条件を共有するエリアとしてとらえること，海流の流れや人の移動によって食材や料理が伝播するルートがあることなどが，この資料から読みとれる（地域の食は14章参照）。2007年（平成19）農水省主催で郷土料理百選が選定されており，現代の代表的な郷土料理の概要を知ることができる。

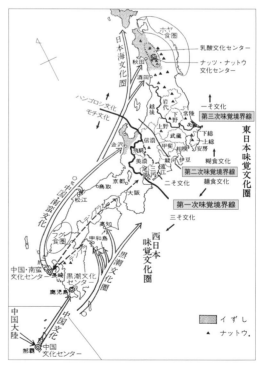

図3-9　東西日本を分ける味覚境界線
近藤弘『日本人の味覚』1976 より作成

昭和時代													
1950年 朝鮮戦争	パンとミルクの完全給食開始	1953年 東京青山にスーパーマーケット紀ノ国屋開店	1954年 学校給食法公布	1955年 自動式電気炊飯器発売	1958年 日清食品「チキンラーメン」発売	1964年 東京オリンピック開催	1966年 家庭用電子レンジ登場	1970年 大阪万博開催	ミリーレストラン開店 ファストフード店、ファ				

近・現代

4節　日本食文化の現状

1. 高度経済成長が生み出した食事情

　朝鮮戦争の特需を受けて，疲弊していた日本経済は息をふきかえした。池田内閣の所得倍増政策のもと，日本は驚異的な経済成長の伸びを示し，歴史上かつて例のない一億総中流意識時代が到来した。経済力の向上により，物資不足にあえいでいた庶民は，あらそって，住宅を建て，電化製品を買い，飽食の食生活を謳歌するようになった。こうして「消費者は王さま」とばかり，大量生産・大量消費の消費社会に，男も女も，高齢者も子どもも，金持ちも貧乏人も巻き込まれていく。食料生産も売れることが最大の目標となった。周年栽培や冷凍技術の進歩によって，季節にかかわらず必要な食材を入手できるようになったこと，化学肥料や農薬によって多収穫が保証されるようになったこと，さまざまな品種改良の技術によって，多収穫・高品質の食材が生産されるようになったこと，流通革命といわれるスーパーマーケットやコンビニエンスストアの登場により，食材入手がより便利になったこと，多様な加工食品の開発により，便利で味のよい半調理品・調理済み食品が食べられるようになったこと，ファミリーレストランやファストフード店のように，安価で手軽に利用できる外食産業が発達したことなど，高度経済成長を契機として，食の外部化・社会化（図3-10）は大きく進展した。

　数多くのヒット商品も誕生しているが，なかでも1958（昭和33）年に発売された「インスタントラーメン」は，食品業界における20世紀最大の発明として，いまや全世界に販売網を広げている。

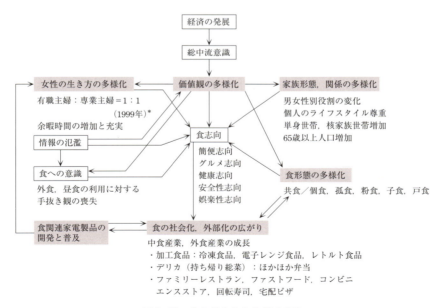

図3-10　食の社会化と生活の変化

＊：総務庁統計局『労働力調査』より
福田靖子他『食生活論2版』2000より作成

- 1973年　第一次オイルショック
- 1974年　コンビニエンスストア登場
- 1980年　大分県「一村一品運動」提唱
- 1982年　NHK「なぜひとりで食べるの?」放映
- 1983年　商業捕鯨全国禁止
- 1986年　イギリスで狂牛病発生

平成時代
- 1989年　中食市場拡大
- 2005年　食育基本法成立
- 2007年　食料自給率、40％を切る
- 2013年　「和食」ユネスコ無形文化遺産に登録
- 2014年　鶴岡市ユネスコ食文化創造都市に認定
- 「子ども食堂」始まる。

近・現代

2. 日本食文化の現状と課題

　今日，食料自給率の低下が大問題となっている。カロリーベースで40％を切った自給率は，もし輸入が途絶えたら，国民の40％しか生き残れない。また，全員に配給するとしても1年の4割しか食料にありつけないという水準である。水田稲作に適した日本の風土，四季折々に入手できる農作物や魚介類，その豊かな自然が開発のために失われている。経済のしくみが，生産の場と生産者を激減させ，自給率低下に歯止めがかからないうえに，「もったいない」運動はあるものの大量消費・大量廃棄のスタイルだけは温存されている。

　輸入食品の増大は，ポストハーベスト（収穫後の農薬）などの安全性に問題があり，基本的食品の海外依存は，「食料の安全保障」上，大きな問題である。

　また，好きなものを，好きなときに，好きなだけ食べる食生活は，心身機能に大きな障害をもたらしている。生活習慣病などの多発，精神的なストレスからくる過食症・拒食症・会食不能症，食物アレルギー，そして，噛まないために歯や顎が発達しない子どもたちなど，日常食のハレ食化と飽食に，身体面でも，精神面でも，赤信号がともっているのが現状といえよう。噛む回数の変化については図3-11に示した。さらに近年は，子どもの貧困が問題となり，「子ども食堂」が全国規模で広がっている。また，3.11東日本大震災と契機に食べるものへのこだわりがみられるようになった。

3. 食文化の発展とは

　日本食文化の発展を，あるものさしではかるとすれば，①必要な食物を常時入手でき，飢えることがなくなったか，②多種類の食品を利用できるようになったか，③心身の健康によりよいものになったか，の3点があげられる。多くの課題を抱えている食文化に対してスローフード運動や食育活動などが活発に行われているが，調理と共食という食文化の原点を，常にふりかえってみる必要があるのではないだろうか。現代の食については4章4節を参照されたい。

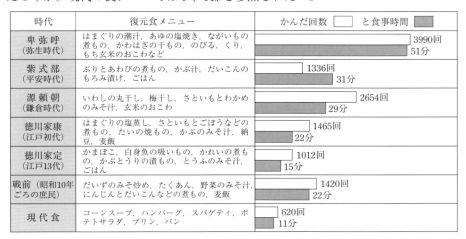

図3-11　古代から現代食までのかんだ回数と食事時間
「よく噛んで食べる」2005

参考文献

石川寛子他「食生活と文化」弘学出版，1988
石川寛子他『論集　江戸の食』アイ・ケイコーポレーション，1994
石毛直道「稲作社会の食事文化」『日本農耕文化の源流』日本放送出版協会，1983
石毛直道，ケネス・ラドル『魚醤とナレズシの研究―モンスーン・アジアの食事文化―』岩波書店，1990
市川健夫『日本の風土食探訪』白水社，2003
大石貞男『東西の食文化』農山漁村文化協会，1989
大塚滋『食の文化史』中央公論社，1975
大塚力『食生活文化考』雄山閣出版，1977
河合利光編著『比較食文化論』建帛社，2000
奥村彪生「増補版　日本めん食文化の一三〇〇年」農山漁村文化協会，2014
川島博之「食の歴史と日本人」東洋経済新報社，2010
川端基夫「外食国際化のダイナミズム」新評論，2016
小林達雄「縄文人の世界」朝日新聞社，1996
近藤弘『日本人の味覚』中央公論社，1976
財団法人日本食生活協会／農林水産省『食生活指針ガイド』，2005
斉藤幸雄他『江戸名所図会』須原屋茂兵衛，1836
斎藤　滋「よく噛んで食べる　忘れられた究極の健康法」日本放送出版協会，2005
佐々木高明編『日本農耕文化の源流』日本放送出版協会，1983
瀬川清子『食生活の歴史』講談社，1968
田村真八郎・石毛直道編『食のフォーラム　日本の風土と食』ドメス出版，1984
坪井洋文『イモと日本人―民俗文化論の課題―』未来社，1979
野本寛一「栃と餅」岩波書店，2005
橋本慶子・下村道子・島田淳子『調理と文化』朝倉書店，1993
原田信男『和食と日本文化　日本料理の社会史』小学館，2005
原田信男「コメを選んだ日本の歴史」文藝春秋，2006
樋口清之『こめと日本人』家の光協会，1978
福田靖子編著『食生活論』朝倉書店，1994
福田靖子編著『食生活論2版』朝倉書店，2000
松下孝幸『日本人と弥生人』祥伝社，1994
松山利夫『木の実』法政大学出版局，1982
森川昌和，橋本澄夫『鳥浜貝塚』読売新聞社，1994
山口米子『日本の東西「食」気質』三嶺書房，1987
矢野恒太記念会編『日本のすがた2016』矢野恒太記念会，2016
和辻哲郎『風土　人間学的考察』岩波書店，1935
渡辺実『日本食生活史』吉川弘文館，2007
『週刊朝日百科　日本の歴史37　縄文人の家族生活』朝日新聞社，1986

4章　異文化接触と受容

概要

　日本は東アジアの東方，太平洋の西部にある島国で，日本海，東シナ海をはさんで中国大陸，朝鮮半島，ロシアなどと接しており，古くから海流を利用してひと・もの・情報が行き来していた。特に中国大陸からは直接あるいは朝鮮半島経由で，さまざまな文物や技術が伝わり，日本の食文化に影響を与えてきた。まず，水田稲作が縄文晩期に伝来し，弥生時代に本格化して，米を中核とする食生活文化の基盤ができる。続く古墳時代以降，統一国家の形成に向けて，大陸文明・文化が導入されるなかで，発酵を始めとする加工技術や，食事様式などがもたらされた。鎌倉時代，禅宗とともに伝わった料理技術や喫茶文化，食事思想などを受容し，室町時代には日本料理の原型といわれる料理様式が成立する。

　戦国時代末期になると，欧州からキリスト教宣教師などが伝えた南蛮文化との接触が約1世紀間続き，菓子や料理などが影響を受ける。続く江戸時代には，国交が限定されるなか，中国，オランダ，朝鮮などの文化が，長崎や対馬などの窓口を通して流入する。幕末の開国を経て明治時代，富国強兵，殖産興業政策のもと，西洋文明・文化が積極的に導入される。

　このように，日本は地理的な条件のもと，歴史のなかで異文化との選択的な接触，社会風土に合わせた受容を重ねながら，独自の文化を形成してきた。戦後は経済成長を経て，国際化社会のなかで世界中のさまざまな文化との接触が続いている。

　本章では，日本の食文化が影響を受けた主な異文化を，大陸・南蛮・欧米文化に分け，それぞれの接触と受容の過程を述べる。なお4節　多国籍の食では，主として1960年代以降の国際的な異文化との接触と，それによってもたらされたさまざまな食文化の影響を述べる。

縄文時代	・北九州で稲作が始まる
弥生時代	・稲作農耕社会の広がり
飛鳥時代	・538年 ・百済より仏教伝来 ・630年 ・遣唐使派遣(〜894) ・646年 ・大化の改新 ・675年 ・天武天皇の肉食禁止令 ・701年 ・「大宝律令」制定
奈良時代	・718年 ・「養老律令」制定 ・この頃から箸使用始まる
平安時代	・815年 ・茶の伝来 ・927年 ・『延喜式』成立

原始・古代

1節 大陸文化

1. 古代

　稲作伝来の時期やルートには諸説があるが，縄文晩期に中国長江下流域から朝鮮半島経由で北九州に伝わった水田技術と鉄をともなう稲作が，水田稲作を基調とする弥生文化を築いたとされる。以来，本格的な農耕社会が成立し，米を中心とする日本の食生活文化の基盤ができる。

　古墳時代，ヤマト政権の確立にともない，大陸との交流が盛んになり，多くの文物や技術が導入された。土木技術，牛馬の伝来により稲作が発展し，弥生土器の系統を引く土師器や，朝鮮から伝わった硬質陶器の須恵器，甑・竃（図4-1）の利用が，高い熱効率による調理を可能とし，食生活を向上させた。飛鳥時代，推古天皇のもと聖徳太子は摂政として遣隋・唐使を派遣し，538年に伝来した仏教を国家宗教として受容するなど，異文化を積極的に受け入れた。さらに大化の改新を経て，天武天皇により中央集権国家が成立する。それは唐にならった律令国家で，大陸から直接伝わった文物が，藤原京，平城京，平安京などの都市を中心に模倣的に導入され，食文化にも大きな影響を及ぼした。当時その製造技術とともに渡来した主な食品は穀醤・草醤・肉醤などの醤類，麹を利用する発酵食品，牛乳及び酥・酪などの乳製品，でんぷん質を糖化させて作る飴（水飴）のほか蔗糖，蜂蜜，胡椒，茶，唐菓子で，朝廷にはそれぞれを製造または管理する組織が置かれていた。穀醤は，日本の食文化を構成する主要な調味料のみそ，しょうゆへと発展する。

　食様式，食慣行では，箸を使用する食事法が遣隋使によって伝わり，8世紀には民間でも使用されていた。年中行事およびその飲食物，例えば正月の屠蘇，人日の七種粥，端午の粽なども，大陸の影響を受けて受容された。また平安時代における貴族の儀礼宴会の食様式，大饗料理にも大陸文化の影響がみられる（9章参照）。台盤というテーブルと兀子とよばれる椅子が用いられ（図4-2），台盤の上には箸と匙，高盛り飯，唐菓子などが据えられていた。

　こうした異文化の中には，肉醤，乳，蔗糖，茶，匙を使用する食事法など，この時期には定着しなかったものもあり，9世紀末遣唐使の廃止を機に国風文化が熟成し始める。

図4-1　甑・甕・竃
濱田耕作編『京都帝國大学文学部陳列館考古図録』1930

図4-2　大饗の様子「年中行事絵巻」
『日本の絵巻』8，1987

鎌倉時代	・茶・点心の伝来 1237年 ・道元『典座教訓』成立 1241年 ・道元『正法眼蔵』に点心の食べ方記述
室町時代	1404年 ・足利義満が朝鮮と交隣関係成立
安土桃山時代	1592・1597年 ・豊臣秀吉、朝鮮出兵
江戸時代	1635年 ・中国船来航を長崎に限定 1654年 ・普茶料理、煎茶伝来 1697年 ・『和漢精進料理抄』刊 1761年 ・『八遷卓燕式記』成立 1771年 ・『新撰会席しっぽく趣向帳』刊 1772年 ・『普茶料理抄』刊

中世 / 近世

2. 中世

　鎌倉時代になると，南宋で禅宗を学んだ留学僧が帰国し，僧侶間の交流や禅宗の普及により，禅宗寺院における生活文化が伝わる。1191年（建久2）に栄西が臨済宗とともに伝えた新たな喫茶文化は（8章），禅林を中心に定着し，後の茶湯へと発展する。茶を飲みながら食べる軽食の点心は，植物性の食品を材料とする精進のみたて（もどき）料理として発達し，後に麺類や羊羹，饅頭などの菓子類へも展開する。これらは高度な調理加工技術を要し，それをつくる職業は調菜とよばれた（図4-3）。

　また，1227年（安貞元）に帰国し曹洞宗を伝えた道元は，1237年（嘉禎3）『典座教訓』を著して食事を掌る典座の職責の重要性を，ついで『赴粥飯法』を著し，典座が用意した食事を食べる側の心得を示し，禅林の食事思想を説いた。こうした異文化の受容は，料理様式としての精進料理を確立し，さらにその後，本膳料理や懐石料理の成立にも影響を及ぼした（9章）。

3. 近世

　江戸時代には，長崎の唐人屋敷に居留する中国人から卓袱（卓子）料理（図4-4）が，1654年（承応3）来朝した隠元禅師から黄檗宗とともに普茶料理が伝えられた。卓袱料理は会食者が従来の銘々膳は使わず，一つの卓袱台（食卓）を囲み，共皿に盛り付けられた料理を取り分けて食すという特徴を有す。普茶料理は黄檗宗の寺院における精進の卓袱料理で，限られた植物性食品を材料とし，揚げた料理が多い。いずれも油を用いる濃厚な味，中国趣味の食様式などが，新奇な文化として一部の層に受け入れられた。専門の料理書も，1697年（元禄10）『和漢精進料理抄』，1771年（明和8）『新撰会席しっぽく趣向帳』，1772年『普茶料理抄』などが刊行された。

　なお，最も近い朝鮮からは，大陸文化の中継以外に独自の文物も伝えられたと考えられる。朝鮮由来の異文化接触については，主として豊臣秀吉の朝鮮出兵と，江戸時代の朝鮮通信使による交流が取り上げられることが多いが，むしろそれ以前の盛んな日朝交流期，特に1404年（応永11）足利義満による対等な外交（交隣）関係成立以降の朝鮮文化の接触と受容について，今後改めて検討が必要であろう。

図4-3　点心の饅頭を売る調菜「七十一番職人歌合」
『江戸科学古典叢書』6，1977

図4-4　「普茶の図」　西村未達『普茶料理抄』上 1772
（早稲田大学図書館所蔵）

中世	近世
室町時代	安土桃山時代

- 1543年 ポルトガル人種子島漂着
- 1549年 キリスト教伝来
- 1550年 ポルトガル船平戸入港
- 1557年 ポルトガル人マカオ居住
- 通商許可
- 1569年 宣教師ルイス・フロイス
- 織田信長に金平糖献上
- 1570年 ポルトガル船長崎で初交易
- 1580年 イギリス商船平戸来航
- 1587年 豊臣秀吉キリスト教禁令
- 1600年 オランダ船豊後漂着
- 1602年 オランダ東インド会社成立

2節　南蛮文化，紅毛文化

　1543年（天文12）ポルトガル人の種子島漂着を機に，1549年鹿児島に上陸したイエズス会のフランシスコ・ザビエルがキリスト教を伝え，1550年ポルトガル船が平戸に初来航して南蛮貿易が始まる。以降1639年（寛永16）ポルトガル船の来航禁止まで約1世紀にわたり，当時南蛮と称されたポルトガル，スペインや，中継地のマカオなどから文物が伝わる。一方，1609年（慶長14）平戸に入港し，通商を始めたオランダは，1641年から幕末まで長崎出島のオランダ商館をとおして貿易を継続し，ポルトガル，スペインの南蛮に対し紅毛とよばれた。

1．さとうと南蛮菓子

　ポルトガルから伝わった食品は，新大陸原産のかぼちゃ，とうもろこし，じゃがいも，とうがらしなどのほか，古代に伝わっていたさとう（蔗糖），胡椒などが再来し，食品として受容された。なかでもさとうは，既存の飴や甘葛煎に比べて濃厚で純粋な甘味を有し，稀少であったため，それをふんだんに用いる南蛮菓子とともに重視され，宣教師の布教や，特権階層の贈答や献上，饗応に用いられた。また，これ以降さとうを用いる加工食物が菓子の主体となっていく。

　南蛮菓子は，金平糖，有平糖（図4-5），かすてら，ぼうろなどポルトガル語を語源とする菓子名をもつが，日本の菓子文化に受容され和菓子として現存するものも多い（8章参照）。特徴的な材料としてはさとうに加え，鶏卵，小麦粉を用いる。鶏卵は日本では従来時を告げる鶏の霊が宿るものとして，表向きには食禁忌の対象とされていたが，これを機に料理にも使われるようになる。1785年（天明5）には卵料理103項目を収録した料理書『万宝料理秘密箱』前編が刊行され，「玉子百珍」ともよばれた。

2．南蛮料理

　料理では，675年（天武天皇4）の肉食禁止令以来禁忌の対象だった牛肉食が，ヨーロッパの食習慣をもち込んだ宣教師らによって布教地を中心に行われた。三浦浄心「慶長見聞集」には，豊臣秀吉による1587年（天正15）のキリスト教禁令で牛馬の売買および食用を禁じられるまでは，京都で牛肉が「わか」（vaca，ポルトガル語の牛肉）とよばれて賞味されていたと記されている。

図4-5　現在の有平糖
（写真提供　虎屋）

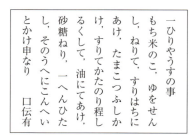

図4-6　菓子のひりょうずの製法記録例
（『南蛮料理書』より作成）

一ひりやうすの事
もち米のこ，ゆをせんし，ねりて，すりはちにあけ，たまごつふしかけ，すりてかたのり程するくして，油にてあけ，砂糖ねり，一へんひたし，そのうへにこんぺいとうかけ申なり　口伝有

江戸時代		
・1603年 『日葡辞書』刊		
・『南蛮料理書』成立		
・1609年 オランダ通商開始		
・1637年 天草・島原の乱（〜38）		
・1639年 ポルトガル船来航禁止		
・1641年 オランダ商館、平戸から長崎出島に移転		
・1724年 「和蘭問答」にオランダの食事や麦酒などの記述		
・1785年 『万宝料理秘密箱』前編刊		
・1804年 「瓊浦又綴」にコーヒー記述		

近世

　近世にはてんぷら，ひかど，ひりょうずなどポルトガルに起源をもつ料理も受容された。てんぷらの起源は諸説あるが，ひかどはポルトガル語のピカード（こまかく切る）に由来し，材料をさいの目に切って煮る長崎の家庭料理として現存する。また，ひりょうずは小麦粉の揚げ菓子フィリョースに由来し，伝来当初は米粉製の生地の揚げ菓子であったが（図4-6），とうふをつぶして揚げる現在の料理に変容し，飛龍頭（ひりょうず）またはがんもどきとよばれるようになった。また，料理書では南蛮漬，南蛮料理などが，異国由来の材料や調理法を用いる，あるいは珍しい異国風の料理名として散見される。

3．オランダの食文化

　ポルトガルの来航禁止後は，長崎出島のオランダ商館を中心に（図4-7），一部の関係者や蘭学者をとおして異文化との接触が続いた。出島跡や長崎市内の近世遺跡から出土した動物遺体には，牛，豚，鶏などがみられ，長崎では家畜が飼育され，その肉や乳が食されていたことがわかる。江戸の洋画家の司馬江漢は『西遊日記』で，1788年（天明8）牛の屠殺から塩漬の工程と牛肉の生食体験を，同じ頃長崎を訪れた本草学者の佐藤中陵は『中陵漫録』に，同商館における食用牛の去勢を記している。

　1724年（享保9）オランダ商館長の江戸参府時，将軍徳川吉宗の命で通詞が海外情報を聴き取った「和蘭問答」には，オランダの食事方法に関する詳細な記録があり，麦酒を試飲した感想が「悪敷物（あしきもの）」と記されている。幕臣の大田南畝は，1804〜1805年（文化元〜2）の長崎奉行赴任中の書留『瓊浦雑綴（けいほざってつ）』に「阿蘭陀菓子」のレシピなどを記し，同じく『瓊浦又綴（けいほゆうてつ）』では紅毛船で「カウヒイ」を味わった感想を「豆を黒く炒って粉にし白糖を和したるものなり，焦げくさくして味ふるに堪ず」と記している。また，前出の司馬江漢は「阿蘭陀茶臼」（コーヒーミル）をつくっており，飲用していた可能性がある。蘭学者の廣川獬は長崎に遊学し，1800年（寛政12）刊『長崎聞見録』に「かうひい」などを図説している（図4-8）。

　以上より出島のオランダ商館における本国同様の食文化は，上記の人びとに興味をもたれ，体験的に認識されていたことがわかる。しかし，南蛮文化のように広く一般に受容，普及されるには至らなかったことがうかがえる。

図4-7 「和蘭人宴会図」林了平『前哲六無斎遺草』1895
　　　（国立国会図書館デジタルコレクション）

図4-8 「かうひい」と「かうひいかん」廣川獬『長崎聞見録』1800
　　　『長崎文献叢書』1-5，1975

江戸時代							明治時代			
1854年 日米和親条約締結	1858年 露仏英蘭米と修好通商条約締結	1862年 横浜に牛鍋屋開店	1863年 長崎に初の西洋料理店、良林亭開店	1867年 大政奉還	1868年 築地ホテル竣工（8月）		1869年 北海道開拓使設置	1870年 横浜にスプリングバレー身）創立 ブルワリー（麒麟麦酒前		

近世　／　近・現代

3節　欧米文化

江戸幕府は1854年（嘉永7）日米和親条約を経て，1858年（安政5）露・仏・英・蘭・米の5か国と修好通商条約を結び，神奈川（横浜）・長崎・箱館（現，函館）・新潟・兵庫（神戸）の開港，外国人の居留，締結各国との自由貿易などが規定された。まもなく幕藩体制が崩壊し，1868年（明治元）天皇を中心とする明治新政府は，欧米列強に対抗するため富国強兵，殖産興業を国家目標に掲げ，制度，技術，生活様式などすべてに西洋文明の積極的導入（文明開化）をはかった。同時に富国を保障する国民の形成のため欧米人並みの体位向上を追求し，西洋料理およびその主な食材である獣肉や乳製品などの食用を推奨した。

1. 肉食の受容

幕末の開国にともない，1856年居留地において牛の屠殺が公認され，1871年屠牛規則が発布された。1871年12月，宮中で天皇の食事を調える内膳司に対し，牛・羊の肉を平常に，また豕・鹿・兎の肉を時々使うことが命じられ，675年（天武天皇4）以来の肉食禁止令が解かれた。一方文字媒体をとおし，従来の肉食禁忌を否定し，肉食や牛乳を奨励する動きもみられた。遣外使節として1860年（万延元）以来3度欧米へ渡航し，現地で異文化を見聞した福沢諭吉は，1867（慶応3）『西洋衣食住』を著した（図4-9）。また，1870年築地牛馬会社の宣伝文「肉食の説」で，牛乳は身体虚弱者に必須と強調し，日刊紙『時事新報』1882年の論説に，欧米人が日本人に比べて「心身の働」が勝る理由を「欧米人は人間滋養の第一たる禽獣の肉を食ひ，日本人は滋養の不充分なる草実菜根を食ひて肉類を好まず」と書いている。

1862年（文久2）横浜に牛鍋屋，1867年江戸高輪に牛肉屋が開店し，以後双方が次第に増加して，肉食は庶民の生活に受容されていった（図4-10）。ただしその食べ方は，牛肉の薄切りをしょうゆやみそで調味し，ねぎなどと合わせて煮た和風の料理だった。

2. 西洋料理の導入

これに対し西洋料理は，形態・行動をも含めた食様式として導入された。それは幕末から明治初年

図4-9　福沢諭吉（片山淳之介）『西洋衣食住』1867

図4-10　牛肉商・宮川伊三郎　深満池源次郎『東京商工博覧絵』1885

近・現代

- 1888年 東京に可否茶館開店
- 神谷伝兵衛，蜂印香竄葡萄酒」発売
- 1881年 内国博に開拓使がバター，粉乳，チーズ出品
- 1877年 山梨県勧業試験所付属葡萄酒醸造所設立
- 1876年 北海道で開拓使麦酒醸造所（サッポロビール前身）設立
- 1874年 山梨でワイン生産
- 大阪で渋谷麦酒開業
- 東京で精養軒ホテル開業
- 1872年 『西洋料理指南』刊
- 『西洋料理通』刊
- 屠牛売鬻取締規則発布
- 宮中で牛乳、牛羊肉、晩餐会に西洋料理導入
- 1871年

に居留地に開設されたホテルやレストランで，外国人や高級官僚など一部の階層社会における公的な会食として受容された。宮中では，フランス料理が，1871年に築地ホテルで行われた天長節奉祝晩餐会で採用され，1877年頃には正式な料理様式として定着する。また，1872年，西洋料理という語が書名に使われた初めての料理書，仮名垣魯文『西洋料理通』と，敬学堂主人の『西洋料理指南』（図4-11）が刊行される。1880年代後半以降になると，西洋料理を飯にあうように仕立てた，コロッケ，ライスカレー，とんかつなどが，都市の洋食屋で提供され，その後家庭でもつくられるようになり，一般に受容される（13章）。

3. 材料の国産化

西洋料理に必要な材料の西洋野菜および果物，乳製品，畜肉加工品，洋酒などについては当初居留地向けに輸入されていたが，国産に向けた研究開発が1869年に設置された北海道開拓使を中心に進められた。外国人技術者の指導のもと，東京，北海道の官園や札幌農学校などで，農作物の栽培，酪農技術が欧米から導入された。野菜は既に伝来したものの新品種も含め，たまねぎ，じゃがいも，キャベツ，アスパラガス，にんじん，とうもろこしなどが栽培された。畜肉乳加工品の製造は1873年官営工場の設置以降本格化し，1877年明治政府主催の内国勧業博覧会の第1回，開拓使から鹿肉の蝋腸（腸詰），火腿（ハム），乳脂（バター），乾酪（チーズ），粉乳などが出品されている。

洋酒やコーヒーなどの飲料は既に伝来していたが，本格的な導入はこの時期であった。ビールは1869年コープランドが横浜で，72年に渋谷庄三郎が大阪で，76年に開拓使が札幌で生産を開始した。以後中小の業者が急増し（図4-12），1883年頃から消費が伸び始め，明治20年代に入ると大資本による経営が始められた。対するワインは主として山梨勝沼で，適する西洋種ぶどうの栽培・醸造技術の研究が推進され，1874年には白・赤ワインが生産されたが，西洋料理の食中酒という性質上，一般に普及するのは食生活の洋風化にともなう1970年以降であった。それまでは「蜂印香竄葡萄酒」など，一種の保健飲料として滋養強壮をうたった甘い果実酒が主流であった。コーヒーは，1888年東京下谷に珈琲店の「可否茶館」が開店し，一部の階層に受容されたが，一般への普及は戦後で，1960年（昭和35）国産インスタントコーヒー発売以降であった（パン，洋菓子については8章参照）。

図4-11 敬学堂主人『西洋料理指南』1872
（東京家政学院大学図書館所蔵）

図4-12 桜田麦酒醸造所・発酵社 深満池源次郎『東京商工博覧絵』1885

- 1945年 第二次世界大戦終戦
- 1950年 朝鮮戦争
- 1953年 スーパーマーケット紀ノ国屋開店
- 1955年 自動式電気炊飯器発売
- 1956年 公団住宅、ダイニングキッチン採用
- 1957年 NHKテレビ「きょうの料理」放映開始
- 1958年 日清食品「チキンラーメン」発売
- 1960年 インスタントコーヒー発売
- 1963年 バナナ等輸入自由化
- 1964年 東海道新幹線開業、東京オリンピック開催

昭和時代 / 現代

4節 多国籍の食

1. 国際的な異文化接触

　1945年(昭和20)第二次世界大戦が終結した。戦後5年間は飢餓と食料確保の時代といわれ、生存のために食べられるものなら何でも食べるという行動をとらざるを得なかった。しかし、1950年に勃発した朝鮮戦争による軍事需要は景気を回復させ、戦後の経済復興の契機となり、1955年には米の生産が戦前の水準に回復する。この頃から1973年石油危機までの高度経済成長(主として1960年代)により技術革新が進行し、電化製品、インスタント食品、石油化学系の包装材料などが出始め、コンピューターやオートメーションを使う経営管理方式、流通革命、レジャー目的の海外旅行が始まり、日本人の生活は大きく変化していく。

　1955年に東芝から自動式電気炊飯器が発売される。この頃から日常の生活様式に外来の要素が新しく取り入れられるようになる。翌年から建築の始まった日本初の公団住宅にダイニングキッチンが採用され(図4-13)、以来急速に普及し、食寝分離、椅子とテーブルという西洋風の新しい食事空間が実現する。これにともないトースター(図4-14)、電気冷蔵庫などの家電製品も普及する。

　1958年日清食品による初の即席麺「チキンラーメン」の発売に続き、1960年頃からインスタント食品が相次ぎ発売される。また大豆、えび、パイナップル、バナナ、レモン、コーラ原液などの輸入が自由化される。一方、放送、出版物などを媒体とする食の情報化が始まる。特に1957年から放映が始まったNHKテレビ番組「きょうの料理」は、1962年から帝国ホテルの料理長村上信夫による西洋料理、1966年には中国料理店主の陳建民による四川料理を紹介し、家庭料理の多様化を導いた。同時期に並行して実施された栄養改善運動が粉食(パン)、西洋風の食事を奨励した影響もあり、米の消費量は1962年に戦後最高に達して以降減少し、2006年には半減している。

　その一方で、畜産物と油脂類の消費量が大きく増加し、1960年度に比べて、それぞれ4.3倍、3.4

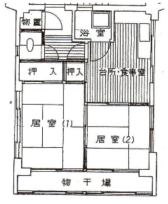

図4-13　公団住宅大阪金岡団地の間取
日本住宅公団『日本住宅公団年報』1955-6

図4-14　トースター(1955)
(写真提供　三洋電機社史資料室)

1965年 国鉄みどりの窓口開設 日航「JALパック」発売
1968年 GNP世界第二位
1969年 第二次資本自由化
1970年 大阪万博開催 ケンタッキーフライドチキン開業 すかいらーく開業
1971年 グレープフルーツ等輸入自由化 マクドナルドハンバーガー開業
1973年 第一次石油危機
平成時代 1991年 牛肉、オレンジ等輸入自由化
現　代

倍にまで増加する（図4-15）。

1965年家庭の冷蔵庫普及率が50%を超え、翌年には低温輸送によるコールドチェーン化がすすみ、国内外の新鮮な生鮮食料品、加工品の流通が可能となった。これにより多様な生鮮食料の常備が可能となり、日々変化に富んだ料理を実現させたが、その半面食材の季節感が乏しくなり、また家庭における保存加工技術の重要性は次第に薄れていった。

また、1964年における東海道新幹線開業と東京オリンピックの開催、翌年の国鉄みどりの窓口開設、日航「JALパック」発売などによる国内外旅行の大衆化は、食の外部化をすすめた。1969年に第二次資本自由化が実施されると外資系の飲食産業が増え、1970年から欧米資本のファーストフード店、ファミリーレストランの開業が相次いだ。1968年にGNPが資本主義国第2位となり、1970年の大阪万博をきっかけとして、家族旅行および家庭外での食事が次第に一般化し、きわめて短期間に外食の需要が発生した。こうして新しい食材や料理、食べ方が受容され、食生活は多様化していった。

2. 世界のさまざまな食文化の受容

外食産業の発達により、世界中のさまざまな国の料理店が増え、本場の料理人が本場の食材でつくる料理を日本国内で経験できるようになった（図4-16）。1980年頃には外食産業の新規開拓によりエスニック料理店が開業し始めた。エスニック料理店の起源は、大都市に混住する異民族に故郷の食事を出す店とされるが、日本では話題性を求めて利用する日本人客が対象であるとされる。

こうしたさまざまな食文化の受容には、これまでみてきた異文化接触にはない特徴がみえている。石毛直道によれば、従来日本で受容された外来料理は「母国の食のシステムから離脱して、日本の食のシステムを構成する要素として編入され、日本文化化することによって定着」してきた。それに対して、ファッションやレジャーとしての外来料理は、限りなく本国に近いかたちでの提供が重視される。そしてこのような受容のあり方を可能にした背景には、日本の経済成長のみならず、近代以降世界規模で進行した食料生産、食品工業と流通の発達、外食施設の普及、食の情報化などの要因がある。

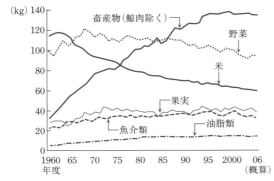

図4-15 国民1人1年当たりの供給純食料の変化
資料：農林水産省「食料需給表」（農林水産省ウェブサイト）

図4-16 タンドールで焼いたナンとチキン
（インド料理 Sagar, 福岡）（撮影　橋爪伸子）

4節　多国籍の食——49

参考文献

青葉高『日本の野菜』八坂書房，2000
石毛直道「外来の食事文化」『外来の食の文化』ドメス出版，1988
石毛直道「食文化変容の文明論」『国際化時代の食』ドメス出版，1994
板橋倫行校注『日本霊異記』角川書店，1969
今村英明「徳川吉宗と『和蘭問答』−オランダ商館長日誌を通して−」『日蘭交流史』思文閣出版，2002
江原絢子・東四柳祥子『近代料理書の世界』ドメス出版，2008
大久保洋子『江戸のファーストフード』講談社，1998
岡田章雄「文明開化と食物」『全集日本の食文化』8，雄山閣出版，1997
敬学堂主人『西洋料理指南』1872（東京家政学院大学図書館所蔵）
梶島孝雄『日本動物史』八坂書房，2002
カタジーナ・チフィエルトカ「近代日本の食文化における「西洋」の受容」『日本調理科学会誌』28−1，1995
宮内庁編『明治天皇紀』2，吉川弘文館，1969
熊倉功夫『日本料理の歴史』吉川弘文館，2007
慶応義塾編纂『福沢諭吉全集』20，岩波書店，1963，『同』8，1960，『同』2，1959
古賀十二郎編『長崎市史』風俗編上，長崎市，1925
小松茂美編『日本の絵巻』8，中央公論新社，1987
佐原眞『食の考古学』東京大学出版会，1996
昭和女子大学食物学研究室編『近代日本食物史』近代文化研究所，1971
鈴木晋一・松本仲子編訳注『近世菓子製法書集成』2，平凡社，2003
中村璋八・石川力山・中村信幸訳注『典座教訓・赴粥飯法』講談社，1991
日本住宅公団編『日本住宅公団年報』1955−6，日本住宅公団，1956
日本生活学会編『台所の一〇〇年』ドメス出版，1999
芳賀徹・大田理恵子校注『江漢西遊日記』平凡社，1986
畑中三応子『ファッションフード，あります：はやりの食べ物クロニクル1970−2010』紀伊國屋書店，2013
濱田耕作編『京都帝國大学文学部陳列館考古図録』京都帝國大学文学部，1930
濱田義一郎編『大田南畝全集』8，岩波書店，1986
原田信男『歴史の中の米と肉−食物と天皇・差別−』平凡社，1993
原田信男『和食と日本文化』小学館，2005
原田信男『コメを選んだ日本の歴史』文芸春秋，2006
廣川獬『長崎聞見録』1800（『長崎文献叢書』1−5，長崎文献社，1975）
深満池源次郎『東京商工博覧絵』1885（『東京商工博覧絵：明治期銅版画東京博覧図』湘南堂書店，1987）
三輪茂雄『臼』法政大学出版局，1978
箭内健次監修『長崎出島の食文化』親和銀行，1993
和仁皓明「乾酪製法記翻刻其ノ二」『東亜大学紀要』6，2006
『江戸科学古典叢書』6，恒和出版，1977

5章　主食の文化

> **概　要**

　縄文人の主食は堅果類をはじめとする種実や地下茎（いも）などの植物であった。東日本では「アク」の多い落葉広葉樹のどんぐりが中心で，西日本ではアクの少ない，照葉樹のかし・しい類が多かった。とちの実はアク抜き技法を獲得したことで，縄文人の食料が支えられたと推定される。

　縄文時代晩期，北九州に定着した水田稲作は，弥生時代に本州最北端にまで波及した。稲作は富の格差を生み，中央集権の統一国家成立に深くかかわっている。

　麦類の原産地はコーカサス地方で東西に伝播したが，日本でも弥生時代には大麦・小麦が栽培されていた。しかし麦類は，奈良・平安時代になっても備荒救急目的でつくられる程度であった。麦類は乾燥冷涼を好み，温暖多雨な日本の気候では多収穫が期待できる作物ではなかった。

　農民は米を生産しても租税として納めなければならなかったから，日常食では雑穀を主食にしていた。しかし，日本人の「主食は米」との考え方は根強く，江戸時代末期には米飯に関する専門書まで出版されている。明治時代以降には西洋の食文化が受け入れられ，米飯とともに食すカレーライスなどが浸透していった。

　米の年間消費量は2010年（平成22）までの30年間で約30％減少している。しかし日本の食事形態は，ご飯の主食と主菜・副菜の組み合わせの食文化が培われてきた。消費量が減っても日本人は粒食のご飯（米）にこだわり続けるであろう。

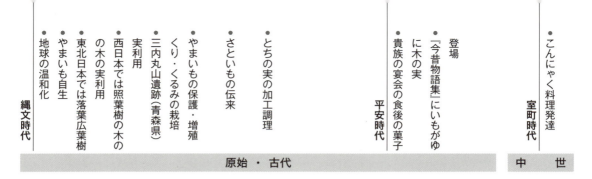

縄文時代		平安時代	室町時代
・地球の温和化 ・やまいも自生 ・東北日本では落葉広葉樹の木の実利用 ・西日本では照葉樹の木の実利用 ・三内丸山遺跡（青森県） ・くり・くるみの栽培 ・やまいもの保護・増殖 ・さといもの伝来 ・とちの実の加工調理		・貴族の宴会の食後の菓子に木の実 ・『今昔物語集』にいもがゆ登場	・こんにゃく料理発達
原始・古代			中　世

1節　木の実といも類

1. 木の実の利用と変遷

　大陸から分離して島国となった日本列島では，温暖で湿潤な気候と自然環境によって，東北日本の落葉広葉樹林帯，西日本の照葉樹林帯が形成され，豊富な木の実を利用することで縄文文化は花開いた。東北日本ではアク抜きをしなければ食べられない「とち，こなら」の実が多かったが，西日本では水にさらすか，そのままでも食べられる「かし，しい」の実が多く利用された。

　縄文時代前期中頃〜中期末の青森県三内丸山遺跡から「くるみ，くり」の遺物が発見され，DNA検査によると遺跡周辺で，くるみやくりが大規模に栽培されていたことが判明している。縄文人の主なエネルギー源・主食は木の実だった（表5-1，図5-1）。

　とちの実の利用は縄文時代後期から晩期の遺跡に痕跡がみられる。加熱，アルカリ（灰）での中和，水さらしなど，とちの実のアク抜きは，時間も労力もかかる難しい作業をともなう。しかし，とちの実は，大きくて拾いやすい，多量に収穫できる，貯蔵性が高い，他の動物と競合しないなどの理由で，アク抜き技法が確立されると，縄文人の食料を支え，人口を増やしたと推定される。稲作が伝来すると，木の実の利用は急速に衰えるが，備蓄できる重要な主食として，飢饉時や非常時のために保存，貯蔵された。また，山間の地では，日常食としても利用され続けてきた。とちの実は江戸時代はもとより近代以降も地域によっては主食を補う食料となったが，現代は菓子などに利用される程度である。

2. やまいも・さといもの利用と変遷

　やまいもは日本に自生し，しかも生食できる。おそらく人々が日本に住みつくと同時に利用されたことであろう。しかし，考古学資料には残りにくい。京都府舞鶴市松ヶ崎遺跡（縄文時代）から「むかご」が炭化して出土したことから，日本でのやまいも利用が裏づけられた。芥川龍之介の小説「芋粥」は，甘葛汁で煮たやまいもの粥を食べたいと願う平安時代の男の物語である。また，江戸時代の東海道鞠子宿の「とろろ汁」も有名で，やまいもは，貴賤・階層，時代，地域を問わず，利用され続けてきた食材といえよう。さといもは，温帯から熱帯地方が原産地であるが，縄文時代晩期には焼畑農耕で栽培されていた。山口県豊浦町で，弥生式土器を含む泥炭層の下層から，炭化したさといもが出土

表5-1　木の実の栄養成分

（100g当たり%）

木の実の種類		カロリー	水分	タンパク質	脂質	繊維	灰分	糖質	タンニン
照葉樹性	シラカシ	236	40.7	1.8	2.0	1.1	1.7	52.7	4.5
	アラカシ	235	41.1	1.8	1.9	0.9	1.6	52.7	4.4
	マテバシイ	236	39.9	2.5	0.7	0.9	1.2	54.8	0.5
	スダジイ	249	36.6	2.3	0.5	0.7	1.0	58.9	0.1
	イチイガシ	252	37.6	1.6	2.1	0.8	1.2	56.7	1.2
落葉樹性	コナラ	284	28.1	2.9	1.7	1.2	1.9	64.2	4.8
	ミズナラ	287	26.2	4.6	1.1	1.4	2.1	64.6	6.7
	クヌギ	202	49.3	2.1	1.9	1.2	1.3	44.2	1.3

松山利夫『木の実』1982より作成

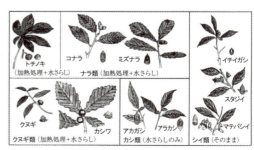

図5-1　渋抜きの必要な木の実　（小林青樹画）
国立歴史民俗博物館『水辺と森と縄文』2005

江戸時代	さつまいもの伝来 1735年『蕃藷考』刊 1789年『甘藷百珍』刊 備荒食だと各種いも粥も飯 飢饉対策にじゃがいもを栽培奨励
明治時代	じゃがいもの栽培普及
大正時代	ポテトコロッケ流行
昭和時代	食料難でさつまいも増産運動 米代用のじゃがいも配給 さつまいも利用の菓子類発売 紫いものアイスクリーム販売 ファーストフードでポテトフライ・ポテトチップス販売
平成時代	アンデスが原産地のヤーコンがブームに アンデスのいもなど品種の多様化

（近世／近・現代）

しており，加熱調理されていたことがうかがえる。平安時代の『土佐日記』や鎌倉時代後期の『徒然草』に，さといもを食べた話が出てくる。中世までは，煮て，蒸して，ゆでて，主食としても用いられ，江戸時代に続く（図5-2）。

江戸時代の農書『農業全書』（宮崎安貞）に，赤芋は「茎も大きく味が良い。穀の不足を助け，飢饉の折に大切な食料」と記され，米の代用食として強調している。また，幕末京都町人日記の正月雑煮に「頭芋」があり，縁起ものとしても，行事食とのかかわりが深かった。稲作以前の食物である「やまいも，さといも」の重要性は，正月供物やさといもが主材料の雑煮「餅なし正月」にもみられ，行事食・儀礼食などに名残りをとどめている。

3．さつまいも・じゃがいもの利用と変遷

さつまいも・じゃがいもは，江戸時代初期に伝来した比較的新しい食物である。さつまいもは温暖な西日本から関東にかけ，じゃがいもは寒冷な北海道・東北の常食として栽培・普及した。さつまいも栽培に尽力した青木昆陽は1735年『蕃藷考』を著したが，その約50年後，『甘藷百珍』が出版された（図5-3）。1833年（天保4）刊の『都鄙安逸傳』には「茶がゆ，白がゆに入るのは常のことなれば不記」とあり，さつまいもは主食を補う準主食であった。じゃがいもは明治以降，洋風料理の普及とともに広く使われ，1887年以降は，洋風のじゃがいも料理が料理本に多数紹介されている。大正時代には「ポテトコロッケ」が庶民の食べものとして流行した。また，しょうゆ味の「肉じゃが」などの和風料理が登場し，じゃがいもは日常的に使われるようになっている。

さつまいも・じゃがいもは，江戸時代の飢饉，第二次世界大戦戦中・戦後の食料難などに，主食として奨励され，多くの人々を飢餓状態から救った。現在さつまいもは糖度が高く，でんぷん質の品種が開発され，スイートポテト，アイスクリームなど各種のお菓子に利用されている。じゃがいもは，手軽なファーストフードのポテトチップスやポテトフライに向く品種の改良が進み，利用されているが，肥満・塩分の点から問題視されている。しかし，さつまいも・じゃがいもは現代人に不足しがちな栄養素を多くもっているので見逃せない。

図5-2　高野長英『救荒二物考』1836
この本には，じゃがいもの栽培，利用などが記されており，じゃがいもの普及に影響を与えたといわれている。
（東京家政学院大学図書館所蔵）

図5-3　珍古楼主人『甘藷百珍』1789
（女子栄養大学所蔵）

原始・古代						中世	
縄文時代	弥生時代		古墳時代	平安時代	鎌倉時代	安土桃山時代	
●日本で稲作開始 紀元前1500年頃	●北部九州で水稲耕作が本格化 紀元前400年頃	●東北地方北部で水田を造成 紀元前250年頃	●米を土器で煮炊き	●竈・釜・甑で米を蒸す	●次第に固粥（姫飯）食用	●埦飯・武家の正式饗応に	●太閤検地 1582年以降

2節 米

1. 稲の伝播と社会・経済への影響

福岡県板付遺跡や佐賀県菜畑遺跡などから，籾痕（もみあと）のついた土器や稲のプラント・オパール（図5-4），水田跡などが発見され，九州北部で水田稲作が始まったのは縄文時代晩期と推定されている。九州北部に定着した稲作は，西日本へ伝播し，数百年もかからずに東北地方にまで広がった。

稲の起源地はインド・アッサム地方とされているが，日本に伝播した経路については，山東半島から朝鮮半島を経由したルートと，揚子江下流域から直接伝来したルートではないかと考えられている。

律令国家の租（税）として納められた稲（米）は，社会・経済の基盤となった。明治時代に貨幣による納税が認められるまで，米は特別な食料であった。

豊臣秀吉は1582年（天正10）以降，検地を行って年貢を見積り，土地・人民の支配を確立した。江戸時代にも年貢は重く，米をつくりながらも米を食べられない農民が多かった。各藩では新田開発に力を注ぐ一方，肥料，品種改良に力を入れ，農民たちもまた，増産のために努力した。

1873年（明治6），明治政府は貨幣納税に改めた。地主と自作農は現金で納めることができたが，小作人は小作料として米を納めた。農民にとって，第二次世界大戦後の農地改革まで，白米はハレの日の特別な食べものであった。1942年（昭和17），食料の国家統制の一環として制定された「食糧管理法」は，あらゆる階層に米食の習慣をつけるきっかけになったといわれている。地球規模での気候変動—温暖化にともなう新しい稲の品種の研究開発が進められている。

2. 米調理法の変遷

日本各地の弥生時代の土器には，米がこげついた状態で出土しているものがあり，米は水とともに火にかけ煮ていた。弥生時代の土器は縄文時代のそれより小型化しており，主食と副食を分けて煮炊きしていたと考えられる。5世紀半頃の遺跡からは，釜，竈（かまど）とともに甑（こしき）（蒸し器）が出現する。古墳時代には甑は手入れのしやすい須恵器を用い，釜・竈には熱に強い土師器（はじき）を用具とした（図5-5）。しかし，これらは出土数の少ないことから，祭祀用だったのではないかともいわれている。

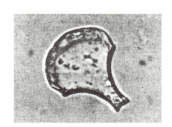

図5-4　イネのプラント・オパール（垂柳（たるやなぎ）遺跡出土）
（藤原宏志氏提供）
この細胞化石の多い土層を掘り，水田跡を探す。
佐原眞『食の考古学』1996

図5-5　甕（かめ）・竈・甑　伏尾遺跡（右上）
　　　　竈・甕・甑　使用想定図（左上）
広瀬和雄『考古学の基礎知識』2007

近世	近・現代
江戸時代	明治時代　昭和時代　平成時代

- 奈良茶飯・菜飯屋の流行
- 1802年『名飯部類』刊
- 1873年 明治政府、貨幣納税に変更
- カレーライス一般家庭に
- 1942年 食糧管理法制定
- 雑炊食堂急増
- 1955年 自動式電気炊飯器発売
- 牛丼チェーン出現
- もち帰り米飯の利用急増
- 無洗米・米粉パンの普及
- 災害備蓄にα米を奨励

平安時代は，次第に固粥（姫飯）とよばれる現代の飯に近いものを食するようになった。平安貴族は夏，干し飯に冷水をかける水飯を好み，湯漬は宴席に用いたことが『類聚雑要指図巻』にみられる。江戸時代，米の生産量は増加したが，都会と地方では食料事情に差があった。1802年（享和2）刊の『名飯部類』には米料理が約150種記載され（図5-6），「魚鳥名飯のものには，北国米…菜蔬の飯には西国米…」などのように，産地別の使い方を示して，食味にこだわっている。

明治時代以降には，西洋の食文化が急速に普及し，飲食店も急増した。また，米飯とともに食べられるカレーライス，かつ丼，オムライスなど，日本的洋食が普及・浸透していった。

「飯炊き」は時間・火加減・水加減など技術や労力の必要な仕事だったが，1955年（昭和30）自動式電気炊飯器第1号が発売されて，飯炊きの苦労は解消された。その後，炊飯器は次々に改良が重ねられ「おいしいごはん」が追求されてきている。

3. 米加工品の変遷

稲作伝来後，米を原料としたさまざまな加工品の開発と米食文化が生み出された。乾燥飯である糒は，兵食や旅行食とされ，稲粒を焼いてつくる焼米も簡便な加工品であった。古代には果物と餅を扱う「主果餅」という役所があり，餅が調製されている。米を原料とした酒や酢は弥生時代からつくられていたが，奈良時代には醸造技術が進歩し，平安貴族の式正料理には嗜好飲料としての酒のみならず，酒と酢が調味料としてそえられている。

また，琵琶湖の鮒ずしのような飯と塩漬けの魚鳥肉を漬けて発酵させた「なれずし」にも米が必要であり，今も各地に保存食として伝承されている（図14-10参照）。

米の年間消費量は1965年（昭和40）頃をピークに減少しているが（図5-7），市販の冷凍飯やレトルトごはんが電子レンジの普及でいつでも食べられるようになった（図5-8）。また，商品化されたアルファ（α）米や赤飯，五目飯などは，災害備蓄や登山の携帯食品としても利用されており，おにぎりや白飯などをコンビニエンスストアやスーパーマーケットで購入する単身者，高齢者，若者が増えている。

図5-6　山吹めし『名飯部類』1802
ゆでて裏ごしした卵の黄身とせり，みつばのみどりが美しい一品
福田浩・島﨑とみ子『江戸料理百選』1983

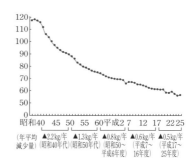

図5-7　米の年間1人当たり消費量の推移
注：1人1年当たり供給純食料の値である。農林水産省「食料需給表」

図5-8　冷凍ピラフ
（撮影　編集部）

原始・古代					中世	
縄文時代	弥生時代	奈良時代	平安時代	鎌倉時代	室町時代	
・大麦・小麦・そば栽培（小規模）	・あわ・ひえ栽培・小麦栽培	・大小麦耕種の奨励・小麦加工品の伝来	・水田裏作に麦づくり	・二毛作の農法起こる・中世寺院で饅頭、うどん、そうめんなどの間食	・麦飯食用・1543年 パン食文化の伝来・うどん、そうめん一般に普及・そば切り食用	

3節　大麦と小麦

1. 麦類の原産地と伝播

麦類はイネ科に属する一年生植物で，大麦，小麦，ライ麦，燕麦がある。

『料理の起源』によれば，「麦類の原産地は地中海の東岸地域で，近東からコーカサスに至る地方で野生植物を栽培化した」とされ，麦類はエジプトへ伝播してさらに，ヨーロッパ，インド，チベット，中国へも伝播したと記されている。

日本では縄文時代晩期の土器に大麦，小麦の圧痕が確認されているが，これらの栽培は小規模に行われていたと考えられている。あるいは弥生時代早期以降の可能性もあるという。勧農の詔として「畿内七道諸国に大小麦を耕種すべき事」（723），「麦を種えるを勧む」（820）がある。奈良時代には中国から多くの食品・食物がもたらされた。唐菓子やうどん，そうめんのもととなったものがこの頃伝播している。

2. 大麦・小麦の生産と加工・調理

水田稲作が開始された後の古代社会でも，麦類は食料供給安定のために奨励されたが，なかなか増産にはつながらなかった。しかし，中世になると，二毛作の農法がおこり，麦類の生産量が増加する。また，中世の寺院では1日2度食であったが，そのほかに麦類を素材とする饅頭，うどん，そうめんなどを間食として食べるようになった。

近世農民の主食は，大麦をベースに，ひえ，あわ，いも類を組み合わせたものであり，明治・大正時代に入ってからも，山間部ではこのような食事情は変化していなかった。

大麦は皮を脱粒するのに手間がかかる。荒皮を取ったもの（精麦）が丸麦であるが，硬いので二〜三つのひき割りにし，米と一緒に炊いて食べた。また，米を加えず丸麦のみの飯をつくって食べていたところもある。昭和に入り，押し麦の方法が考え出された。押し麦とは，蒸器で加熱したあと，押しつぶして加工したものである。押し麦は米や雑穀に混ぜて飯や粥にし，山間部などでは1970年代の高度経済成長期くらいまで，全国的に日常の主食として食べられていたが最近では健康食としても注目されている。

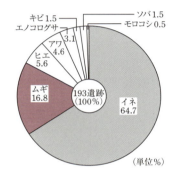

図5-9　イネと雑穀・ムギ類の出土遺跡比　縄文・弥生時代の穀物資料
寺沢薫「弥生時代の畑作物」1999 より作成

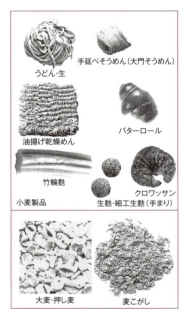

図5-10　小麦・大麦製品
平宏和他『食品図鑑小麦製品』1996

年表（時代別のできごと）

江戸時代（近世）
- 関西のそば、冷や麦
- 関東のそうめん、うどん
- ひき割麦食用
- 兵糧パン試作

明治時代（近・現代）
- 1868年 外国人向けのホテルでパンが焼かれる
- 各種兵糧パン製造
- 1875年 あんぱん売り出し
- イギリス式食パン主流

大正時代
- パンの代用食奨励

昭和時代
- 戦時中の食料難に粉食奨励（すいとんなど）
- 1946年 パン・ミルクの学校給食
- 1958年 インスタントラーメン登場

平成時代
- パン用小麦の開発
- パンの缶詰防災用に開発
- 小さなパン屋に行列

　小麦については，『日本における小麦の栽培史』によると，奈良・平安時代には，小麦は備荒救急の目的で耕作されるようになり，鎌倉・室町時代の飢饉多発と仏教の地方進出により，水田裏作麦の栽培が僧侶により奨励されたとしている。

　室町時代中期には，うどん，そうめんが一般に普及し始め，江戸時代には，うどん，そば切りの店が繁盛した。関西の「そうめん，うどん」，関東の「そば，冷や麦」という地域差もみられる。山間地帯や麦作地帯では「夕食はうどんやつみいれ」が，つい最近までの常食であった。つみいれとは小麦粉の団子汁のようなものである。

3. パンとその普及

　パンは1543年（天文12），種子島に漂着したポルトガル人によって鉄砲とともにもち込まれた。しかし，その後は広まることなく，長崎の出島でオランダ人のために細々と焼かれる程度であった。幕末には，パンは軽くて，もち運びしやすく，日もちしたため兵食として注目された。

　明治維新後，西洋文明が導入され，1868年（明治元）頃，横浜，神戸などに外国人向けのホテルでパンが焼かれた。また，米麹（酒種）を用いたパン生地が開発され，「あんぱん」は1875年（明治8）頃から売り出されている。

　第二次世界大戦後，アメリカからの援助物資により，パン・ミルク中心の学校給食が始まった。学校給食と食の洋風化の影響もあって，小麦類の摂取量は戦前に比べて大幅に増加した（表5-2）。菓子パンよりも「パン」のほうが増加傾向にあるのは，食事としてのパンが定着しつつあるとみてよい。都市部では，いろいろな種類のパンが販売され，世界中のパンを購入できるといっても過言ではない。また，ホームベーカリーを利用して好みのパンを焼く家庭もでてきた。また，「生麺，ゆで麺」の消費量の増加は，全国各地で麺類の飲食店が工夫を凝らして人気を集めているからであろう。1958年（昭和33）誕生のインスタントラーメンも，いまや世界中で食べられる人気商品となった。現在，主食の座1位は米（粒食）であるが第2位の小麦（粉食）の穀物摂取量に占める割合は，次第に大きくなっている。今日，小さなパン屋がその店ならではのパンで繁昌している。情報発信があってのブームであろう。

表5-2　小麦類の摂取量の推移　　（全国平均1人1日当たり：g）

用途	1960年(昭和35)	1970年(昭和45)	1980年(昭和55)	1990年(平成2)	2000年(平成12)	2005年(平成17)	2013年(平成25)
小麦類	65.1	64.8	91.8	84.8	94.3	99.3	105.3
小麦粉	−	6.3	5.8	8.4	7.2	3.7	3.7
パン	−	21.8	42.4	32.3	34.2	33.2	36.0
菓子パン	−	6.5	6.2	6.4	8.8	5.1	4.8
生麺，ゆで麺	−	14.8	29.5	30.0	34.9	37.3	41.6
乾麺，マカロニ	−	13.7	5.0	4.7	5.7	9.9	10.8
即席麺	−	1.7	3.0	3.0	3.5	4.9	4.5

昭和35，45年『国民栄養調査』，平成17年『国民健康・栄養の現状』，各年度版『国民栄養の現状』ほか平成25年『国民健康・栄養調査報告』より作成

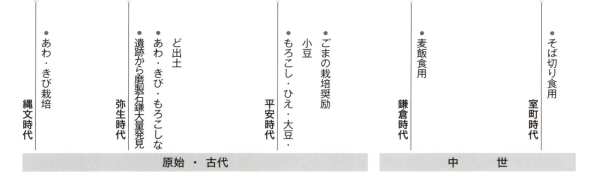

	縄文時代	弥生時代	平安時代	鎌倉時代	室町時代
	・あわ・きび栽培	・あわ・きび・もろこしなど出土 ・遺跡から磨製石鎌大量発見	・ごまの栽培奨励 ・小豆 ・もろこし・ひえ・大豆・	・麦飯食用	・そば切り食用
	原始・古代			中 世	

4節 雑　穀

1. 雑穀の種類と栽培

　雑穀（millets）とは，あわ，きび，ひえなどのイネ科草本の総称で，世界中で食料や飼料として利用されてきた穀物である。あわ，きび，ひえの原産地はアジア，もろこし，しこくびえ，とうじんびえなどはアフリカが原産地とされる。日本での雑穀栽培は紀元前4000年の縄文時代といわれており，民俗学者の宮本常一らは，「雑穀は米の補助的食料ではなく，雑穀中心の文化があったのではないか」と述べている。

　雑穀は，稲作以前の主要なエネルギー源として，木の実やいも類とともに重要な食物だったと考えられる（図5-11）。

2. 栽培の歴史と雑穀の特性

　弥生時代の遺跡である山口県の綾羅木遺跡から，畑作穀物用収穫具の磨製石鎌が大量に発見されており，あわ，きび，もろこしなども出土している。弥生時代には稲作と同時に雑穀栽培も活発だったことが推測される。雑穀が重要な作物だった理由として『雑穀のきた道』では，「不良の土地でよく生育し，旱魃にも強くて病虫害も少ない。穀粒は小さいが安定した収穫が得られる。穂のままの貯蔵が長期間でき，不作の年の救荒作物としての役割が大きい。伝統的な主食原料として，粉にしたり，ひき割ったり，穀粒のまま調理するなど多様な利用法が確立されている。また地酒造りの原料にも用いられる」と説明されている。律令国家時代は，あわ作を奨励したが，その後，麦作奨励へと変化した。

図5-11　日本で古くから栽培されてきた6種の雑穀　（牧野新日本植物図鑑，1970）

＊はと麦はいちばん粒が大きい

表5-3　雑穀の利用法表

種類	粒のまま利用する例		餅搗き	粉にして利用する例		その他の利用
	伝統食	アレンジ料理		伝統食	アレンジ料理	
ひえ	ひえ飯 粥，酒	ナシゴレン パエリヤ ホワイトクリーム	－	しとぎ 団子 せんべい	パン，クッキー うどんなど	水飴
あわ	あわ飯，おこわ 粥，酒 あわおこし	グラタン プリン ペースト クリーム	あわ餅	しとぎ 団子 饅頭	パン，クッキー ケーキ類	水飴 漬ものの着色
きび	きび飯，おこわ 粥，酒 きびおこし	ナシゴレン パエリヤ チャーハン ペースト ドレッシング	きび餅	ねり粥 きび団子 饅頭	パン，クッキー ケーキ類 うどん	水飴
もろこし	酒	挽肉風料理 ハンバーグ	たかきび餅	きび団子 饅頭	パン	つや出しワックス
しこくびえ	粥，炊き込み飯，酒	パエリヤ チャーハン	－	団子 饅頭	パン，クッキー ケーキ類 うどん	－

及川一也『雑穀』より作成

江戸時代	1680年 『慶安御触書』に雑穀食奨励 1802年 『名飯部類』に雑穀飯の記事 1833年 『都鄙安逸傳』に雑穀食
明治時代	●山間部は雑穀食
昭和時代	●雑穀の生産減少
平成時代	●雑穀見直される ●地域で生産される雑穀を学校給食に

近　世	近・現　代

3. 雑穀利用の変遷と調理法

　世界の雑穀利用には，粒食，ひきわり食，粉食，飲料などがあり，調理法には，炊飯，粒粥，餅，パンなどがみられる。

　表5-3は雑穀の利用法だが，粒のまま利用する例，粉にして利用する例など多様である。しかし，江戸時代の『名飯部類』黍飯の条に「辺僻農家卑賤の食にして都会の人士食ふものなし」と，記されているように，米を重視した日本では，黍飯などの雑穀食は貧しいものの食とされてきた。一方，食料政策的な雑穀奨励が行われており，徳川幕府が出した慶安御触書(1680)には，「雑穀専一に候間，麦，粟，稗，大根何にても雑穀を作り，米を多く喰いつぶし候はぬ様に」と，農民に雑穀食を強制している。

　江戸時代から明治時代初期までの山村では，夏作のあわ，きび，ひえなどを多くつくり，農民たちの日常生活は雑穀が主食であった。『雑穀を旅する』によると，「ひえ飯，ひえ粥，あわ飯，焼き餅，ひえ餅，ぼた餅，ひえ団子」など，山間部の人々の雑穀食が多彩であったことが記されている。主食の種類は経済力にも左右された。1910年(明治43)東北地方の主食実態について『稗と麻の哀史』には，「上層の人は米を常食とするが，中位の人は米に稗もしくは粟を3分の1内外混ぜたもの，下位の人は夏の重労働の時期以外は米を混ぜない純粋な粟稗麦等を食料としている」とある。

　雑穀にはうるち性ともち性があり，日本ではもち性の雑穀が主流であった。そのため，もち性がない，ひえ，しこくびえなどの栽培は低調になり，第二次世界大戦後，急激に作付け面積を減少させている。1970年(昭和45)頃には，雑穀食は一時消滅したかにみえた。しかし，健康食ブームのなかで雑穀は見直されている。現代人に不足しがちなビタミン類やミネラル，食物繊維がバランスよく含まれ(表5-4)，生活習慣病の予防にもなるといえよう。数種類ブレンドしたもの(五穀米など)は種類によって味，歯ごたえ，色，栄養がさまざまなので人気が高い。また良質なたんぱく質を含み，抗酸化成分もあるので，健康食材として見直されている。また米や麦のアレルギーをもつ人の代替食としても注目されている，コーンフレークやオートミール(えん麦：精白)も栄養面から高く評価され，健康食品として利用されている。

表5-4　米・麦・雑穀の成分　　　　　　　　　　　　　　(100g当たり)

食品名	エネルギー (kcal)	水分 (g)	たんぱく質 (g)	脂質 (g)	カルシウム (mg)	鉄 (mg)	ビタミンB_1 (mg)	ビタミンB_2 (mg)	食物繊維 (g)
ひえ	367	13.1	9.7	3.7	7	1.6	0.05	0.03	4.3
あわ	364	12.5	10.5	2.7	14	4.8	0.20	0.07	3.4
きび	356	14.0	10.6	1.7	9	2.1	0.15	0.05	1.7
そば粉	361	13.5	12.0	3.1	17	2.8	0.46	0.11	4.3
精白米	356	15.5	6.1	0.9	5	0.8	0.08	0.02	0.5
大麦(米粒麦)	343	14.0	7.0	2.1	17	1.2	0.19	0.05	8.7

『改訂　日本食品成分表2015』より作成(雑穀はいずれも精白したもの)

参考文献

石川寛子『食生活と文化』アイ・ケイコーポレーション，1988
伊藤章治『ジャガイモの世界史』中央新書1930，中央公論新社，2008
家永泰光『穀物文化の起源』古今書院，1988
江上佳奈他監修『日本おいしい食材事典』ナツメ社，2009
江原絢子「粒食の地域性」『地域と食文化』放送大学教育振興会，1999
及川一也『新特産シリーズ雑穀』農山漁村文化協会，2003
鬼頭宏「江戸時代の米食」『全集　日本の食文化』三，雄山閣出版，1998
金関恕編『遺跡は語る』角川書店，2001
木村茂光編『雑穀　畑作農耕論の地平』青木書店，2003
木畑弘己『タネをまく縄文人』吉川弘文館，2016
小山修三・岡田康博『縄文時代の商人たち』洋泉社，2000
阪本寧男『雑穀のきた道』日本放送協会，1988
佐藤洋一郎『縄文農耕の世界』PHP研究所，2000
佐原眞『食の考古学』東京大学出版会，1996
高野長英『救荒二物考』1836（東京家政学院大学図書館所蔵）
平宏和他『食品図鑑』女子栄養大学出版部，1995，1996
高橋九一『稗と麻の哀史』翠楊社，1983
髙橋書店編集部『伝統野菜・全国名物マップ』p.10北海道，高橋書店，2011
千野裕道「縄文時代のクリ」『全集　日本の食文化』三，雄山閣出版，1998
珍古楼主人『甘藷百珍』1789（女子栄養大学図書館所蔵）
坪井洋文『イモと日本人』未来社，1989
寺沢薫「弥生時代の畑作物」『全集　日本の食文化』二，雄山閣出版，1999
中尾佐助『料理の起源』日本放送出版協会，1972
広瀬和雄『考古学の基礎知識』角川学芸出版，2007
廣野卓『食の万葉集』中央公論社，1998
福田浩・島崎とみ子『江戸料理百選』2001年社，1983
本田千里「里芋の食習について」『全集　日本の食文化』三，雄山閣出版，1998
増田昭子『雑穀を旅する』吉川弘文館，2007
松山利夫・山本紀夫『木の実の文化誌』朝日新聞社，1992
松山利夫『木の実』法政大学出版局，1982
山本紀夫『ジャガイモのきた道』岩波新書1134，岩波書店，2008
吉田企世子監修『旬の野菜の栄養辞典』エクスナレッジ，2009
吉田美夫「日本における小麦の栽培史」『全集　日本の食文化』三，雄山閣出版，1998
渡部忠世「稲の起源と伝播」『全集　日本の食文化』三，雄山閣出版，1998
渡辺誠「縄文時代の食べもの」『全集　日本の食文化』二，雄山閣出版，1999
貝沼やす子『お茶とごはんの科学』建帛社，2012
社団法人農山漁村文化協会「もち，米粉，米粉パン，すし，加工米飯，澱粉」『地域食材大百科6巻』2012

6章　副食の文化

> 概　要

　氷河期が終わった日本列島では，雑食文化が始まり，縄文人は中・小動物や魚介を焼く，土器で煮るなどの工夫をし，縄文時代晩期以降には，塩を用いて，醢，鮨，干もの，なますなどを普及させた。野菜類の栽培開始は，稲作以前といわれるが，そのほとんどが海外から伝来したものである。弥生時代になると，米・雑穀を中心に他の食物もこれに加わり，古墳時代には，主食・副食の形が明確になっていく。奈良時代以降，野菜の生産も行われ，多くは漬ものとして保存されたが，果物などは乾燥して保存された。古代に伝来した仏教は，肉食禁忌をもたらし，平安貴族の食卓から獣肉が消えた。一方，大豆は，精進料理の普及にともなって進展し，近世以降とうふ文化を普及させた。また，飯と魚と野菜の日本型食事形態が形成され，包丁さばきなど，日本独特の魚介料理文化が発達した。卵が殺生戒に触れたのに反し，牛乳や蘇は，古代貴族の薬用となったが，中世には乳利用も衰微した。中世末には南蛮貿易などにより，かぼちゃ，にんじんなど新種の野菜が伝来し，近世には多くの料理書が出版され，調理法が示された。

　明治時代になると，一部に牛鍋や牛乳飲用も始まったが，一般的には，雑穀入りの主食に，みそ汁，漬物が基本で，ハレの日に魚を食べる程度であった。

　昭和時代に入り，日本の漁獲量は増加し続ける一方で，高度経済成長期になると食生活の欧米化とともに肉・乳・卵の摂取量が急増し，副食の内容は一変した。その結果，現代では動物性脂肪過多による疾病が問題となっている。自然の恵みである魚介類，大豆，野菜などで構成される和食，その優れた栄養バランスは副食の文化によって支えられているといえよう。

原始・古代		中世		近世	
縄文時代	奈良・平安時代	鎌倉時代	室町時代	江戸時代	
・多種の魚介類を食用 ・骨の釣針・魚網の使用	・朝廷に諸国より魚献上 ・羹・なますに調理 ・膾・鮨・楚割食用 ・酷の名登場	・越後塩引きなど特産品流通	・1399年 うなぎ蒲焼き食用 ・1528年 蒲鉾食用 ・1575年 はんぺん食用	・江戸・大坂で魚市場開設 ・紀州・土佐でかつお節製造 ・1615年 宇和島かまぼこ製造 ・1810年 江戸でわさび入りのにぎり鮨考案 ・1829年 大坂で箱ずし盛況 ・1832年 『鯨肉調味方』刊	

1節　魚介類

1．古代，中世

　縄文貝塚に出土の魚骨には真だい，すずき，さば，ふぐなど，貝ははまぐり，しじみ，あさりなどがあり，多種類の魚介類が食用になった。

　弥生時代に稲作が導入されると水田漁労が発達し，こいやふななどの淡水魚が貴重な食料になる。古墳時代には，『日本書紀』に「白蛤の膾」などの調理名があらわれ，奈良・平安時代になると，生の魚や貝はなます（細切り）に調理されて食卓で塩，醤，酢，酒であえて食べ，焼もの，羹，こいの煮こごり，鮨，干ものなども貴族の食卓に並んだ。律令制の整備により遠国から貢納物として伊和志膳，鮨年魚，蒸鮑，佐米楚割，煮堅魚など多数の加工品があり，魚介保存法が発達する。

図6-1　生間流式包丁「神厳の鯉の場面」
『京の食文化展』2006（写真協力萬亀楼）

　鎌倉時代になると魚鳥は「美物」とよばれ，魚はこいやあゆが，鳥は雉が尊重され，貴人の前で魚鳥の包丁式（図6-1）が行われ，室町時代には，料理流派が形成されて専門の包丁人が誕生した。室町時代末には茶の湯の大成にともなう懐石料理や本膳料理の発達，料理流派の競争により調理技術はさらに進歩し，魚をすり身にしたかまぼこや蒲焼などもつくられた。さらに，地方の名産が都市に流通し，越後の塩引，隠岐の鮑，淀の鯉，周防の鯖などが豊かな階層の副食になった。一方，庶民の副食を草戸千件遺跡（福山市）に出土した魚介類からみると，たい，まぐろ，やまとしじみ，はまぐりなどがあるが，魚はたまに食べる程度であり，ハレ食にはなます，さしみが食べられた。

2．近世

　江戸時代には，都市人口が増加し，魚介類の需要が急増して大量の水産物が商品として全国に流通するようになり，越中・能登のぶり，伊勢のえび，桑名のはまぐり，荒井のうなぎなど各地の名産品がもてはやされた。鯨は，古くには海魚として捕えられ，江戸時代中期以降は近海捕鯨が盛んとなり，天保期に『鯨肉調味方』が出版された。江戸前の海では，きすなど多種の魚が捕れ，魚専用船で敏速に運ばれたため，握りずしやうなぎの蒲焼き，初かつおなど鮮魚ならではの料理が流行した。また，保存のきく魚介加工品が流通し，特にさけの塩引きは大名間で年末年始の贈答品に使われ，一般にも正月の食物として珍重された。また，松前の身欠き鰊，三河の海鼠腸，安芸の塩辛や黴付法によるかつお節は土佐や熊野のものが名高かった。魚介料理に南蛮料理の手法も取り入れられ，油が使用されるようになると，たいのてんぷらなどもつくられるようになった。また，しょうゆやさとうなどの調味料の発達普及により，しょうゆの付け焼き，煮魚の調味，さしみの調味（図6-2）など，現代にも通じる魚介類の調理法は，この時代に最も発達し，多様化した。

明治時代	1879年 静岡でかまぼこ製造隆盛 1900年 浜名湖でうなぎ養殖開始 1905年 さけ・ます漁開始
大正時代	都市部で和洋折衷料理普及
昭和時代	1930年 まぐろ油漬缶詰製造・米国へ輸出開始 1941年 魚の配給統制 1954年 放射能まぐろ問題 1971年 魚肉ハム・ソーセージ製造 1972年 PCB汚染魚の問題 1976年 冷凍水産品激増 養殖魚・輸入魚の増加
平成時代	2002年 くろまぐろの完全養殖に成功 2014年 にほんうなぎ絶滅危惧種に指定

近・現代

3. 近代，現代

　日露戦争以降，遠洋漁業が行われるようになり，さけ・ます・まぐろの缶詰やかまぼこ，ちくわなどの魚介製品が工場生産されるようになった。昭和時代初期には，戦前最高の漁獲量になり，1968年（昭和43）には史上初めて漁獲量が1,000万トンを超えた。このころ魚肉ハム，ソーセージが販売され，家庭では洋風の食材として重宝した。

　しかし，1977年（昭和52）以降，200カイリの漁業専管水域と領海12カイリが設定されると漁獲量は減少し，2010年（平成22）には漁業生産量（含養殖業）は531万トンになった。日本の水産物は輸入量が増え，2011年（平成23）には120か国から269万トンが輸入されるようになる。主な魚介類と輸入国をみると，えびはベトナム，インドネシア，たい・まぐろ・かじき類は台湾，韓国など，さけ・ます類はチリ，ノルウエーなどである。

　一方，水産物の安定供給を図るため養殖生産も進み，2010年（平成22）にはうなぎ・真だい・くるまえび・ぶり類などは国内生産量の半数以上が養殖業によって生産される現況である。また，養殖が不可能とされたくろまぐろも近畿大学の研究開発により，市販されるに至っている。さらに，高度な冷蔵・冷凍技術の発達と輸送により刺身などの鮮魚類が日常の食卓にも並ぶようになった。

　現在，家庭で消費される魚介類はさけ，いか，まぐろ，ぶりの順であり，さけやまぐろはさしみやカルパッチョに，ぶりはしゃぶしゃぶや炙りなど，新しい食べ方が普及することで購入量が増加している。また，消費者の食の簡便化志向により，電子レンジで調理できる器具や骨なし魚などの商品開発も進んでいる。日本は世界的にみても魚介類1人当たりの供給量は多く（図6-3），世界有数の魚食文化の国である。

　自然の恵みである魚介類をたんぱく質や必須脂肪酸の供給源として今後も持続的に利用するために水産エコラベル（図6-4，生態系や資源の持続性に配慮して漁獲した水産物であることを示すマーク。日本ではベニズワイガニ漁業のほか13の漁業が認証を受けている）の普及が進み，水産資源の保全と持続的利用について関心が高まっている。

京坂作り身

江戸差身

図6-2　東西のさしみの盛り方
喜田川守貞『守貞謾稿』1853

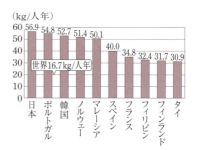

図6-3　食用魚介類1人当たりの供給量（2007年，人口100万人以上の主な国）

FAO「Food balance sheets」（日本以外の国）及び農林水産省「食料需給表」日本に基づき水産庁で作成

図6-4　水産エコラベル
水産省HPより

1節　魚介類——63

原始・古代			中世			近世					
縄文時代	奈良時代	平安時代	室町時代中期頃			安土桃山時代	江戸時代				
・小豆・大豆の栽培	・醤料の大豆貢納・鼓・中国より伝来	・醤料の大豆貢納・『本草和名』に大角豆の記載　918年	・とうふ・なっとう食用・糸引きなっとう食用　1437年	・田楽食用　1484年	・六条とうふ食用	・『多聞院日記』にえんどう食用　1569年	・油揚げ食用　1586年	・『日葡辞書』にそら豆・なた豆の記載　1603年	・がんもどき作製　1696年	・『豆腐百珍』刊　1782年	

2節　豆　類

1. 縄文時代から中世まで

　縄文遺跡から渡来の「栽培植物」として小豆，大豆が出土していることから，縄文時代には，すでに小豆，大豆が栽培され，利用されていたことがわかる。

　奈良時代には，大豆を主原料とした醤や未醤，また，塩辛なっとうのような鼓が発達した。平安時代には，大豆加工品のきなこがつくられた。ちまきや粉熟（唐菓子）にささげが用いられ，七種粥や小豆粥に小豆が使用されるなど，豆類は行事に多く用いられている（14章参照）。これは豆の力を重用した古代漢民族の食文化の影響であるともいわれる。また，醤など発酵調味料の原料として盛んに用いられていた大豆は，平安時代末になると，なっとうやとうふに加工されるようになった。

　鎌倉時代には，二毛作による間作で大豆の生産が増加した。禅寺では，みそを自給自足し，とうふ，なっとう，径山寺みそなど大豆加工品を発達させ，精進料理に用いた。これらの食品は庶民にも普及し，路上に坐ってのとうふ売りや豆売りがみられるようになった（図6-5, 6）。

　室町時代になると，なっとうには，唐なっとうのほかに糸引きなっとうもあり，なっとう汁がつくられた。とうふ羹，田楽，あんどうふ，集汁などのとうふ料理，ゆば，油揚げ，六条とうふ（とうふに塩を塗り乾燥したもの。削って精進料理の吸いものの実などに利用）などもつくられ，ゆばや湯どうふは室町時代末の茶会で用いられた。節分の豆打や月見の枝豆などは，室町時代から庶民に普及した。

2. 江戸時代における加工・調理

　とうふは中世の精進料理により発達普及していたが，1645年（承応3），明僧隠元が，黄檗宗（禅宗の一派）とともに，普茶料理を伝えたことにより，中国の製法を取り入れたとうふ料理がつくられ，油揚げ，がんもどき（飛龍頭），擬製とうふ，けんちん汁などが普及・浸透した（4章参照）。擬製とうふとは，とうふを使った擬き料理であり，精進料理では使えない魚介類に似せてつくる料理のことで，うなぎの蒲焼擬きなどがある。1782年（天明2）には，『豆腐百珍』が出版されて，多くのとうふ料理が

図6-5　中世のとうふ売り

図6-6　中世の豆売り

図6-5, 6　『江戸科学古典叢書　七十一番職人歌合』，恒和出版 1977

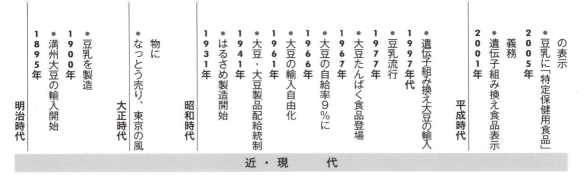

明治時代	1895年	満州大豆の輸入開始
	1900年	豆乳を製造
大正時代		なっとう売り、東京の風物になる
昭和時代	1931年	はるさめ製造開始
	1941年	大豆・大豆製品配給統制
	1961年	大豆の輸入自由化
	1966年	大豆の自給率9%に
	1967年	大豆たんぱく食品登場
	1977年	豆乳流行
	1997年代	遺伝子組み換え大豆の輸入
平成時代	2001年	遺伝子組み換え食品表示義務
	2005年	豆乳に「特定保健用食品」の表示

近・現代

紹介された（図6-7）。当時, 特に流行したのは田楽で, 東海道目川村の街道茶屋で菜飯とともに出された田楽は名物とされた。元禄の頃には, 桶の担い売り（振り売り）が盛んになり, 八百屋でもとうふが売られるようになり, とうふ屋は全国各地に増加した。また, 凍とうふも普及した。寺なっとうや糸引きなっとうはなっとう汁のほか, 辛子じょうゆで食べられた。大豆の増産は, みそやしょうゆを発達させ, 特にしょうゆの普及・浸透は, 日本の食文化に変革をもたらしたといえる。隠元豆, 白豆, なた豆なども普及し, 小豆は, ハレの日の赤飯や, 餅や饅頭のあんとして, 祝儀に用いられたが, 江戸時代後期には, さとうの普及にともなって, 和菓子の原料としても重用されるようになった。

3. 大豆の輸入と加工の近代化から現代の健康食品まで

　日清戦争後, 満州から大量の大豆が輸入され始めると, 大豆加工品が安価に生産されるようになった。とうふ, なっとう, 煮豆の行商や凍とうふの製造が盛んになり, しょうゆ業の近代化を促した。大正時代にはなっとう売りが東京の町の風物となった。1961年に大豆の輸入が自由化されると, 大豆加工品のとうふ, 油揚げ, 凍とうふ, なっとう, ゆばなどが大量生産されるとともに植物性油脂（大豆油）の原料として利用された。また, 1967年には人造肉（大豆たんぱく食品）, 1977年には豆乳が発売されて, 生活習慣病予防の観点から流行した。

　大豆は「畑の肉」といわれ, そのたんぱく質は質・量ともに優れていて, カルシウム, 食物繊維にも富む。最近では大豆に含まれるレシチンやイソフラボンなどが注目され, その成分の生理機能の研究も進み, サプリメントなどが開発されている。また, 豆乳は健康食品として普及し, 特定保健用食品の表示のある商品が販売されている。しかし, 日本の大豆自給率は低く, 1960年に28％であったものが, 昭和40年以降はひと桁台になった。2012年においても8％であり, 米国やブラジル, カナダ, 中国産に依存する現状である。また, 大豆の栽培には遺伝子組み換えの技術も導入されて人体への安全性に対する不安も生じている。国産大豆はほとんどが豆腐・煮豆などに利用されるが, そのほかの加工品（表6-1）は海外の大豆に依存しなければならない。今後は国産大豆の増産を講ずるとともに, 日本人の食を支え, 和食を形成した豆類の食文化を守り伝える必要がある。

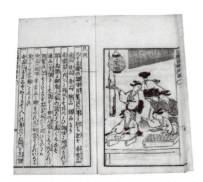

図6-7　醒狂道人何必醇『豆腐百珍』1782
（東京家政学院大学図書館所蔵）

表6-1　大豆の加工品

もやし（発芽した大豆）, 枝豆（若い大豆）		
大豆（完熟）	挽く	大豆粉
	蒸す・煮る	水煮, 煮豆 → 発酵 → みそ, しょうゆ, なっとう, テンペ
	絞る	豆乳 → 熱す・固める ┬ ゆば 　　　　　　　　　　└ とうふ → 凍りとうふ, 豆腐干
		おから
	煎る	煎り豆 → 挽く → きな粉
	油を抽出	大豆油, 加工油脂 脱脂大豆 ┬ 発酵 → しょうゆ 　　　　　└ 魚・畜肉加工品に添加

小野伴忠他編『食物と健康の科学シリーズ大豆の機能と科学』2012などより作成

原始・古代		中世		近世		近・現代

縄文時代
・多種の獣鳥を食用
・675年「肉食禁止令」発布

奈良・平安時代
・牛乳・腊・脯・宍醬・なます・鮨
・食用
・雉・鳩・鹿・猪を多用
・蘇を貴族が重用

鎌倉時代
・武士の巻狩り盛行
・公卿・鶴を多用、雉の重用

室町時代
・1543年頃 伝来
・南蛮貿易で肉食、卵料理

安土桃山時代
・1587年 用厳禁 キリシタン禁令で牛馬食

江戸時代
・1643年『料理物語』に「玉子ふわふわ」登場
・1785年『玉子百珍』刊
・1792年頃 牛酪(バター)の製造
・1832年頃 江戸にももんじ屋開店
・1862年 横浜に牛鍋屋開店
・1867年 日本初の屠殺場開設

明治時代
・1869年 横浜でアイスクリーム販売
・1871年

3節 肉, 乳, 卵

1. 肉 類

(1) 肉食の始まりから肉食禁忌まで 縄文時代の貝塚からは，鹿，猪，大山猫，日本狼，狐，兎，鯨など70種におよぶ哺乳動物の骨と雉，鴨，白鳥など35種の鳥の骨が発見されており，多種類の哺乳類や鳥類が食料になっていたと考えられる。弥生時代には獣鳥肉は塩で保存され，菜として用いられた。

6世紀に伝来した仏教は肉食禁忌の思想をもたらし，675年の天武詔は梁の設置や牛，馬，鶏，犬，猿の肉食を禁じた。これは仏教による国家の統制とともに農耕を推進する意図があったと思われる。この肉食禁止令には鹿や猪などは含まれなかったので，鹿や猪などの獣鳥肉は腊（干もの）やなます（細かく切ったもの）に調理され，食卓で塩，醬，酢，酒，みそなどであえて食べている。『万葉集』には鹿肉のなます，鹿の内臓の塩辛がみえる。鎌倉時代になると，武士は武術の鍛錬も兼ねて獣の巻狩りを行い，獣肉食が行われた。しかし公家の間では，「四つ足は惣て之を備えず」と忌み嫌われ，魚鳥肉が尊重された。また南北朝時代の『庭訓往来』には熊掌，狸，兎，干海豚肉などの食用が記されている。

(2) 江戸時代の獣鳥肉食と薬食い 『料理物語』には，多くの獣鳥肉料理がみられる（表6-2）。特に，鶴や白鳥の食用が盛んになり，後に野鳥類が減少して食用を禁じるほどであった。京都の鹿屋町では，冬期，鹿，猪，兎が商われ，江戸でも初期から四谷宿や平河町に獣肉店があり，後に東両国に「ももんじ屋」ができるなど，鹿肉は「紅葉」，猪肉は「山鯨」，「牡丹」とよばれ，薬食いと称して食べられた。

(3) 近代の肉食奨励から現代の大量消費まで 『武江年表』によると，1866年（慶応2）には江戸に牛肉の羹（汁もの）を商う店ができたとある。1867年からは牛肉販売が始まった。近代化を目指す明治政府は肉食を奨励し，東京に牛鍋屋が続出して，文明開化とは，牛肉を食べることのようにいわれた（4章参照）。明治時代末には，メンチボール，ビフテキ，鶏肉のかつれつ，牛シチュー，カレーライスなどが，大正時代末には，かつ丼やとんかつが出現し，昭和時代初期には，日本独特の和洋折衷肉料理が，大衆化した。昭和30年代の高度経済成長期には，ウインドレス鶏舎やゲージ養鶏により大量の鶏肉が生産され，1971年には，牛・豚肉は輸入自由化になった。近年では，焼肉，しゃぶしゃぶ，焼き

表6-2 江戸時代初期の獣鳥肉の種類と調理法

鳥の部	鳥肉の調理法例
鶴，白鳥，雁，鴨，雉子，山鳥，鷺，けり，鷲，五位，鳩，雲雀，鳩，鴫鴨，水鶏，桃花鳥，雀，鶏	汁，煎り鳥，ゆで鳥，串焼き，酒びて，皮煎り，醬煎り，さしみ，なます，焼き鳥，丸焼き，たたき，こくしょう，せんば，ころばかし，めし その他
獣の部	獣肉の調理法例
鹿，狸，猪，兎，熊，川うそ，犬	汁，煎り焼き，吸いもの，貝焼き，田楽，菓子

著者不詳『料理物語』1643より作成

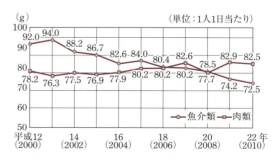

図6-8 国民1人1日当たり肉類と魚介類の摂取量の推移
水産庁HP（厚生労働省「国民栄養調査」（平成12〜22年），「国民健康・栄養調査報告」（平成15〜22年）より作成

近・現代		
昭和時代		平成時代

- 1872年 パンと牛乳 宮中で肉食解禁、朝食に
- 1875年 京都で牛乳配達開始 北海道でチーズ・バターの製造開始
- 1894年 整腸剤としてヨーグルトを製造・販売
- 1941年頃 食肉・牛乳・乳製品・卵の配給統制
- 1955年 ブロイラー養鶏盛行
- 1970年 フライドチキン店開店
- 1971年 牛・豚肉輸入自由化
- 1977年 ハンバーガー1号店開業
- 1983年 捕鯨委員会日本の捕獲半減を決定
- 1985年 商業捕鯨全面禁止
- 1991年 東京に宅配ピザ開店
- 1991年 牛肉輸入自由化
- 2001年 BSE（牛海綿状脳症）発生
- 2004年 鳥インフルエンザ発生

鳥など家族で楽しむ機会も増え，肉食文化は外食産業とともに高まる（図6-8）いっぽうである。

2．牛乳と卵

日本における牛乳の飲用は，『新撰姓氏録』にある孝徳天皇（645-54）の代からであり，長屋王（680-729）邸宅跡には「牛乳持参人」の木簡が出土している。奈良・平安時代には諸国より蘇が貢出され，牛乳や蘇は薬用として利用されたが，律令国家の衰退とともに牛乳の利用は衰微する。

江戸時代に，将軍吉宗はインドから白牛3頭を輸入する。1792年（寛政4）には白牛が70余頭になり，幕府は白牛酪（バター）を製造，この年，桃井源寅は『白牛酪考』を刊行し，酪の効用を説いた。

明治時代初期には宮中の朝食がパンと牛乳になり，牛乳の滋養価値が評価されると京都や東京では牛乳の宅配が始まった。1875年（明治8）に北海道の札幌でチーズ・バターの製造が始まり，1894年にはヨーグルトが整腸剤として販売された。

第二次大戦後は学校でミルク（脱脂粉乳）給食が始まり，1958年（昭和33）には牛乳が取り入れられた。昭和30年代以降，チーズの普及によりチーズケーキやピザなどが流行し，食の洋風化が進むと牛乳の消費量は増加し続けるが，1994年（平成6）をピークに減少する。これは乳飲料や発酵乳などの消費量が増え，飲料市場が多様化したことなどによる（図6-9）。近年，チーズやクリームの需要が高まり，バターは減少傾向にある。

一方，卵は平安時代の『日本霊異記』に「鳥の卵を煮て食ひ」とあるが，この時代，鶏卵は食禁忌であり，食物として鶏卵が用いられるようになったのは南蛮菓子の伝来からである（4章参照）。卵料理の初見は，江戸時代の『料理物語』にある「玉子ふわふわ」である。その後，「玉子百珍」（『万宝料理秘密箱』前編）が出版され，料理人の間では多くの卵料理が工夫された。幕末から明治初年になると採卵用養鶏が盛んになり，玉子丼や親子丼が出現する。当時，卵は栄養価が強調され，病気や出産の見舞品として贈答する風習があった。明治時代半ばにはオムレツが一部で流行し，大正時代には卵焼き，茶碗蒸し，卵とじなどが日常食になり，マヨネーズの国産化も始まった。しかし，当時卵はまだ高級食材であった。卵の消費量が急増するのは，昭和30年代の高度経済成長期に鶏の大規模飼育が始まり，大量の鶏卵が生産されてからである。

卵・牛乳は，良質のたんぱく質やカルシウムを含む食品として日本人の食生活を向上させたが，近年は食物アレルギーを引き起こす原因食物の上位にあげられ，2002年（平成14）には表示が義務化された。

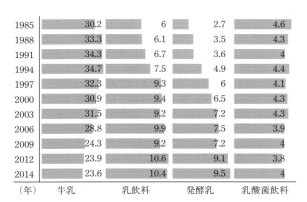

（年）	牛乳	乳飲料	発酵乳	乳酸菌飲料
1985	30.2	6	2.7	4.6
1988	33.3	6.1	3.5	4.3
1991	34.3	6.7	3.6	4
1994	34.7	7.5	4.9	4.4
1997	32.3	9.3	6	4.1
2000	30.9	9.4	6.5	4.3
2003	31.5	9.2	7.2	4.3
2006	28.8	9.9	7.5	3.9
2009	24.3	9.2	7.2	4
2012	23.9	10.6	9.1	3.8
2014	23.6	10.4	9.5	4

図6-9 牛乳等の年間1人当たり消費量の推移（単位：ℓ/人）
（一社）JミルクHPより作成
注：年間1人当たり消費量はJミルクによる算出

縄文時代	弥生時代	奈良時代	平安時代	鎌倉時代	安土桃山時代	江戸時代
・ごま・しそ栽培 ・ひょうたん・ごぼう・え ・縄文で浅草海苔商品化	・まくわうり・ゆうがお栽培	・かぶ・大根・なす・ふき栽培 ・野菜類の漬ものへの加工	・昆布貢租、交易雑物に ・木菓子・干菓子、大饗料理に	・野菜料理、精進料理で発達 ・甲斐で野生のぶどう発見	・南蛮よりかぼちゃ・とう がらしなど伝来 ・明・朝鮮よりほうれんそ う・にんじんなど伝来	・青物市場、各地に開設 ・まつたけ高値で売買 ・しいたけ食用 ・北前船ルートの発達で昆 布が各地に輸送 1634年 ・有田みかん江戸に初入荷 1680年 ・江戸で浅草海苔商品化
原始・古代				中世		近世

4節　野菜，果物，きのこ，海藻

1．野菜，果物

(1) 畑作農耕の始まりと野菜・果物の栽培・加工

日本に自生の植物はやまうど，みつば，せり，ふき，みょうが，わさび，やまごぼうなど数種である。日本の野菜類は各時代に外国から伝来し，それぞれの地域の自然環境のもとで改良されたものである。表6-3は野菜類の伝来期と原産地である。

縄文・弥生時代の遺跡からは数種の野菜の種が出土し，すでに畑作農耕の始まりがうかがえる。奈良・平安時代になると，かぶ，だいこん，ねぎなど多くの野菜が伝来し，住居周辺の菜園で栽培が行われた。野菜は漬もの，煮もの，羹(汁の具)に料理され，特に漬ものの加工は盛んであった。また，果物は塩漬や乾物に加工されて「菓子」と称され，橘，柑子，柘榴，なし，かき，杏子，すもも，うめ，もも，なつめ，びわなどが平安時代の公家の大饗料理に供されている。近世初

表6-3　野菜類の伝来期と原産地

伝来期	野菜名(原産地)
縄文	ひょうたん(アフリカ)，えごま・しそ(中国)，ごぼう(中央アジア)
弥生	ゆうがお・まくわうり(アフリカ)
奈良・平安	ねぎ・らっきょう・ちさ(中国) しろうり(アフリカ)，にら(東アジア) きゅうり(ヒマラヤ) だいこん・にんにく(中央アジア) かもうり・なす・しょうが(インド) かぶ(アフガニスタン)
安土・桃山	かぼちゃ・とうもろこし(南米) にんじん(アフガニスタン) ほうれんそう(イラン) セロリー(ヨーロッパ)，すいか(アフリカ) とうがらし(南米) しゅんぎく(地中海沿岸)
江戸	キャベツ・アスパラガス(ヨーロッパ) パセリ(地中海沿岸)，トマト(南米) 孟宗筍(中国)
明治以降	結球はくさい(中国)，レタス(中国など) たまねぎ(中央アジア)

青葉高『日本の野菜』2000などより

頭は南蛮貿易や明・朝鮮との交易により，かぼちゃやにんじんなど新種の野菜が伝来した。

(2) 農産物の生産・流通の拡大と料理の発達　江戸時代になると，『料理物語』(1643)(図6-10)には多種類の野菜とその料理名が記されている。江戸と大坂(大阪)には二大市場が設置され，商品としての農作物が盛んに生産されて各地に特産品が出現した。例えば，だいこんは江戸時代には漬物用，煮もの用，辛味だいこん用など用途による品種ができ，さらに年間を通して収穫できる品種も開発された。地域の特産品として練馬だいこん，尾張だいこん，秦野だいこんなどが栽培され，『諸国名産大根料理秘伝抄』(1785)には37カ所のだいこんの産地と料理名があがっている。ごぼうは中国から伝来した当初は種実を薬用にしたといわれるが，中世には野菜として栽培され，「煮染牛房」「夕ヽキ牛房」の料理が成立した。江戸時代には，京都では八幡ごぼうや堀川ごぼうが，江戸近在では滝野川ごぼうや大浦ごぼうが産出され，江戸庶民の惣菜に「きんぴらごぼう」があった。注目すべきは，だいこんやごぼうが，日本の祭りに神への供物として重用される野菜になったことである。

果物では紀州(和歌山県)の有田みかんが江戸に運ばれ，18世紀以降，庶民的な果物になった。

(3) 西洋野菜・果物の栽培と普及　明治時代以降，野菜の生産状況はだいこん，にんじん，ごぼうなど根菜類が重要視される一方で，諸外国から野菜が盛んに輸入された。なかでもたまねぎは，1871年，北海道で栽培が始まり，洋風料理への利用から広く普及した。また，キャベツ，トマト，カリフラワー，パセリ，レタスなどは生産が急増し，キャベツは料理の付け合わせや煮込み，トマトはトマ

近世	近・現代
1697年 『農業全書』刊 1845年 灰乾の鳴門わかめ考案	**明治時代** 1871年 キャベツ・たまねぎ・アスパラガス栽培開始 1875年 結球はくさい栽培開始 1879年 トマト栽培 **昭和時代** 1903年 台湾バナナ初入荷 1933年 トマトジュース販売開始 1941年 青果物配給統制 1958年頃 西洋野菜の需要増加 1963年 バナナの輸入自由化 1971年 グレープフルーツの輸入自由化 1980年 輸入農産物のポストハーベスト問題化 1986年 バイオ技術の新野菜登場 **平成時代** ・各地で伝統野菜が選定され栽培・普及 ・野菜・果物の品種多様化

トケチャップなど，レタスはサラダの材料になった。大正時代には西洋りんご，バナナ，さくらんぼ，パイナップルなどが輸入された。果物は日常的に利用されるようになり，りんごは紅玉，国光，なしは長十郎，二十世紀，かんきつ類は紀州，温州みかんなど甘くて味わいのある品種が普及した。

(4) 食生活の変化と野菜・果物の変遷　昭和30年以降，食生活の洋風化にともないレタス・トマト・きゅうり・セロリーの生食用野菜，ピーマン・ほうれんそうの緑黄色野菜，いちご・メロンの果物的野菜の利用が急増し，いわゆる西洋野菜が日本の野菜として普及した。しかし，室内栽培により季節感が消え，規格化も進んだ。果物のりんごはふじが主流になり，かんきつ類はオレンジ・グレープフルーツなどが普及した。1989年，生産量が急に伸びたのはブロッコリーであり，調理の簡便さ，カロテンの多さから同属のカリフラワーに比し，約2倍になった。一方，根菜類の消費量は昭和30年代に比べると2012年は63％に減少した。近年，野菜・果物の加工も多く，漬物，乾物，ジュース（図6-11）などの利用がめざましい。また，野菜の機能性食品としての研究も進んでいる。例えば，ごぼうは高繊維食品であり，あくの成分であるポリフェノール類の抗酸化能は生活習慣病予防に効果があるとされる。各地の伝統野菜も再評価され，和食に関心が高まるなか需要が伸びている。

2. きのこ

自生するきのこには，強い毒性を有するものが多いが，『播磨風土記』(716) にはきのこが食用になっている。江戸時代初期の『本朝食鑑』に，まつたけは「赤松の陰い処」に生じるとあり，高値の品であった。しいたけは江戸時代初期に食用として大衆化し，明治時代に室内乾燥法が考案され，冬菇，香信などの銘柄が確立した。1950年代以降は，きのこの栽培が盛んになり，現代はしいたけ，しめじ，なめこ，まいたけ，きくらげ，えのきだけ，エリンギ，マッシュルームなど栽培ものの利用が多い。

3. 海藻

古代から利用された海藻は，のり，てんぐさ，昆布，わかめ，ほんだわら，あおのりなどである。これらは貢租や給与，交易雑物として奈良や京都へ運ばれていたことが『延喜式』(927) に記されている。江戸時代には，北海道の昆布が全国に流通し，大阪や北陸，沖縄に昆布の食文化を創り出した (14章参照)。現代において，家庭で利用される海藻はのり，昆布，わかめ，ひじきなど数種である。

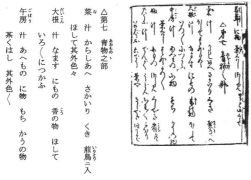

図6-10　『料理物語』に記された野菜料理の例
（原本　東京家政学院図書館所蔵）

図6-11　野菜の加工品
（撮影　冨岡典子）

参考文献

青葉高『日本の野菜　青葉高著作選Ⅰ』八坂書房，2000
青葉高『ものと人間の文化史43野菜』法政大学出版局，1996
朝日新聞阪神支局編『花の下影』清文堂，1994
石川寛子編著『論集　江戸の食　くらしを通して』アイ・ケイコーポレーション，1994
石川寛子編著『食生活と文化　食のあゆみ』アイ・ケイコーポレーション，1999
石川寛子，江原絢子編著『近現代の食文化』アイ・ケイコーポレーション，2002
石川松太郎校注『庭訓往来　東洋文庫242』平凡社，1980
今田節子『海藻の食文化』成山堂書店，2003
江坂輝弥編『縄文土器と貝塚　古代史発掘2』講談社，1981
江原絢子・石川尚子・東四柳祥子共著『日本食物史』吉川弘文館，2009
江原絢子・東四柳祥子編著『日本の食文化史年表』吉川弘文館，2011
黄檗山万福寺監修『万福寺の普茶料理』学習研究社，2004
大阪府立弥生文化博物館編『弥生人の食卓－米食事始め－』大阪府立弥生文化博物館，1995
小畑弘己「マメを育てた縄文人」（工藤雄一郎／国立歴史民俗博物館編『ここまでわかった！縄文人の植物利用』所収）新泉社，2014
仮名垣魯文『安愚楽鍋　日本現代文学全集1』講談社，1969
川上行蔵『日本料理事物起源』岩波書店，2006
熊倉功夫・江原絢子『和食文化ブックレット1　ユネスコ無形文化遺産に登録された和食　和食とは何か』思文閣出版，2015
小菅桂子『近代日本食文化年表』雄山閣出版，1997
小山修三・五島淑子共著「日本人の主食の歴史」『論集東アジアの食事文化』平凡社，1985
斎藤月岑著，金子光晴校訂『増補武江年表2東洋文庫118』平凡社，1975
笹川臨風・足立勇共著『日本食物史下』雄山閣出版，1999
新村出校閲，竹内若校訂『毛吹草』岩波書店，2000
醒狂道人何必醇『豆腐百珍』，1782（東京家政学院大学図書館所蔵）
関根真隆『奈良朝食生活の研究』吉川弘文館，1969
冨岡典子『ものと人間の文化史170　ごぼう』法政大学出版局，2015
日本家政学会編『日本人の生活』建帛社，1998
原田信男『江戸の食生活』岩波書店，2004
人見必大（島田勇雄訳注）『本朝食鑑　東洋文庫395』平凡社，1993
平野雅章編『日本料理秘伝集成第一巻　日本料理法秘伝Ⅰ』同朋舎出版，1985
正宗敦夫編『復刻日本古典全集延喜式』現代思潮社，1978
宮崎安貞『農業全書　日本農書全集12』農山漁村文化協会，2001
山本大他編『高知県　角川日本地名大辞典39』角川書店，1986
『新版食材図典　生鮮食材篇』小学館，2003
著者不詳『料理物語』，1643（東京家政学院大学図書館所蔵）

7章　調味料，油脂，香辛料

概要

　食物を調味してよりおいしくする営みは人類の食文化である。海の幸をとおして海水の塩味を知り，塩を採取し漬物など食物の保存に応用し，新たな発酵食品へと発展させた。日本の照葉樹林帯の気候風土は豊かな実りとともに米や果実の発酵に適し，酒や酢をつくり，中国・朝鮮より伝来した大豆や穀類を塩蔵，発酵させる技術はみそやしょうゆに発展し，日本独自の発酵調味料文化をつくりあげた。

　長い間，輸入に頼っていたさとうは江戸時代に国産化が奨励され，四国を中心に国産さとうの和三盆が開発され，和菓子に貢献することになる。昭和40年代頃まで，さとうは贈答品に使用される調味料であったが，虫歯や肥満の要因になるといわれ，人工甘味料などが開発され，さとうの消費は減少傾向にある。

　日本は水がおいしいこともあって，油料理が少ないが鎌倉時代の禅宗による精進料理や南蛮文化の影響により徐々に油煎りや揚げる調理が広まっていく。みそとしょうゆの発展は食生活を豊かなものにし，中世には料理人が料理を調味して，数々の料理をつくるようになり，江戸時代になると器や季節などにも配慮したきめ細やかな日本料理が大成した。近代以降，肉食が加わり洋風調味料であるウースターソース，トマトケチャップ，マヨネーズソースと香辛料を使用する洋風料理が加わり，第二次世界大戦後はアメリカ文化を取り入れ，日本人の味覚も大いに変化を遂げた。現在は世界の調味料が出回り，料理も多彩になっている。人々の生活も豊かになったが，反面，企業がつくる複合調味料や加工食品に囲まれている食事が，果たして豊かな食事であるのかが問われる時代を迎えようとしている。

縄文時代	古墳〜平安時代							室町時代		安土桃山時代	江戸時代	
・土器製塩	・藻塩焼き製塩盛行	・平城京の市で塩売買	754年 正倉院の記録 正倉院「種々薬帳」に蔗糖の記載 さとうを薬種として使用	・初期揚浜式塩田法による製塩	・貴族の食卓に塩を使用			・点心にさとう利用	・中国産さとう輸入	・南蛮貿易によりさとう輸入	・入増加 ・奄美大島で黒ざとう製造	・入浜式塩田法による製塩

| 原始・古代 | 中世 | 近世 |

1節 塩とさとう

1. 製塩の発展

　狩猟を主とする生活は食塩の必要性をもたないが，穀物中心の食事に移行すると生理的に食塩が必要になる。日本は食塩を海水から得るため，縄文時代後期から晩期にかけて直煮による土器製塩が行われた。その後，藻塩焼き製塩（海藻を利用してつくる）など効率のよい製塩法が開発されていく。食塩は料理の味付けばかりでなく，塩による保存方法にも応用され，食生活に幅をもたらした。食品の保存には乾燥，塩漬け，燻製などが考えられ，特に塩で漬ける方法には，発酵も加わり醬つくりの発展に寄与することになる。塩の重要性は古代律令国家が諸国から塩を貢納させていることでもわかる。貴族の食卓には卓上調味料として塩，酒，酢，醬などが配置される。また，料理の味付けに塩の塩味と梅干の酸味をあわせてバランスを表すことば「塩梅」が生まれる。

　製塩は古墳時代から平安時代にかけては主に藻塩焼き製塩，7〜8世紀になると初期揚浜式製塩に発展し，やがて鎌倉時代には塩の商品化がなされ，塩の流通が盛んになる。揚浜式製塩が整備され伊予，若狭，能登が有名になる。江戸時代には入浜式塩田が開発され，赤穂の塩が名高い（図7-1）。調味料としてだけではなく塩は解毒作用，飢饉の備荒食品としても利用される。

　明治時代になると明治政府は塩の専売法を施行する。そして大正時代には，にがり離脱装置開発によって，塩の品質改善がいっそうすすむこととなる。ところが第二次世界大戦下での日本の食料事情は悪化をたどり，食塩も通帳配給制となり家庭用1か月1人200gとなる。しかし，敗戦後の復興にはめざましいものがあり，製塩法は1952年「枝条架流下式製塩」に改良されると生産量は倍増する。そして1964年には「イオン交換樹脂膜法製塩」が開発され，1971年には国内の塩すべてがこの方法で工業生産され，国内の塩田は姿を消す。2002年には，特殊用塩発売専売制は廃止され，塩つくりは自由化された。その結果，原料塩や仕入れ業者を選択できるようになり，近年は従来の製塩法で生産地の特色を出した塩や海外の塩も市場に出回り（図7-2），料理の調味に幅をもたせている。

図7-1　塩をつくっている図
『日本山海名物図会』名著刊行会 1979

図7-2　現在の市販食塩
現在は種々の塩が売られている。（撮影　大久保洋子）

近世	1751年	・行徳の塩を江戸に国内生産奨励 ・さとうの国内生産奨励 ・純白糖の精製成功 ・上菓子屋のみ白さとう使用
明治時代		・さとう多用の会席料理奨励 ・塩の専売法実施
大正時代	1915年	・明治製糖、角ざとう国産化
昭和時代	1940年 1964年	・さとう・製塩の通帳配給 ・イオン交換製塩の開始 ・さとう使用の菓子類出回る実施
平成時代	1997年 2002年 2010年以後	・塩専売法廃止 ・各地域の自然塩の復活 ・特殊用塩発売専売制廃止 ・パックシュガー軽量化 ・熱中症対策に「塩あめ」など普及

2. さとうとその他の甘味料

　甘味は生理的にエネルギーを摂取する欲求でもあるといわれている。自然界では果物や蜂蜜などが手に入り、利用されてきた。日本ではつる性植物の甘葛の樹液を採取し、アク抜きをして甘葛煎（あまづらせんまたはあまづら）が生産され、古代の甘味料として貴族の間で用いられていた。一方でもやし（麦芽など）を利用した飴も作られた。

　蔗糖は、756年に光明皇后が正倉院に薬物を納めた目録「種々薬帳」に記録され、「蜜」入りで納めていた考えられている。日本での蔗糖栽培は難しく、中国からの輸入に頼っていた。鎌倉時代には点心の一部にさとう使用のものもみえ、薬扱いから調味料としての利用の広がりが生じた。薩摩の島津藩はさとうを琉球より輸入もしている。南蛮貿易が始まるとさとう輸入は増加し、奄美大島での黒ざとう製造も開始される。やがて鎖国を迎えるが、さとうは輸入禁止除外品として扱われ、銅などと交換に取引された。その後、さとうの需要は時代とともに増加し、輸入も当然増加した。そこで八代将軍徳川吉宗は、さとうの国産化を奨励し、地道なさとうづくりの結果、日本特有の和三盆糖が誕生した。江戸時代は輸入に頼っていたが、国産化がすすむと上菓子屋のような上層部は白ざとうを使用し、黒ざとうが庶民層に普及した。江戸時代の都市部ではさとうが入手しやすくなると、嗜好品の菓子のほか、江戸時代後期には料亭の会席料理などの調味料としてもわずかではあるが使用されるようになる。

　また、飲料として利用されていたみりんも甘み調味料として用いられるようになる。明治以降はさとうの生産技術も向上し、消費量は増大し、贈答用にも利用されていく。第二次世界大戦中、さとうは配給制になるが、敗戦後経済が復興するとさとう使用の菓子類が多食されるようになる。さとうの消費量は豊かさのバロメーターといわれた時代から、虫歯や肥満の要因となることが指摘されると、さとう消費は減少していく。そして甘味料としてのさとうに代わるものが求められ、人工甘味料（ズルチン、チクロ、サッカリンなど）が作られるが、現在はサッカリンのみ使用基準が設定され、使用されている。最近は天然の低カロリー甘味料としてステビアやアスパルテームなどが飲料や加工品に使用され、甘味剤として市販されている。さとうも白さとうよりも精製度が低いものに人気が出ている。さとうのもつ後味のよい上品な甘味は捨てがたく、調理特性の面からも利用度の高い食材である。

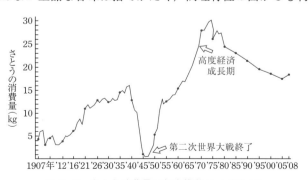

図7-3　さとう消費量の年次推移（1人当たり）
ポケット砂糖統計 1990, 農畜産業振興機構委託調査より作成

原始・古代			中世	
弥生時代	奈良時代	平安時代	鎌倉時代	室町時代
・果実を酢として使用 ・雑穀から酒づくり	・米麹より酒づくりと酢製造 ・「厨酒」の文字出現 ・朝鮮半島・中国より米渡来 ・みそ渡来	・酒宴料理成立 ・未醤の製造 ・市で酒販売	・寺院でみそ自給自足 ・径山寺みそ伝来 ・ねりみそ・法論みそ作製 ・1288年～93年 湯浅溜しょうゆ販売開始	・1532年～55年 竜野しょうゆ販売開始 ・1558年 関東の野田で溜しょうゆ作製 ・酒を調味料として使用

2節 発酵調味料

1. 酒と酢

　酒は糖分を発酵分解すると生じ，飲料として古くから知られているが，調味料として用いられるようになるのは，奈良時代であり，書物に「厨酒」という語がみえ，厨は台所をさすので調理用と推定されている。そして平安時代の貴族の食事には食卓上に塩，酢，醤とともに酒が調味料として供されている。食卓で調味をする時代から調理の段階で調味したのは鎌倉時代から室町時代であり，食卓上の調味料は消えた。調理の過程での下準備や調味に使用する酒は『厨事類記』(1295年以降)に記されている。

　中世から近世にかけての料理書には酒の旨みや香り付けを巧みに利用した料理法があらわれる。そのなかの一つにかつお節，梅干，古酒，たまりなどを煮出してつくった複合調味料ともいうべき「煎酒(いりざけ)」があり，なますやさしみに使用された。図7-4は江戸時代の酢問屋の店先風景である。アルコールを含むみりんは飲物として利用されていたが江戸時代後半には甘味調味料として利用される。

　酢は酸味を付ける調味料で果実(柑橘類など)を絞った汁の利用が最も簡単なものであるが，日本では米を原料に酢がつくられ，料理に活用された。また酸味を付けるだけでなく，調理の下処理として食材の臭みを消したり，たんぱく質を変性させたり，食材の褐変現象を防ぐ効果などを利用している。また酢を使用した，みょうがやらっきょう漬けなど防菌効果を期待した保存食となる。江戸時代に出版された『料理物語』(1643)にはみそ酢や蓼酢(たで)などが工夫されている。その後の料理書でもさしみやなます料理などにわさび酢，しょうが酢，くるみ酢などさまざまな香辛料との取りあわせが工夫されている。江戸時代後半に酒粕を用いてつくる酢ができ，酢の値段が手ごろになり庶民層にも利用された。明治時代以降は西洋料理の影響を受け，従来の二杯酢，三杯酢のほかにサラダに用いるソース類としてマヨネーズソースやフレンチドレッシングが用いられるようになった。1915年(大正4)頃から

図7-4　江戸時代の酢問屋の店先
　　　『絵本女雑書』1801

表7-1　酒とみりんの調理性

	みりん	酒	酒とさとう
隠し味	甘味を感じさせないように使うのがコツ	酸味，旨み，甘味を出すのに役立つ	―
甘味	マイルド。後口よし	―	強い甘味，後味あり
香り	甘い香りが残る。すべてに調和	酒らしい香りが残る	―
生臭み消し	効果あり	効果あり	効果あり
焼き色	よい色がつく	―	みりんより色がつかない
照り，つや	ほどよい照りとつや	―	高温調理では照り，つやがつく
肉質の軟化	―	軟化	―
肉質の引き締め	よく引き締め，煮くずれを防止	―	引き締めの度合いは，みりんより弱い
味の浸透	よく浸透	―	―
味の付着	よく付着	―	みりんより弱い

竹内五男「料理に使われる酒―清酒とみりん」より作成

平成時代（近・現代）	・ゆの見直し ・各地域の特徴あるしょうゆ ・減塩しょうゆ・みそ出現 ・だし入りみそ ・その普及 ・ポリエチレン容器入りみそ
昭和時代（近・現代）	・1945年～ ・インスタントみそ汁普及 ・しょうゆ・みその粉末化 ・アルコール酢製造 ・しょうゆ製造の工業化
明治時代（近・現代）	・1873年 ・ウィーン万国博にキッコーマン出品
江戸時代（近世）	・1668年　しょうゆオランダなどへ輸出 ・1804年　江戸へ下りしょうゆ輸送 ・粕酢製造 ・関東しょうゆを駆逐 ・みそ料理多様化 ・煮物やすりみにみりん使用

合成酢がつくられ，現在は米酢以外に果物の酢や赤酢，黒酢など市販されている。健康志向の昨今酢を飲むバーも出現した。イタリアのバルサミコ酢やフランスのワインヴィネガーなども輸入されている。

2．みそとしょうゆ

みそは朝鮮半島・中国より伝来，大豆を原料とする穀醤（こくひしお）で未醤として移入された。古くは平安時代，平安京の市で未醤を売買し，その後，未醤は味醤，味噌と変化していったと考えられている。鎌倉時代に寺院でみそつくりが盛んになり，嘗めみそやすりばちですったねりみそ料理もつくられた。この寺院のみそつくりは庶民に伝わり，農家の大豆生産とあいまって，みそつくりが盛んになり，自家製のみそを自慢し合う「手前みそ」ということばが生まれた。そしてみそは調味料として欠かせないものとなり，ご飯とみそ汁という和食の基礎となった。江戸時代になると都市部では自家製みそをつくることができない庶民層を対象にみそ屋が出現し，専門に大量のみそをつくる技術を発達させる。

一方鎌倉時代初期に中国の径山寺みそが伝来し，製造後に樽に残った汁を煮ものなどの味付けに応用したことからみそを原料とした溜（たまり）しょうゆができる。1535年（天文4年）紀州の湯浅で現在の製法であるしょうゆつくりを始めたといわれ，やがて播州竜野もしょうゆ生産地として発展し，三都（京都・大坂・江戸）へ販路を広げていく。京都方面に淡口（うすぐち）しょうゆがもたらされ，京料理の素材を生かす料理文化が培われる。江戸近郊で1616年（元和2）に銚子で，また寛文年間（1661～1672）野田でしょうゆつくりが始まり，くだりしょうゆは減少する。1821年（文政4）には濃口しょうゆが主流になり，そばのつけ汁やうなぎの蒲焼きのたれなど，さとうやみりんの普及とあいまって関東の味ができ上がった。

江戸時代末にはしょうゆはソイソース・しょうゆとして輸出されていた。明治時代以降はしょうゆの工業化が促進され，自家製は衰退していく。しょうゆ販売も量り売りは，びん詰めに移行し，現在はペットボトルに変化している。戦後の経済復興後，食品開発が精力的に行われ，1940年頃，みそのインスタント化がなされる。最近は塩分摂取過剰が高血圧を招くため減塩のしょうゆやみそもある。また，だしや具入りのみそ汁，油が入っていない和風ドレッシングなど多様化している。

表7-2　主要なみその分類

種類		甘辛味	色調	主な銘柄もしくは産地
普通みそ	米みそ	甘みそ（塩分5～6％）	白 赤	西京白みそ，讃岐みそ，府中みそ 江戸甘みそ
		甘口みそ	淡色	相白みそ（あいじろ）（静岡）
		辛口みそ（塩分12％前後）	淡色 赤	信州みそ 仙台みそ，佐渡みそ，越後みそ，津軽みそ，北海道みそ，秋田みそ，加賀みそ
	麦みそ	甘口みそ	淡色 赤	福岡，熊本，鹿児島，長崎，大分 九州，四国，中国
		辛口みそ	赤	埼玉，栃木
	豆みそ	辛口みそ	赤	八丁みそ，三州みそ，三河赤みそ，溜りみそ
	調合みそ	甘口，辛口みそ	淡色，赤	全国
嘗（なめ）みそ	醸造嘗みそ	甘口	赤	金仙寺（きんざんじ）（径山寺）みそ，ひしおみそ

『週刊朝日百科　世界の食べもの 107』1983より作成

図7-5　しょうゆの入った「コンプラびん」

別名を「蘭瓶（らんびん）」といい，江戸時代から明治時代末期頃まで，大村藩の「金富良（こんぷら）商社」が，日蘭貿易で東南アジアやオランダ本国向けに酒としょうゆを詰めて輸出した。その容器を「コンプラびん」といった。
石川寛子他『食生活と文化』1988

原始・古代		中世	
奈良・平安時代	鎌倉時代	室町時代	江戸時代
・食用としてごま油使用 ・「正倉院文書」に揚げもの食品記載 ・伝来菓子の唐菓子増加 ・『和名類聚抄』に油飯記載	・禅宗寺院の精進料理に揚げもの	・山城国大山崎の油商人の油座 ・南蛮菓子伝来	・菜種の生産が向上し菜種油普及 ・普茶料理、卓袱料理に揚げもの ・1782年 屋台にてんぷら出現

3節 油 脂

1. 近世以前の食用油

　奈良時代以前の油にはごま油、荏油(えのあぶら)が知られているが、主として灯明用として使用されていた。奈良時代にはごま油が食用として使われるようになる。しかし用途の主流は灯明、灯火用、燃料用、薬用で食用に使われるのは限られた場合であった。仏教伝来の影響を受けて中国文化が移入されたなかに「唐菓子(からくだもの)」という揚げものがある。小麦粉を主材料とし、水とあわせねって、さまざまな形状とし、揚げたもので、寺院の供物、貴族の饗応膳に供された。使用した油は主にごま油で、日本ではそれまで油で揚げるという料理形態はなかったとされている。平安時代は『和名類聚抄』(源順編纂、10世紀)によると「油　燈火類　採油には熟した胡麻を煎り、圧搾する」と記され、唐菓子類や油飯(米をごま油で炊いた)もみられる。貴族の儀式料理の献立には唐菓子がしばしば登場している。『養老律令』(757年、天平宝字元年)にはごま油、麻子油(麻の実)、荏油、猪油など油の種類が記され、『延喜式』(905-927年編纂、967年施行)にはごま油が全国各地から貢納されている。やがて唐菓子は日本の食材を使用し、長い年月をかけて変化していった。例えば、索餅(さくべい)はそうめんのルーツではないかといわれている。

　鎌倉時代になると禅宗が伝来し、精進料理が発達するが、そのなかに揚げもの料理があり、使用する油はごま油が主で、榧(かや)の油も使われている。室町時代になると精進料理は庶民にも普及し、油の生産も盛んになり山城国大山崎の油商人が油座を組織し、灯明用、食用油の普及に大きな影響を与えた。安土桃山時代に南蛮料理や南蛮菓子が伝来し、豚の脂を用いた料理をもたらした。「南蛮焼きは油にてあぐる也。油は胡麻、豚の油であぐる也」と足利将軍家の料理流派である大草家の『大草家料理書』にある。

2. 江戸時代における油料理

　料理への豚の油の使用は、獣肉食を禁忌とする日本ではなされず、植物性の油、主としてごま油、菜種油が用いられた。南蛮料理のテンプラは関西で「つけあげ」、江戸では屋台で「あげもの」「ごまあげ」として売られており、魚の衣揚げを特に「てんぷら」と称している。屋台に登場した揚げものは庶

マガリ
糫餅

ブト
餢飳

図 7-6　唐菓子(からくだもの)
2点とも『日本料理歳時大観』より。
亀井千歩子『日本の菓子』1996

図7-7　てんぷら屋台の図　天麩羅という字の初見とされている。黄表紙『能時花舛』(よくききます)1783(早稲田大学図書館所蔵)

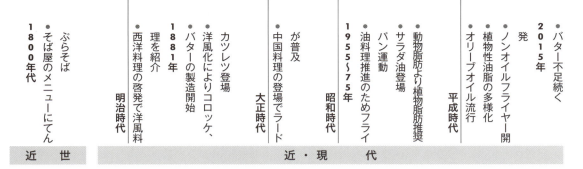

近世	1800年代	・ぷらそば そば屋のメニューにてんぷらを紹介
近・現代 明治時代		・西洋料理の啓発で洋風料理を紹介 ・1881年 バターの製造開始 ・洋風化によりコロッケ、カツレツ登場
大正時代		・中国料理の登場でラードが普及
昭和時代	1955〜75年	・油料理推進のためフライパン運動 ・サラダ油登場 ・動物性脂肪より植物性脂肪推奨
平成時代		・オリーブオイル流行 ・植物性油脂の多様化 ・ノンオイルフライヤー開発
	2015年	・バター不足続く

民の身近な料理となった。江戸時代後半には料理屋でもてんぷら料理を看板にする店や出張てんぷらがあらわれた。また庶民が揚げものとして日常よく食べたものに「油揚げ」がある。当時とうふは庶民の惣菜として広く食べられ、とうふ屋では油揚げも加工して販売した。これは汁の実や煮ものに油のコクをつけ、庶民の料理の幅を広げている。1836年、農学者大蔵永常により『製油録』が著され、菜種油の製造も盛んになり、庶民層も手軽に入手できるようになる。しかし、菜種油は料理用はわずかで、その大部分は灯火、燃料、整髪、工具用などに使用されていた。

3. 近代・現代の食用油の動向

明治、大正時代になると西洋料理の移入により、洋食が普及し乳製品とともに油料理が徐々に普及する。食用油脂としてはバター、明治時代中期以降は人造バター（マーガリン）が輸入される。そして庶民はコロッケやとんかつなどの揚物料理を生み出し、外食や家庭の惣菜に取り入れていく。特に第二次世界大戦後は栄養学の理論から、たんぱく質と脂質の摂取が推奨された。1955年から1975年にかけて全国にフライパン運動が展開され、油料理の普及を目的に活動が行われた。一日摂取熱量の20〜25％を脂質で摂ることを目標として、1980年（昭和55）頃には目的が達成される。しかしその後も欧米風の生活様式が急速に普及し、食事内容は脂質量の多い欧米型に近づいていく。日常の食生活に和・洋・中の料理を取り入れ、菓子類も油脂の少ない和菓子に対して、油脂の多い洋菓子や中国菓子も普及する。マヨネーズソース、ドレッシング類も食用油の消費量を増加させた。

一方、食用の植物性油の種類も菜種油、大豆油、コーン油、紅花油、米糠油などに精製油の「サラダ油」も登場した。

やがて高度経済成長期には成人病の発症は低年齢化して生活習慣病と名称をかえ、国際的に健康志向が叫ばれるようになった。そのため、健康に寄与する要因の研究が進み、血管疾患予防に効果が期待できるオリーブオイルやコレステロール対策を表示した食用油が市場にはたくさん並んでいる（例：ココナッツ、えごま、グレープシードのオイルなど）。

近年は、さらに植物性油脂の多様化がすすみノンオイルのドレッシングや加工食品が数多く出回るようになった。

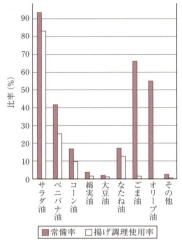

設問「お宅で常備し使っている食用油はどれですか」
「そのなかで主に揚げもの調理に使用する油はどれですか」

（複数回答）

図7-8　各種油の常備率および揚げ調理への使用率

近畿支部揚げる炒める分科会『日本調理科学会誌 Vol.33 .No.2．2000年』より作成

図7-9　関東油しぼりの図

江戸時代になると菜種の栽培が盛んになり、種から油をしぼる作業は大がかりになり、生産量が増加した。『製油録』大蔵永常の挿絵（国立国会図書館所蔵）

原始・古代				中世		近世
縄文時代	弥生時代	奈良時代	平安時代	鎌倉時代	室町時代	江戸時代
・わさび、山椒、みょうが自生	・しょうが、にんにく伝来 からし伝来	・かつおを使った煎汁が使用される	・しょうが、山椒、みょうがの加工品 胡椒伝来	・魚料理にしょうがが使用	・さしみにわさび、しょうが 吸い口に胡椒、ゆず使用 とうがらし伝来	・ちょうじ伝来 1673年 かつお節をかび付け製法で完成 花かつおを料理に使用

4節　だし，香辛料

1．だ　し

(1) かつお節　日本料理にかかせないものとしてだしがある。だしとは食品の煮汁に溶け出すうま味をいい，そのうま味を含んだ汁を「だし汁」という。古代律令国家には，駿河や伊豆国から「堅魚煎汁（かつおのいろり）」が貢献されている。煎汁とはゆでて煮詰めたものとされていることから，既にかつおの旨みを料理の味付けに利用していたことがうかがえる。このかつおは煮て乾したものをさし，鎌倉時代にはこれを戦陣食として利用している。室町時代には削りものとして上級武士の饗応膳に用いられている。削り物ということからも，かなり乾燥度が高く堅くする技術がすすんでいたと考えられる。そして干しかつおを削ったものを花かつおとし，料理のアクセントにも利用している。その後，紀州でかび付け法が考案され，1673年には紀州より伝えられた製法が，土佐でも行われるようになる。延宝（1673～81）に宇佐浦の播磨屋佐之助が骨を抜いて火力乾燥してかびをつける方法を開発，風味をよくしたと伝えられている。燻煙法は紀州の漁師甚太郎が宇佐浦で始めたのが創始だといわれている。その後，かつお節は専用の削り器で削りたてを使用していた時代から品質保持性の高いパックが開発され，削りかつおのパック詰めが多く用いられるようになった。かつお節に関わるものとして煮干しがある。煮干しの素材はいわしの稚魚であるが，とびうおやあごなどもある。

(2) 昆　布　一方昆布の旨みもさまざまなかたちで「だし」として利用されている。かつおだしと昆布だしをあわせてとる「混合だし」は日本料理の味を高める要因になった。1907年昆布のうま味成分のグルタミン酸ナトリウムを池田菊苗博士が結晶状にして取り出すことに成功した。そして製品化されて多くの料理の味付けに多用され，食卓にも常備されるようになった。化学調味料と名づけられたため，化学的に合成された調味料と考えられて批判が起こり，最近は卓上にのぼることは少なくなった。現在はうま味調味料として普及し，インスタント食品や調理済み食品に利用されることが多い。

(3) その他　そのほかのだしとして，しいたけ，かんぴょう，大豆などがある。また乾物にするとその食材のもつ独特の旨みが引き出される。近年トマトのうま味はグルタミン酸であることから，トマトをうま味づけに利用することもある。

図7-10　だしの材料
かつお節，昆布，しいたけ，煮干し，かんぴょう，干し貝柱（撮影　大久保洋子）

図7-11　かつお節をつくっている図
蔀関月画『日本山海名産図会』1799

近世	近・現代			
明治時代以前	明治時代	大正時代	昭和時代	平成時代
・うどんの薬味に胡椒多用 ・胡椒飯、ういきょう飯出現 ・かつお節のだし汁とみりんとしょうゆで調味 ・そば切りにわさび使用 ・すしにわさび使用	・1907年 トマトケチャップ発売 ・1908年 グルタミン酸商品化	・カレーが普及	・1955年 カレールー発売 ・1968年 レトルトカレー発売	・ハーブ使用料理一般化 ・2010年頃 だしを賞味店出現 ・多様な「だしパック」ブーム ・2013年 「和食」ユネスコ無形文化遺産に登録 ・「だし」が注目される

2. 香辛料

(1) 日本の香辛料

　日本に自生していた香辛植物はみょうが，さんしょう，わさびで，しょうが，にんにく，からし，しそ，とうがらしは伝来植物である。こしょうは日本の気候条件では生育できず，輸入に頼っている。さしみのつまにわさび，しょうが，しそ(葉，実，穂，花)，紅たでなど，また汁物の吸い口や和えものの天盛りにこしょう，ゆず，しょうがなどを使用する料理文化が発達し，日本で最初に出版された料理書『料理物語』には，たで酢の記載がある。また江戸時代のうどんの薬味にはこしょうが多用されている。現在のこしょうは西洋のスパイスとして認識され，うどんには主に唐辛子(七味唐辛子)が，そばにはわさびが添えられることが多い。

(2) 外国からのスパイス

　明治時代以降，西洋化にともなって外国の香辛料が新たに加わり，種類が多くなってくる。代表的なものとしてカレー粉がある。日本に本格的に輸入されたのは明治時代末期になってからである。明治36年大阪の薬種問屋の今村屋が日本産カレー粉を売り出し，SB食品は昭和30年代にカレールーの固形インスタントカレーを開発した。一方香辛料を巧みに配したウースターソースも1885年(明治18)～1898年(明治31)にかけて企業化し，日本人の嗜好に合わせたものがつくられ，とんかつソースなどとともに定着していく。トマトケチャップは1907年(明治40)に売り出され，チキンライス，オムレツになくてはならない調味料となった。1980年代頃から韓国のキムチが流行し，激辛ブームが起こる。非常に辛い唐辛子で有名なハバネロにあやかった東ハトの菓子「暴君ハバネロ」は2004年以降の第二次激辛ブームを起こした。

(3) ハーブ

　バブル期を境に国際色豊かな外食産業が隆盛し，多彩な香辛料，香辛野菜が生活にもたらされた。各地にハーブ園もでき，ハーブティーの利用も盛んである。ハーブとシーズ，スパイスを使った西洋料理やエスニック料理と本来の日本で使用されてきた薬味やつまが融合される時代をむかえ，フュージョン料理(融合料理)も工夫されつつある。

　一方で地域の活性化で従来からの品種の作物をつくる活動も起こっている。

表7-3　日本の香辛料の機能的分類

香辛料(吸口)	辛味料	臭味および青味	こうばし料	和え料	酸味料
わさび しょうが ふきのとう 芽うど さんしょう ゆず こしょう うめ さくら しき	わさび だいこん からし しょうが たで とうがらし さんしょ (実,辛皮) こしょう	のびる 青ねぎ 根ぶか にんにく 青じそ みつば あさつき	まつの実 くるみ ごま(白・黒) あさの実 あんずの仁 しその実 あさくさのり あおのり 花かつお しその実 お茶 (番茶,抹茶) あられ (炒り米) けし	かんぞう またたび しょうが みょうが 穂じそ ごぼう きく うど せり みつば ほうふう ゆず(皮) くねんぼ(皮) うめ さくら	みかん すだち かぼす くねんぼ ゆず れもん

『全集　日本の食文化(五)』香辛料より作成

参考文献

荒尾美代『江戸時代の白砂糖生産法』八坂書房，2018
石川寛子編著『食生活と文化』アイ・ケイコーポレーション，1988
伊藤汎監修『砂糖の文化誌―日本人と砂糖』八坂書房，2008
大蔵永常『製油録』『日本農書全集50 農産加工1』農山漁村文化協会，1994
大塚滋『しょうゆ　世界への旅』東洋経済新報社，1987
岡野為『製塩録』『日本農書全集52』農山漁村文化協会，1998
小田原屋主人『漬物塩嘉言』『日本農書全集52』農山漁村文化協会，1998
喜田川守貞（朝倉治彦・柏川修一　校訂編集）『守貞謾稿』東京堂出版，1992
小泉武夫『小泉武夫のミラクル食文化論』亜紀書房，2013
河野一世『だしの秘密』建帛社，2009
小崎道雄・石毛直道『発酵と食の文化』ドメス出版，1986
コリーンテイラーセン著，竹田円訳『カレーの歴史』原書房，2013
財団法人科学技術教育協会出版部編『本みりんの科学』財団法人科学技術教育協会，1986
蔀関月画『日本山海名産図会』1799（『日本山海名産図会』名著刊行会，1979）
製糖工業会『砂糖』製糖工業会，1986
関根真隆『奈良朝食生活の研究』吉川弘文館，1969
全国味噌工業協同組合連合会『みそ文化誌』みそ健康づくり委員会，2001
高比良公成『砂糖』アスペクト，2000
田村勇『塩と日本人』雄山閣，1999
田村平治，平野正章『しょうゆの本』柴田書店，1971
鉄屋庄兵衛『醤油仕込方之控』『日本農書全集52』農山漁村文化協会，1998
日本福祉大学知多半島総合研究所・博物館「酢の里」『酢・酒と日本の食文化』中央公論社，1998
芳賀登・石川寛子『全集　日本の食文化　第五巻　油脂・調味料・香辛料』雄山閣出版，1998
橋本慶子・下村道子・島田淳子『調理と文化』朝倉書店，1993
林玲子・天野雅敏『日本の味　醤油の歴史』吉川弘文館，2005
原田信男『和食と日本文化　日本料理の社会史』小学館，2005
平島裕正『塩』法政大学出版局，1973
藤林泰・宮内泰介『カツオとかつお節の同時代史』コモンズ，2004
フレッド・ツァラ著，竹内円訳『スパイスの歴史』原書房，2014
マーク・カーランスキー著・山本光伸訳『塩の世界史―歴史を動かした小さな粒』扶桑社，2005
マージョリー・シェファー著・栗原泉訳『胡椒　暴虐の世界史』白水社，2015
松本忠久『平安時代の醤油を味わう』新風社，2006
宮下章『鰹節』法政大学出版局，2000
宮本常一『塩の民俗と生活』未來社，2007
森浩一編『味噌・醤油・酒の来た道』小学館，1998
吉川誠次『週刊朝日百科　世界の食べもの107 日本編27 調味料』朝日新聞社，1983
吉田元『日本の食と酒』講談社学術文庫，2014
『古事類苑』飲食部　吉川弘文館，1971

8章　菓子，茶，酒

概　要

　菓子，茶，酒は，他の一般的な飲食物に比べると，栄養よりも心理的な充足が重視される側面が大きく，嗜好品ともよばれる。嗜好性の価値基準は，時々の社会状況や文化によって変動するため，そのうえに成り立っている嗜好品自体もこれに対応して，時代ごとに最新，最上とされる要素を常に取り入れつつ変容してきた。

　共通点としては，いずれも古くから行事や儀礼などに用いられるハレの食であり，貴重な材料や高度な製造技術を要し，禁令や課税の対象にもなった。献上や贈答にも用いられ，名産として商品化されてきた。

　また外来の食物に由来するものも多く，4章でみた異文化の接触とも深くかかわっている。主なものをあげると，大陸文化との接触では飛鳥・奈良時代に酒，唐菓子，茶（煎茶法），鎌倉時代に茶（点茶法），点心，江戸時代に茶（淹茶法），欧州文化との接触では16世紀半ば以降に南蛮菓子，幕末から明治時代にかけて洋菓子，洋酒などが伝わった。その後も諸外国からさまざまな菓子や酒類が流入している。

　なお，菓子については，その対象が時代によって異なるが，ここでは上記のようなハレの食べものという点に主眼をおく。そうした食べものが社会的に認識されるようになったのは，農耕の定着により穀物の供給が安定してきた弥生時代以降とされ，その頃からあらわれる米などの穀物を加工した餅や団子が日本の菓子の原型の一つといわれている。また，洋菓子とは幕末から明治時代以降，欧米から伝来した菓子につけられた呼称で，これと区別してそれ以前にあった菓子が和菓子とよばれるようになった。

弥生時代	・稲作農耕社会成立
飛鳥時代	・630年 遣唐使派遣、唐菓子伝来
奈良時代	・718年「養老律令」に「主菓餅」という役職名記載 ・738年「淡路国正税帳」に大豆餅、小豆餅、煎餅など ・742年 鑑真の積荷に石蜜、蔗糖、甘蔗（但し来朝せず） ・756年「種々薬帖」に蔗糖
平安時代	・931年『倭名類聚抄』に梅枝、桂心、八種唐菓子 ・『枕草子』に甘葛 ・『源氏物語』に椿餅、粉熟
鎌倉時代	・禅僧により点心伝来 ・1241年 弁円、宋より帰国、酒饅頭の製法を伝える

原始・古代

1節 和菓子

1. 外来食品の影響

　和菓子とよばれている日本の菓子は，果物や木の実などの食物と，米などの穀物を加工した餅や団子の類を原型とし，さらに4章で述べた外来の食物の影響を受け，江戸時代に固有の菓子文化として完成した。

　まず，奈良時代から平安時代初期，律令国家の模範とした中国・唐との交流により，唐菓子と総称される食物が多くの文物とともに伝わった。それは小麦粉製の生地を加工し，いろいろな形に成形した餢飳（ぶと），糫餅（まがり），梅枝（ばいし）などで，油で揚げたものもあった。朝廷で儀式に採用され，平安時代には市でも売られていたが，その後一般的な菓子としては定着しなかった。ただし神饌や供物として存続し，奈良の春日大社を始めとする一部の寺社で，神職や専門の製造者により調製されている。

　鎌倉時代後期，南宋から留学僧が，禅宗とともにその生活文化として喫茶の習慣と点心の羹，饅頭，麺などを伝え，それらは後に和菓子の代表といわれる羊羹や饅頭へ発展する。その経緯については諸説あるが，饅頭は一説には1241年（仁治2）臨済僧の円爾（聖一国師）が帰国し，翌年博多に承天寺を建立し，同地の茶店の主に酒饅頭の製法を伝えたといわれる。また羊羹については，点心の羹（とろみのある汁物料理）が，豆や米などの植物性食品でつくるみたて料理を経て，安土桃山時代から江戸初期，甘味を加えた菓子として定着したとされる。それはあんに葛などのでんぷんを加えて蒸しかためた蒸羊羹であったが，万治年間（1658～61）に発明された寒天を使う煉羊羹が寛政年間（1789～1801）に誕生すると，以後主流になっていく。

　16世紀半ば以降には初めてヨーロッパから，南蛮菓子と総称される菓子が，キリスト教とともに伝わる（4章参照）。砂糖菓子の金平糖，有平糖や，卵黄液を白砂糖の沸騰蜜で糸状に熱凝固させた玉子素麺，小麦粉製の生地の焼菓子かすてら，ぼうろ，びすかうとなどである。これらの菓子はさとう，鶏卵，小麦粉などの材料や，上下から炭火で加熱する仕組の釜（天火の前身）を用い（図8-1），和菓

図8-1　十返舎一九『餅菓子即席手製集』1805
土間では上下からの炭火で焼く釜で，火鉢の上ではかすてら鍋でかすてらを焼いている。（早稲田大学図書館所蔵）

図8-2　名物あべ川餅「東海道五十三次之内　府中」
豊橋市二川宿本陣資料館『「たべあるき東海道」展図録』2000

中世	南北朝・室町時代	・道元『正法眼蔵』に羹、饅頭、麺などの食べ方記述 1350年 林浄因、薬饅頭の製法を伝える
	安土桃山時代	1543年 南蛮菓子伝来 1569年 織田信長に金平糖献上 宣教師ルイス・フロイス
近世	江戸時代	寒天発明 1718年『御前菓子秘伝抄』刊 1761年『御前菓子図式』刊 1841年 煉羊羹考案 『菓子話船橋』刊
近・現代	明治時代	1906年『日本家庭百科事彙』に和洋折衷菓子
	昭和・平成時代	1979年 和菓子の日定まる 和カフェで和菓子人気 ・バレンタインデーに和菓子販売

子を多様化，発展させた。

2. 和菓子の大成

　以上のような外来の食物を受容し，17世紀後期京都で「上菓子」が完成する。それは上菓子屋が，輸入の白砂糖を始めとする上質な材料と高度な技術で，日本の自然・文化・歴史を，文学的な菓銘や意匠で表現した菓子で，上流階層の饗応や茶会，贈答に使われた。江戸，諸国の城下町へも伝播し，「下り京菓子」とよばれた。背景には社会の安定や商品経済の発展，それを支えた都市の有力町人層の経済力等があり，茶湯の発展もこれを促した。18世紀以降になると，徳川吉宗の甘蔗栽培の奨励により，国産さとうの供給力が増大する。また，菓子製法の専門書も1718年（享保3）『御前菓子秘伝抄』，1761年（宝暦11）『御前菓子図式』，1841年（天保12）『菓子話船橋』などが刊行された。『菓子話船橋』は江戸深川の上菓子屋・船橋屋織江の主人による製法の秘事口伝書で，構成，内容ともに近世菓子製法書の最高峰とされている。

　一方，国産のさとうや飴などを用いた飴菓子，おこし，あられ，かき餅，せんべいの類は，雑菓子（駄菓子）とよばれて民間に普及した。各地の主要な街道筋や寺社門前の茶店で出される餅や団子の類も（図8-2），旅文化の発達，出版の盛行にともなう案内本や道中記などにより，名物として広く知られ，一般の人々にも需要された。

　また，年中行事と結びつき，厄除け，無病息災や成長を祈って菓子を食べる習慣が定着した。例えば上巳の菱餅や草餅，端午の柏餅や粽などである。幕末の風俗誌『守貞謾稿』には，端午における京坂の粽，江戸の柏餅が図説されている（図8-3）。幕府は6月16日将軍から江戸在府の大名，旗本へ江戸城大広間で菓子を下賜する嘉祥の儀礼を行った。菓子はその家臣へ下賜され，嘉祥は庶民へも広がり，菓子の普及，発展に影響をおよぼした。行事は明治以降廃れたが，1979年全国和菓子協会が6月16日を和菓子の日とし，各菓子店では嘉祥饅頭や嘉祥菓子（図8-4）が販売されている。

　明治以降，西欧から新しく洋菓子が伝来した後も，従来の和菓子の改良に加え，材料，製造，意匠に，西洋の要素や全国各地の地域性などを取り入れた菓子が工夫され，時代に即した嗜好に対応しながら多様な進化を続けている。例えば材料では，乳製品やチョコレート，地域の特産物を用いた饅頭や羊羹，生の果実を用いた大福餅などである。

図8-3　ちまきと柏餅　喜田川守貞『守貞謾稿』1837
『近世風俗志（守貞謾稿）』4，2001

図8-4　嘉祥菓子
（写真提供　虎屋）

江戸時代	明治時代									
1858年 日米修好通商条約締結	1869年 横浜でアイスクリン発売	1869年 パン屋文英堂開業	1872年 米津松造が凮月堂開業	1874年 あんぱん発売	1874年 村上光保が洋菓子の製造販売開始	用食糧にビスケット(乾パン)が軍	1894年 日清戦争	1895年 日清講和条約、台湾割譲	1899年 森永西洋菓子製造所開業	1900年 台湾製糖設立
近世					近・現代					

2節　洋菓子

1. 洋菓子の伝来

　幕末の開港以降，横浜，長崎，函館，新潟，神戸などの開港地を通じて西欧諸国から諸物資とともに洋菓子が輸入された。明治時代前期までの主な輸入菓子は，保存性のあるキャンディ，ドロップス，ビスケット類などで，その需要は居留地の外国人および一部の上流階層に限定された。洋菓子店の嚆矢は，横浜居留地のホテルでフランス人から西洋料理と菓子を学んだ宮内省大膳職の料理方村上光保が，1874年(明治7)，東京麹町で開業した村上開新堂であるが(図8-5)，その対象も主として上記の人々であった。

2. 洋菓子の受容と国産

　洋菓子の本格的な受容の一つの契機は，すでに伝来していたパン，ビスケットの軍事食としての需要の発生である。パンは当初居留地のホテル，西洋料理店，パン屋などで外国人向けにつくられていた(図8-6)。1873年，陸軍が主食糧にビスケットの様に堅く焼いた乾パンを採用し，1877年の西南戦争，1894年の日清戦争などで軍隊の携行用食糧として大量生産されるようになった。

　一方，1869年東京芝にパン屋文英堂(木村屋總本店前身)を開業した木村安兵衛が，1874年饅頭に使う酒種で仕込んだパン生地であんを包んで焼いたあんパンを考案し発売した。異文化の要素を既存の食物に組み合わせたことで受容されやすく，またパンが西洋料理から独立した食物として認識されるきっかけとなり，パンの普及を促したといわれている。その後ジャムパン，クリームパンなど日本独自の菓子パンへ展開する。

　東京京橋南伝馬町の凮月堂は，江戸時代以来の上菓子屋であったが，明治以降，従来の和菓子に加え，洋菓子やパン(ビスケット)を上記のような需要に応じてつくるようになる。特に，同店から1872年独立し，両国若松町に米津凮月堂を開業した米津松造は，明治政府が殖産興業政策として1877～1903年，5回にわたって開催した内国勧業博覧会の第1回で，菓子で最高の鳳紋賞牌を「欧州風菓子」で受けた。翌年の『郵便報知新聞』に出した広告では，その賞牌を図示し，屋号に「西洋菓子製造本舗」と付し

図8-5　村上開新堂の菓子
池田文痴菴『日本洋菓子史』1960

図8-6　歌川芳員「亜墨利加人之図・パン製ノカマト」1861
(東京家政学院大学図書館所蔵)

近・現代

平成時代
- 1990年 ティラミス、カヌレ、ベル ギーワッフル等流行

昭和時代
- 1939年 米穀配給統制法
- 1941年 太平洋戦争(〜45)
- 1958年 バレンタインチョコレート発売
- 1964年 スナック菓子発売
- 1971年 菓子の輸入自由化

大正時代
- 1914年 「紙サック入ミルクキャラメル」発売
- 1918年 チョコレートをカカオ豆から一貫生産
- 1904年 クリームパン発売
- 日露戦争

ている(図8-7)。その後西洋菓子店としてボンボン,チョコレート,ウェファース,マシュマロなどを次々に発売した。また1880年にイギリスからビスケットの製造機械を輸入し,前記の軍用ビスケットを量産し,洋菓子の国産を先導した。

3. 洋菓子の大衆化と普及

ただし,洋菓子が一般に普及するのはさらに後年である。1895年日清戦争で領有した台湾で政府の保護下製糖業が盛んになるにともない,菓子を食べる習慣や子供に間食を与えることは次第に一般化しつつあった。そのような状況下,2度の渡米で洋菓子・パン製造の技術を習得した森永太一郎が,1899年初の洋菓子製造企業,森永西洋菓子製造所(森永製菓前身)を東京赤坂に開業した。保存性の高いキャンデー,チョコレート類の量産とその卸売りを主体とし,低廉化と大衆化を実現させた。1913年(大正2)に「ミルクキャラメル」を蠟紙で個包装した1粒5厘のバラ売で,さらに翌年には携帯用の小型紙サック入りという包装形態で発売して好評を博した。次いで第一次世界大戦(1914〜1918)による原料ビターチョコレートの輸入停止を機に,1918年日本で初めて原料ココアビーンズから一貫製造し,続いて「ポケット用」の板チョコ「ミルクチョコレート」を量産し1個15銭で発売した。また戦争による好況は洋菓子市場の拡大を,同時にヨーロッパ製品の輸入減少は国産品の需要増大へつながり,日本の洋菓子工業は飛躍的に発展した。その後1923年の関東大震災も,大都市を中心に日常生活の急速な洋風化を促す一つのきっかけとなった。

第二次世界大戦後,高度経済成長の過程でクリスマスケーキの習慣が一般化し,冷蔵技術の発達にともない洋生菓子も普及した。さらに1970年代から急速に進んだ食の国際化のなかで(4章参照),1971年(昭和46)キャンディ,チョコレートなどの輸入自由化,同年代におけるバレンタインデーの普及に加え,本場で専門技術を身につけた国内外の菓子職人によりさまざまな菓子が紹介されてきた。一方,最近の傾向として,従来主に和菓子に用いられていた米粉,葛,きな粉,抹茶,柚,小豆餡,求肥などをとりいれる動きもみられる(図8-8)。

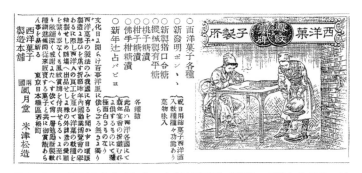

図8-7 両国風月堂米津松造の広告『郵便報知新聞』1878年12月25日付
(郵便報知新聞刊行会編『郵便報知新聞復刻版』1989)

図8-8 「京洋菓子さがの路」
よもぎ餅を入れたレアチーズケーキを抹茶風味の求肥で包んだ洋菓子
(写真提供 ㈱ジュヴァンセル)

原始・古代

奈良時代
- 中国で陸羽『茶経』成立

平安時代
- 煎茶法伝来
- 永忠が嵯峨天皇に献茶
- 815年

中世

鎌倉時代
- 点茶法伝来
- 1211年
- 栄西『喫茶養生記』成立

南北朝・室町時代
- 1336年
- 建武式目制定、連歌会・茶寄合を禁ず
- 1403年
- 東寺南大門前に一服一銭の茶店
- 1544年
- 『松屋会記』に千利休の茶会

3節 茶

1. 茶の渡来

　茶は中国を原産地とし，日本へは三度喫茶文化が伝わったとされている。最初は平安時代前期，茶を煮出して飲用する煎茶法が，唐から伝えられた。史料上の初出は『日本後紀』の弘仁6年(815)4月22日条で，近江国韓埼(唐崎)に行幸した嵯峨天皇に，入唐帰朝僧の永忠が，茶を煎じて献じた記事とされている。唐では760年頃，陸羽が世界初の茶の専門書『茶経』を著し，長安では茶館が出て，茶の文化が定着していた。それが留学僧によって伝えられたが，一般には定着しなかった。

　鎌倉時代初期，新しい喫茶文化が南宋より伝わる。粉末の茶葉に湯を注いで飲む点茶法である。1168年(仁安3)，1187年(文治3)の2度にわたって入宋し，1191年(建久2)帰国した栄西は，1211年(建暦元)日本初の茶書『喫茶養生記』を著し(図8-9)，茶の名称・形態・薬効，摘み取る時節，製茶法，喫茶法などを説いた。

2. 茶の受容と展開

　茶は筑前国背振山に植栽され，伝承では山城国栂尾の明恵上人に贈られ，宇治へも伝播したといわれている。その後各地に茶園ができて産地・銘柄が多様化するとともに，喫茶の習慣は寺院から武家社会，庶民の間へと浸透し，14世紀初期には茶の産地の違いを飲み当てる闘茶(飲茶勝負)へと展開する。こうした状況下，茶は14世紀中頃には商品化され，門前や大通りの簡素な茶店「一服一銭」(図8-10)，「煎じ物売り」なども出現し，民間にも普及した。後者は狂言「煎物」にも登場し，その売り声から生薬とともに煮出した茶を売っていたことがわかる。

　15世紀後半，禅の思想を取り入れた日本独自の茶湯が，京都で村田珠光により創始され，16世紀に入ると武野紹鷗がそれを「わび」と称して一段と深め，芸道としての茶道を確立した。草庵の茶室や，国物(和物)の道具などを使い，京都・奈良・堺の富裕な町衆に受け入れられる。さらにその弟子千利休は，作法，形式，茶会で供される料理(懐石)にいたるまで，わび茶の思想によってととのえ，茶道を完成させた。

図8-9　栄西『喫茶養生記』
(京都大学附属図書館所蔵)部分

図8-10　一服一銭「七十一番職人歌合」
『江戸科学古典叢書』6，1977

年表

安土桃山時代
- 1587年 豊臣秀吉、北野大茶会

江戸時代（近世）
- 1654年 隠元、淹茶法を伝える
- 1735年 売茶翁が京都東山に通仙亭を始める
- 1738年 製淹茶法開発 京都宇治の永谷宗円、蒸

明治時代
- 1874年 内務省勧業寮製茶掛設立
- 1878年 紅茶製法伝習規則発布
- 1908年 静岡でヤブキタ発見

昭和時代（近・現代）
- 1961年 紅茶ティバッグ発売
- 1981年 「缶入りウーロン茶」発売
- 1985年 緑茶飲料商品化

平成時代
- 1990年 ペットボトル緑茶飲料発売
- 自動販売機普及
- 健康茶ブーム

3. 茶の普及と製茶法の発達

　江戸時代に入り，1654年（承応3）に明から隠元が来日し，黄檗宗とともに，茶葉を湯に浸しその成分が浸出した液体を飲用する淹茶法を伝える。また，製茶法が宇治を中心に発達する。宇治の覆下茶園については（図8-11），すでに16世紀末ロドリゲスの『日本教会史』に記載があるが，その後1738年（元文3）現在の煎茶に近い透明な黄緑色の水色をもつ蒸製煎茶が，天保年間（1830〜1844）玉露が開発され，高級茶の名産地となる。商品経済の発達による茶の商品化に伴い静岡などほかの産地へも伝わるが，こうした高品質の茶が民間へ普及するのは，幕末から明治にかけて輸出品としての均質化および増産がなされて以降である。それまでは茶の産地を中心に，自家製した番茶を煮出し，飲用や茶粥として利用され，名称や飲み方に地域性があった。例えば番茶に塩を加え茶筅で泡立て飲んだり中に具を入れて食べる振茶は，ぼてぼて茶（島根），ばたばた茶（富山，新潟）などが現存している（図8-12）。

　戦後は明治末期に静岡の杉屋彦三郎が発見した品種ヤブキタが全国に広まり，茶の品種が画一化された。1981年（昭和56）無糖の缶入茶系飲料ウーロン茶が，1985年緑茶が商品化され，1990年出現したPET容器商品の普及にともない，茶系飲料は多様化し，90年代終わりから消費が急増している。

4. 紅茶，ハーブティ

　製造工程上発酵茶である紅茶は，幕末の開港まで知られていなかったが，明治政府は海外で需要の高い紅茶を勧業奨励の主要な一つの対象とし，1874年（明治7）内務省勧業寮製茶掛を設け，中国やインドの技術を導入する。1878年「紅茶製法伝習規則」を発布して製造の伝習と奨励に努め，輸出振興をはかるが，原料茶の不適，製茶技術の未熟等により成功しなかった。国内での需要は，関東大震災後のコーヒー店や喫茶店において始まったが，一般の日常生活に受容されたのは高度経済成長にともない生活様式が変化する昭和30年代以降で，1961年ティーバッグ発売もその一つのきっかけとなった。最近の傾向としては，茶以外の植物の花，葉，種，根などを煎じる飲料も，ハーブティーや健康茶（例えば柿の葉茶，ごぼう茶）など「茶」とよばれ，カフェインが含まれないことや，材料による多様な薬効が注目されている。

図8-11　宇治茶　暁晴翁『宇治川両岸一覧』1861
（宇治市歴史資料館所蔵）

図8-12　振茶・沖縄県
中村羊一郎『番茶と日本人』1998

原始・古代		中世			近世	
奈良時代	平安時代	鎌倉時代	室町時代	安土桃山時代	江戸時代	

- 『播磨風土記』に麹で酒を醸す記述
- 927年 『延喜式』に白酒、黒酒
- 1252年 幕府、諸国の酒売買禁止
- 1466年 練貫酒」「天野名酒」「蔭凉軒日録」に「筑前国」
- 『御酒之日記』に段掛け、火入れの記述
- 1559年 鹿児島、郡山八幡神社の棟札に「焼酎」
- 1576年 『多聞院日記』に諸白記述
- 『童蒙酒造記』成立
- 1697年 『寒元造様極意伝』刊
- 料理屋で宴会

4節　酒

1. 日本の酒の特徴と起源

　酒は古来神饌や供物として飯、餅とともに上位に扱われ、直会では神人共食の代表的な馳走として重視されてきた。日本の酒は米、米麹、水を原料とする醸造酒で、蒸米の表面にコウジカビを繁殖させたばら麹（撒麹）を使う特徴をもつ。713年（和銅6）に編纂が命じられた『播磨国風土記』に、カビの生えた飯すなわち麹で酒を醸したとあり、この頃には麹を用いて酒が造られていたとされる。また927年（延長5）の『延喜式』「造酒司」には、宮中の儀式に供される酒の材料分量や道具類が記され、天皇の供御、節会用の「御酒」、新嘗祭用の「白酒」「黒酒」などが蒸米、麹で造られていたことがわかる。

2. 技術革新と日本酒の完成

　鎌倉時代以降の武家社会では、出陣に際して戦の勝利を祈願する儀礼の祝宴で、三三九度の盃事が執りかわされた。この頃から酒は商品化されていたが、酒造の技術は室町時代末期に奈良の寺院を中心に革新が進み、江戸時代初期にほぼ完成する。原本の成立が1566年（永禄9）以前とされる日本初の酒造技術書『御酒之日記』には、原料を数回に分けて仕込みアルコール度を高める「段掛け（添）」（図8-13）や、加熱で腐敗を防ぐ「火入れ」に関する初めての記述がある。奈良興福寺の塔頭多聞院で書き継がれた『多聞院日記』には、上記火入れ、段掛けに加え、蒸米と麹米の両方に精白米を使用する「諸白」が、1576年（天正4）以降みられる。また、時代はさがるが1687年（貞享4）頃に書かれた酒造技術書『童蒙酒造記』には、冬に仕込み発酵に時間をかける「寒造り」の記述がある。

　こうした技術は和泉や摂津へ伝えられ、江戸時代初期には伊丹、鴻池、池田、18世紀半ば以降は灘、西宮などの産地から菱垣廻船や樽廻船で江戸へ運ばれ、下り酒とよばれて高評価され、増大する江戸の酒需要をまかなった。その頃江戸では料理と酒を供する料理茶屋、煮売居酒屋などで、飲酒を楽しむ習慣が民衆社会にも普及していた。幕末の下級武士の日記には、ハレの日の酒宴から日常の集いなどさまざまな場面で、家族や友人らと酒を飲む様子が記されている（図8-14）。

　明治以降は、1877年（明治10）末頃から各地で灘を始めとする先進地の技術習得が進み、1904年全国

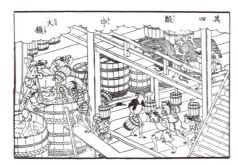

図8-13　伊丹酒造の段掛け部関月画『日本海名産図会』1799
　　　　『日本山海名産図会』1979

図8-14　酒宴「久留米藩士江戸勤番長屋絵巻」
　　　　（東京都歴史文化財団イメージアーカイブ蔵）

近世	近・現代

- 下り酒、人気を博す

明治時代
- 1880年 酒造税則制定公布
- 1896年 酒造税法公布
- 1904年 大蔵省醸造試験所設立
- 1907年 全国清酒品評会発足

昭和時代
- 1940年 酒税法改正
- 1941年 酒配給制
- 1943年 清酒のアルコール添加開始
- 1952年 三倍増醸法全国的実施
- 各地の地酒ブーム

平成時代
- 1992年 酒の級別制度廃止
- 1994年 低価格の発泡酒販売
- 2009年 ノンアルコールビール販売

的な品質と醸造方法の改良を目的として大蔵省醸造試験所(現,独立行政法人酒類総合研究所)が設立された。また1907年に始まった日本醸造協会主催の全国清酒品評会や,各地の酒造組合による品評会も,技術の研鑽を進展させ,後の「地酒」の発達へつながった。

昭和の戦前期から戦後においては酒造制限策がとられ,1941年(昭和16)には酒が配給制となる。同時に原料米の配給量削減を受けた酒の増産対策として,米以外の原料から合成したアルコールや糖分を加えて従来の三倍量を造る三倍増醸造法が醸造試験所で開発され,1952年からは全国的に実施され,戦後増大した需要をまかなったが,1960年代後半以降本来の酒造が次第に復興される。

最近の傾向としては,海外での需要が1980年代より増加している。また地酒については,地方自治体の研究機関や大学との連携による県産米や麹を用いる酒造りや,西洋料理の食中酒としての提案などの取り組みが行われている。

3. 焼酎,その他

焼酎は蒸留酒で,1697年(元禄10)の『本朝食鑑』には,「焼酒」(しょうちゅう)としてその製法が「新酒の糟を甑に入れ,蒸して気に上らせ器で滴露を承けて取る」と記されている。薩摩藩士名越左源太による幕末の奄美大島の見聞録『南島雑話』には図説がある(図8-15)。日本には南方海上路または朝鮮半島経由で南九州へ伝来したとされ,初見史料は鹿児島県大口市の郡山八幡神社から発見された1559年(永禄2)の棟札の,大工が焼酎を飲まさぬ神主を非難する落書とされている。また,琉球の泡盛は15世紀末から造られ,薩摩藩主や将軍へ献上された。上記の『本朝食鑑』には,焼酒の一種で「澄清濃芳」,「辛烈」であり,薩摩の名産と記されている。現在は酒税法で,明治末年に西欧から導入された連続式蒸留法焼酎と,従来の単式蒸留焼酎に分類されている。後者のうち製造上一定の条件を満たすものは本格焼酎ともよばれる。

酒類の種類別消費量は(図8-16),1975年を境に酒(清酒)は減少し,焼酎は増加している。またビールは1994年以降減少し,代わりにその他の発泡酒や,サワー,カクテルなどが増加している。飲酒の場面や酒類の種類は多様化したが,全体の消費量は減少する傾向にある。

図8-15 「焼酎ヲ煮テ垂ルゝ図」名越左源太『南島雑話』
『南島雑話』1, 1984

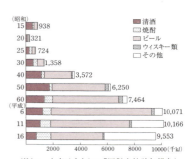

(注) 1. 本表は主として「国税庁統計年報書」をもとに作成。
2. 昭和30年度までは、酒類の製成数量をあらわしている。
3. その他には、合成清酒・みりん・スピリッツ類・リキュール類などを含む。

図8-16 酒類製成数量・消費量の推移 神崎宣武『酒の日本文化』2006

参考文献

青木直己『図説和菓子の今昔』筑摩書房，2017
赤井達郎『菓子の文化誌』河原書店，2005
暁晴翁『宇治川両岸一覧』1861（宇治市歴史資料館編『宇治茶』宇治市歴史資料館，1985）
飯野亮一『居酒屋の誕生：江戸の呑みだおれ文化』筑摩書房，2014
池田文痴菴編著，日本洋菓子史編纂委員会監『日本洋菓子史』日本洋菓子協会，1960
『江戸科学古典叢書』6，恒和出版，1977
大岡敏昭『幕末下級武士の絵日記－その暮らしと住まいの風景を読む』相模書房，2007
小川英樹「飲茶の歴史」『全集日本の食文化』6，雄山閣出版，1996
神崎宣武『酒の日本文化』角川書店，2006
喜田川守貞『守貞謾稿』1837起稿（宇佐美英機校訂『近世風俗志（守貞謾稿）』4，5，岩波書店，2001，2002）
熊倉功夫『茶の湯の歴史』朝日新聞社，1990
坂口謹一郎『日本の酒』岩波書店，1964
蔀関月画『日本山海名産図会』1799（樋口秀雄解説『日本山海名産図会』名著刊行会，1979）
島田勇雄訳注『本朝食鑑』1，平凡社，1976
昭和女子大学食物学研究室編『近代日本食物史』近代文化研究所，1971
鈴木晋一・松本仲子『近世菓子製法書集成』全2，平凡社，2003
田島慎一『世界中のお菓子あります』新潮社，2006
角山栄『茶の世界史』中央公論社，1980
豊橋市二川宿本陣資料館編『「たべあるき東海道」展図録』豊橋市二川宿本陣資料館，2000
中島常雄編『現代日本産業発達史』18，交詢社出版局，1967
中村羊一郎『番茶と日本人』吉川弘文館，1998
中山圭子『事典　和菓子の世界』増補改訂版，岩波書店，2018
名越左源太『南島雑話』（國分直一校注『南島雑話』1，平凡社，1984）
日本のパン四百年史刊行会編『日本のパン四百年史』同史刊行会，1956
農山漁村文化協会編刊『茶大百科』1，2008
橋爪伸子『地域名菓の誕生』思文閣出版，2017
橋本素子『日本茶の歴史』淡交社，2016
林家辰三郎「茶の晋及の三段階」『茶の文化』1，淡交社，1981
原田信男「「菓子と米」試論」『和菓子』11，虎屋文庫，2004
原田信男『江戸の食生活』小学館，2004
古田紹欽訳注『栄西　喫茶養生記』講談社，2000
村井康彦『茶の文化史』岩波書店，1979
『森永五十五年史』森永製菓，1954
吉田元『日本の食と酒』講談社，2014
吉田元校注執筆『童蒙酒造記・寒元造様極意伝』農山漁村文化協会，1996
吉田元『近代日本の酒づくり』岩波書店，2013
吉田元『ものと人間の文化史，酒』法政大学出版局，2015

9章　日本料理の形成と発展

概　要

　日本料理の特色とするところは，季節感にあふれ，素材を生かし，器に調和した美しさにある。日本では魚介類を「生」で食べるのが古い食べ方であり，それに酢をつけて食べたのが「鱠（なます）」であった。素材の味をできるだけ生かすことが日本料理の原点である。

　平安時代の貴族社会の饗応食では，中国文化の影響を強く受けた。中国風に台盤（机），兀子（ごっし）（椅子）を用い，箸と匙を併用し，また数多くの食物が並べられたが，調味したものは少なく，各自が調味して食した。

　鎌倉時代に禅宗が中国から伝えられ，茶礼・食礼が武家社会へ普及していく。禅寺院における食事は中国から伝来したとうふ類，油，ごまを使うなどの新しい調理を取り入れ，禅寺院での精進料理は日本料理に大きな影響を与えた。

　室町時代になると，武家社会においても，公家の大饗料理をモデルに，武家の供応食として儀礼的な料理の形式である，本膳料理が成立する。

　一方，茶の湯にともなって供される懐石料理は，本膳料理を骨子としながらも次第に簡素化された一汁二～三菜を基本としたものであるが，菜を一品ずつ供す，時系列形式を特徴とした。そのため季節感を重んじ，温かいものを温かく供するという合理的料理の本質に近づいた日本料理の基礎となった。

　本膳料理は，江戸時代後期には各地方，各階層に広まり，婚礼，葬儀などは，本膳料理のかたちで行われるようになっていった。また江戸時代には酒宴を中心とし，最後に食事が供される形式で会席料理とよばれる形式が料理屋を中心に広まり，現代の饗応食に受け継がれている。

縄文時代	弥生時代	平安時代	鎌倉時代	室町時代	
・採集自然物を食用	・栽培作物を食用 ・主食・副食が分離	・大饗料理（貴族）	・匙使わず箸のみでの食事 ・精進料理形成	・式三献の酒宴盛んに ・料理の流派出現 ・料理流派の秘伝書登場 ・本膳料理成立 ・懐石料理形成	
原始・古代				中世	

1節　日本料理の系譜

1．日本料理の原点

　日本料理は，新鮮な食材と，よい水がなければ成り立たない。日本は豊かな森があり，そのためによい水が得られる。豊かな自然はよい食材を育む。この新鮮な食材の味や色を生かすことが，日本料理の原点になったといえよう。

　平安時代の貴族社会におけるハレの日の宴「大饗（だいきょう）」の料理は，大型の食卓（台盤）の上に２人以上の人数分の食物が置かれる中国的な食礼食であった。兀子（椅子）に座って食すこと，箸と匙を併用すること，料理数が偶数であることなど，中国の強い影響をうかがうことができる（図9-1）。しかし，各自が酢・塩・醬（ひしお）などの調味料で味を付けて食べ，調理は，なまもの，干もの，あるいは，簡単な加熱処理（煮る，焼く，蒸す）をするなど，まだ積極的な調味は行われていない。

　日本では弥生時代には既に銘々の器があった。弥生遺跡から，盛り付け用の鉢や脚台付きの器，高杯（坏）（たかつき）などが出土されている。

　清少納言の『枕草子』からも，膳部は飯と汁と菜で成り立っていることが読みとれ，平安時代には日本食の原型ができあがっていたことを物語っている。また，階層を問わず，宴や日常の食事では銘々膳が用いられた。そして遅くても鎌倉時代には，日本料理の定型となる一汁三菜（三菜はなます・煮もの・焼もの）の食事形式が成立していたと思われる。銘々膳の形式はこののち発展して，室町時代の本膳料理になっていく。

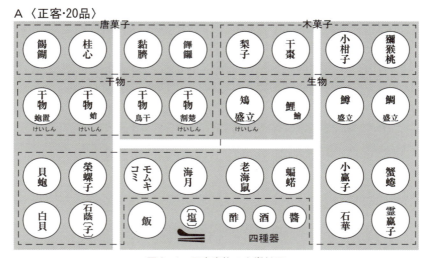

図9-1　平安貴族の大饗料理
原田信男『和食と日本文化　日本料理の社会史』2005

安土桃山時代	・南蛮料理伝来
江戸時代	・卓袱料理流行 ・普茶料理流行 ・武家饗応に本膳料理 ・会席料理形成 ・懐石料理の定型化 ・本膳料理簡略化
明治時代	・和洋折衷料理
昭和時代	・第二次大戦後本膳料理衰退 ・1983年 日本型食生活の奨励 ・日常食 飯・汁・菜・漬物の菜多様化
平成時代	・2013年「和食」ユネスコ無形文化遺産に登録 ・日本料理店海外に急増

近世 / 近・現代

2. 日本料理様式の展開

平安時代後期には公家における包丁家出現の萌芽があり、宮家ごとの料理法・故実を形成していた。鎌倉時代になると、禅宗寺院では茶礼・食礼の確立がみられ、武家社会への波及も大きかった。禅宗寺院から始まった精進料理は、植物性食品の調理に工夫をこらしたもので、中国から伝来したとうふ・ゆば・生麩などが使われ、油で揚げる調理法も行われた。鎌倉時代には備前ですりばちが焼かれており、ごまや豆をすりつぶしてつくる料理も多くみられた。野菜料理は、かつての粗末な料理のイメージから脱却し、精進料理が発展していく。

幕府が鎌倉から京都に移ったことにより、文化の公武混淆（こうぶこんこう）がすすんだ。また京都と地方の交流が盛んになり、食事文化にも影響を及ぼしている。公家の包丁家が行う饗宴料理は、武家饗宴のモデルとなり、本膳料理様式が形成された。しかし、武家においても包丁家が饗宴を取り行うようになると、次第に故実化・形骸化していく。

一方、茶の湯での食事は本膳料理を骨子としながらも、禅宗の影響を受けた質素なものであった。懐石料理とよばれたこの形式における供応方法は、献立に従い、順次供される方式である（図9-2）。

幕末になり町人の経済力が豊かになると、料理屋を利用するようになった。料理屋では、懐石料理の影響を受けた順次供される方式がとられ、酒宴を中心に酒肴が供され、最後に食事となる形式を生み出し、これを会席料理とよんだ。現代の料理屋での饗宴はこの会席料理のかたちをとっている。

現代の日常食における一汁三菜の方式は本膳および懐石料理の流れをくむ。一汁三菜は、「飯・汁・菜・香の物（漬物）」を基本として二〜三菜を組み合わせた食事のかたちとして伝えられている。三菜は食材や調理法が異なっており、この伝統的な料理の組み合わせは、味や栄養面からみても優れた食文化といえよう（図9-3）。

これらの料理様式のほか、江戸時代には、中国から卓袱（しっぽく）料理が伝えられ、また黄檗宗（おうばくしゅう）では精進料理である普茶料理も広めた（4章参照）。これらの形式は日本の会席料理にも影響を与えた。

秋
1. 向付け　もみじあかがい　きすのこぶじめ黄菊あえ　わさび　すだち酢
2. 汁　ふくさみそ仕立て　大納言あずき　小かぶ　水がらし
3. 飯
4. 椀盛り　うずら丸　まつたけ　もみじ麩　オクラ　ゆず
5. 焼もの　ほうろく焼き
6. 強肴　長芋甘煮　つと麩　ぜんまい焼きあなご　菊菜のたき合わせ　ゆず
7. 箸洗い　ざくろ　わかめ軸
8. 八寸　子もちいか　いわなし　くるみ照り煮
9. 湯桶
10. 香の物　千枚漬け　壬生菜の塩漬けたくあん漬け
11. 甘味　くりしぐれ

図9-2　茶懐石料理の献立　大野富美江『日本料理』1988

図9-3　「一汁三菜」の日常食　香川綾監修『あすへの健康　わが家の食事』1973

原始・古代					中世			
縄文時代	弥生時代	平安時代	鎌倉時代	室町時代			安土桃山時代	
・採集自然物を食用	・栽培作物を食用 ・主食・副食が分離	・大饗料理（貴族）	・精進料理形成 ・匙使わず箸のみでの食事	・式三献の酒宴盛んに ・料理の流派出現 ・料理流派の秘伝書登場 ・本膳料理成立 ・懐石料理形成			・南蛮料理伝来	

2節　本膳料理

1. 本膳料理の成立

　本膳料理は平安時代の公家社会でみられた大饗料理をモデルに，室町時代の武家社会を中心に発展したものである。本膳料理は故実が重視されたという意味でも，公家と武家の「有職料理」といえる。そしてこの有職料理は「日本料理」の原型をかたちづくった。各自が膳をもつ習慣は，平安時代には上流社会においても，庶民のなかでも一般化していた。

　本膳料理は本膳とよぶ膳を中心に，二～六つの膳が配置される食事のかたちである。本膳料理の発展のなかでみられたのが，料理を業とする特定の家，すなわち，包丁家の登場である。宮廷・公家社会では四条流，武家では進士流，大草流であり，本膳料理の展開を支えていた。小笠原家は料理流派ではないが，礼法全般，食礼に関わった家柄であった。本膳料理は流派によって，膳の形や大きさ，器の大きさ，どの膳に何の菜を配置するのかなど，一様ではない。儀式的な酒の酌み交わしの「式三献」がまず行われる。酒一献ごとに酒肴が出る。武家の出陣式などには「あわび（熨斗鮑）」「かち栗」「昆布」が用いられた。その後に本膳料理の食事が様式に従って進められる。これらを「式正料理」とよぶ。本膳料理は身分によって膳の数が規制されている場合が多かった。（図9-5）。

　この七五三の解釈には二つあり，一つは，本膳，二の膳，三の膳に，七・五・三の菜が盛られるという考え方である。もう一つは，七五三はあくまで膳の数とし，七の膳まで出る料理を式正の最高の型と考え，五の膳，三の膳は，順次簡略の食事のかたちを示すと解するものである。

2. 本膳料理の特徴

　図9-4は，江戸時代の本膳料理形式の配膳図の一例である。本膳と二の膳が用意され，本膳には左に飯椀，右に本汁があり，汁はみそ仕立てである。汁の向こうになます，その左に坪を配する。坪には汁気の少ない煮ものなどが盛られる。現代の日常食における一汁三菜のかたちは，この本膳料理が原形となり，受け継がれてきたものである。本膳の真ん中の手塩皿には，香の物が盛られる。また，二の膳には二の汁が置かれ，すまし仕立てが多い。

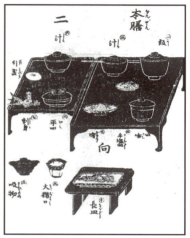

図9-4　醍醐山人『料理早指南』1801
（女子栄養大学図書館所蔵）

表9-1　本膳料理献立例
醍醐山人『料理早指南』より作成

		冬の料理
本膳	汁	赤みそ　鮫こう　うどめ
	なます	あへなます　ぶり　うど　木くらげせん
	坪	中みそ　あはび　ちょうぎ　やへなり　木くらげ
二の膳	二の汁	すまし　ゆりね　くしがひ
	さしみ	まき鯛　まきけんちん　松丹ぐわひ
	平	氷どうふ　すりみ　長ひしき　せり
本膳向	焼もの	ほうぼう　ひらきてやき　丹波なったう
	菓子	柚子もち　かんつばき　やえなりかん　包やうかん　きぬたまき

江戸時代						明治時代	昭和時代			平成時代		
・卓袱料理流行	・普茶料理流行	・武家饗応に本膳料理	・会席料理形成	・懐石料理の定型化	・本膳料理簡略化	・和洋折衷料理	・第二次大戦後本膳料理	衰退	・日本型食生活の奨励 1983年	2013年	・「和食」ユネスコ無形文化遺産に登録	・日本料理店海外に急増

近　　　世	近・現　　代

平皿（平椀ともいう）には汁のある煮ものが入り，皿にさしみなどがのせられる。本膳の向こうには長皿の魚の焼ものがある。大猪口と吸いものは食事の途中で供される酒のための酒肴である。このような配膳は，汁と菜の数から二汁五菜とよぶ。香の物は菜に数えないことが多い。表9-1は『料理早指南』より作成した冬の本膳料理献立例である。

3. 本膳料理の展開

　本膳料理が次第に儀礼的な饗宴食として発展すると，次第に形骸化が起こり，本膳料理は単なる儀礼のためのみるだけの料理にもなっていった。

　江戸時代に入ってからも，本膳料理は江戸幕府の饗応に使われ，饗応食の記録が多く残されている。その一つ，江戸幕府が朝鮮通信使を迎えた際の記録をみると，本膳料理と次に引替本膳の献立がある。本膳料理の羽盛は鴫が，舟盛は伊勢海老が，それぞれ姿のまま盛り付けられている。そして，この本膳は華やかに飾り付けられており，明らかにみるだけの料理であった。実際に食べられる料理が出るのは，次の引替本膳からである。

　武家の本膳料理は，膳の数，膳の形式，食材の内容などで主従の関係，家臣の位置付けなどを示すことにもなった。料理流派の礼法は次第に複雑になっていき，また饗応は華美になり，形骸化の道をたどっていった。

　江戸時代後期には本膳料理は各地方へ簡略化されて浸透し，婚礼や葬儀の儀礼食として引き継がれた。こうした本膳料理は図9-6に示すように，本膳に飯と汁，二の膳にも汁がつく。汁のつかない膳は向詰または焼もの膳とよぶ。なます（鱠・膾）は生の魚介類や野菜を酢で調味したもの。坪は煮ものを盛る。二の膳の平椀は煮もの，猪口はさしみ・酢のもの・あえものなどを盛る。向詰は尾頭つきの魚などを盛る。これらの本膳料理はのちに持ち帰れるものは重箱に詰めて持ち帰り，家族で楽しむという風習も生まれた。したがって酒宴の酒肴は次々と，吸もの，鉢，硯蓋，丼などが供され，その度ごとに酒を一献また一献とくり開げられた。

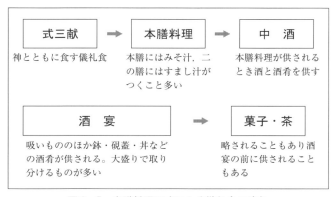

図9-5　本膳料理形式による儀礼食の流れ
（江戸時代の例）

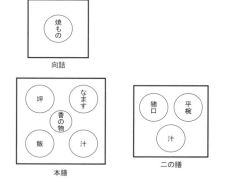

図9-6　本膳料理の配膳例（二汁五菜）　藤原多喜雄『日本料理行事・仕来り大事典実用編』2003より作成

平安時代（原始・古代）	・大饗料理
鎌倉時代（中世）	・精進料理形成
室町時代（中世）	・料理流派出現 ・料理流派の秘伝書登場 ・本膳料理成立 ・村田珠光（1422〜1502） ・武野紹鷗（1502〜1555） ・千利休（1522〜1591） ・懐石料理定着
安土桃山時代（中世）	・南蛮料理伝来

3節　懐石料理

1. 懐石料理の成立

　懐石料理は本膳料理から不必要な部分が削り去られ，その神髄だけを残して成立したものである。室町時代の茶事の料理は一般の宴会料理とあまり変わらず，本膳料理の二の膳以上であったという。

　茶人村田珠光（1422‐1502）は茶事料理を本膳料理に基本を置きながら，禅宗の精進料理を取り入れ，弟子の武野紹鷗（1502‐55），千利休（1522‐91）へ受け継がれて，精神性を重視したものになっていった。利休は参禅のたびに薬石として寺で精進料理を食したが，このことが利休の茶の精神と結びつき，わびを強調する新しい懐石料理を生みだすきっかけになった。

　茶の湯の料理ははじめ「会席料理」の名称を使っていたが，のちに「懐石料理」と改めた。「懐石」とは禅宗寺院で僧が修行中の空腹をしのぐため，懐のなかに温石をいだいて，あたためたところから生まれた質素な食事を意味することばである。

図9‐7　大野富美江『四季の本懐石と点心』1978

2. 懐石料理の特徴

　本膳料理が目の前に料理をならべる平面羅列型であるのに対し，懐石料理は膳が一つに限られ，料理を食べ終わるごとに次の料理が運ばれるという時系列ですすめられる。

　懐石料理が次第に定型化していくのは天保年間である。懐石料理の膳は足のない折敷を用いる。この膳にまず，①汁椀，飯椀に向付（なますかさしみ）だけをのせて供するのが基本となっている。次に②朱盃，銚子で酒，③椀盛，④焼もの，⑤煮ものと続き，ここまでで本膳料理の一汁三菜となる。ついで，⑥酒，肴が追加され，⑦肴は強肴（しいざかな）といい，料理はあえもの，酢のものなどの例が多い。次に⑧吸いもの（箸洗・一口椀とも称す）が運ばれ，ついで，白木の八寸に盛られた肴を亭主が取り分けながら，⑨亭主は順に酒を客に一献し，客は亭主に返盃し一巡する。⑩飯，汁の替え，⑪湯桶と香の物でしめくくる。懐石料理では飯と汁が最初の段階で供され，食事中に酒も同時にすすめられる。酒は三献までにとどめられることが多い。一汁三菜以上で供されることも多いが，本膳とは異なり強肴を一品増やす程度で，「懐石」の精

図9‐8　茶懐石料理の流れ

近世	江戸時代	・卓袱料理流行 ・普茶料理流行 ・武家饗応に本膳料理 ・会席料理形成 ・懐石料理の定型化 ・本膳料理簡略化
近・現代	明治時代	・和洋折衷料理
	昭和時代	・第二次大戦後本膳料理 ・衰退 ・1983年 ・日本型食生活の奨励
	平成時代	・2013年「和食」ユネスコ無形文化遺産に登録 ・日本料理店海外に急増

神は，今日にまでなお引き継がれている。

3．懐石料理の展開

　千利休の時代の茶会記をみてみると，二の膳つきの料理もみられるが，次第に本膳のみの一汁二〜三菜の献立が多くなる。

　1585年（天正13）十月朔日，秀吉御成の時の利休の献立は一汁三菜と菓子であった。献立は「汁　菜　ナメススキ　鮭ヤキモノ　黒メ　ヤキクリ　椎茸」である。汁の菜とはかぶの菜，ナメススキはエノキダケであろう。鮭ヤキモノはこの時代に「鯛焼テ，タマリカケ」があるので，焼いてたまりをかけたものかもしれない。福﨑によれば鮭は室町時代から江戸時代初期には賞味されていたようである。黒メは，海藻の一種「黒若布」であり，あぶり肴に用いられたと考えられる。

　ヤキクリと椎茸は茶の菓子と解される。椎茸は煮しめて茶菓子によく使われていた。江戸時代の料理書には「焼きくりにしめ」があるので，椎茸と盛りあわせにしたか，椎茸と同じく煮しめたものかもしれない。いずれにしても料理は簡素なものである。しかし，季節の旬の材料を使い，素材のもち味を生かした，心のこもった料理であった。『南方録覚書』には「小座敷の料理は汁一つ，菜二つか三つか，酒もかろくすべし。わび座敷の料理だて不相応なり」とあり，利休の茶会記には，簡素な一汁二菜の方が一汁三菜より多く出現している。

　懐石料理は温かいものは温かく，十分に調理して順次出す，料理の本質に近づいたスタイルであった。また，懐石は極限まで簡素化し，四季の移ろいを巧みに映し，また器物との調和をはかり，盛り付けに繊細な美しさを表現した。現在の和食料理店では，懐石料理と名うつものが多いが会席料理（次ページ）であることが多い。

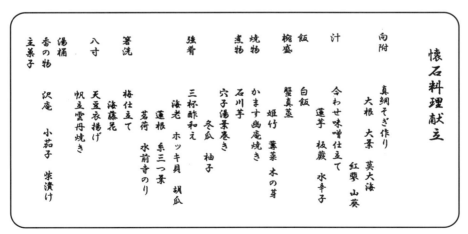

懐石料理献立

向附　　真鯛そぎ作り　大根　大葉　莫大海　紅蓼　山葵
汁　　　合わせ味噌仕立て　蓮芋　板蕨　水辛子
椀盛　　白飯　蟹真薯　姫竹　蕗薹　木の芽
飯　　　蟹真薯
煮物　　かます幽庵焼き　石川芋　穴子湯葉巻き　冬瓜　柚子
焼物　　
強肴　　海藻和え　三杯酢和え　蓮根　茗荷　水前寺のり
箸洗　　梅仕立て　海老　ホッキ貝　胡瓜
八寸　　天豆衣揚げ　帆立雲丹焼き
湯桶　　
香の物　沢庵　小茄子　柴漬け
主菓子

図9-9　懐石料理献立例（夏）　女子栄養大学　松柏軒

原始・古代			中世	
縄文時代 ・採集自然物を食用	弥生時代 ・栽培作物を食用 ・主食・副食が分離	平安時代 ・大饗料理（貴族）	鎌倉時代 ・匙使わず箸のみでの食事 ・精進料理形成	室町時代 ・式三献の酒宴盛んに ・料理の流派出現 ・料理流派の秘伝書登場 ・本膳料理成立 ・懐石料理形成

4節　会席料理

1. 会席料理の成立

　美味を求めたり飲酒を目的とする遊興は，元禄時代（1688〜1704）以後，商品経済と貨幣の流通が盛んになるなかで始まった。料理屋が屋外に仮設した掛け小屋から，常設の店へと発展するのは江戸時代中期（1700年頃）以後のことである。会席料理はこの料理茶屋（料亭）によって確立・発展していった。

　文化（1804〜1818）・文政（1818〜1830）時代，町人文化が花開いて，飲酒と美食の風潮が一般化し，多くの料理屋が繁盛した（図9-10）。それは，町人の経済力の向上と味覚の発達によるところが大きいが，料理屋が大衆向けに会席料理や即席料理といわれるものに改良を加えた結果でもあった。

　会席料理はもともと儀礼的な武家の本膳料理・懐石料理を変化させたものである。本膳料理が平面的な料理の供し方をするのに対し，会席料理は時系列的に順次運ばれる。そして，料理そのものは茶懐石料理の影響を受けながら洗練されていった。また，江戸時代には磁器生産が発達したため，食器は多彩になり，器と料理との取りあわせのこだわりは，会席料理をさらに豊かなものにしていった。

2. 会席料理の特徴

　会席料理は本膳料理を骨子とした点においては，懐石料理と同様である。懐石料理は贅沢を排し，簡素化と合理化の道をたどり，食事と酒宴が組み込まれた。一方，会席料理は順次料理を運ぶという，懐石料理の形式を取り入れながら，肴（料理）と酒で酒宴を繰り広げ，途中で飯は供されることなく，締めくくりに飯，汁，香の物が一緒に供される。

　現在の会席料理の一汁五菜の例をみると，前菜（先付），お造り（さしみ），椀盛（吸いもの），焼もの，煮もの，和えもの（酢のもの），これらの肴（料理）に酒が伴う。一汁七菜の場合は，このほかに揚げもの，蒸しものなどが追加される。

　椀盛はすまし仕立ての肴である。焼きものは食い切り（その場で食べきる，持ち帰りは想定していない。本膳料理は場合によって尾頭付きの魚で，持ち帰りを想定している。）で，煮ものは食材の持ち味をこわさぬよう，酒の肴（料理）として調理される。和えものは口中さわやかになるよう酢のも

図9-10　浅野高造『素人庖丁』1803
（女子栄養大学図書館所蔵）

安土桃山時代	近世	・南蛮料理伝来
江戸時代	近世	・卓袱料理流行 ・普茶料理流行 ・武家饗応に本膳料理 ・会席料理形成 ・懐石料理の定型化 ・本膳料理簡略化
明治時代	近・現代	・和洋折衷料理
昭和時代	近・現代	・第二次大戦後本膳料理 衰退 ・日本型食生活の奨励 1983年
平成時代	近・現代	2013年 ・「和食」ユネスコ無形文化 遺産に登録 ・日本料理店海外に急増

のにすることが多い。酒宴はここまでである。

　酒宴の後は「飯，止め椀，香の物」で締めくくる。飯は白飯，止め椀はみそ仕立てである。みそは合わせみそで季節によって赤みそ，白みその割合を変える。夏は赤みその割合を多くさっぱりと，冬は白みそを多くとろりと冷めにくいよう配慮される。香の物は味，彩りを考慮し，2～3種取り合わせる。白飯と止め椀のみそ汁は，ぞうすいに替える場合もある。

3. 会席料理の展開

　料理書『素人庖丁』（二篇1805）には，「膳くずし」と称し膳になます，汁，平物など順次供し，最後に麦飯またはたいと飯（大唐飯＝赤米），蕎麦飯など軽いものを供すとしている。そして一人ずつ順に供すので無駄のない方法だと説明している。このように，飲酒を楽しむために酒肴を中心とした食事形式は，その後も料理屋料理に会席料理として定着していった。現代の和風客膳料理の主流が会席料理であり，図9-11はその一例である。1～6は酒宴の部として順次供され，7～9は飯の部として最後に一緒に供される。変遷はあるとしても，このかたちは今後も伝承されていくであろう。

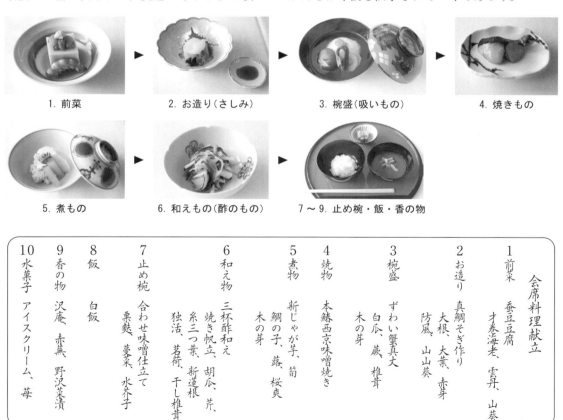

1. 前菜　　2. お造り（さしみ）　　3. 椀盛（吸いもの）　　4. 焼きもの

5. 煮もの　　6. 和えもの（酢のもの）　　7～9. 止め椀・飯・香の物

会席料理献立

1 前菜　　蚕豆豆腐　才巻海老，雲丹，山葵
2 お造り　真鯛そぎ作り　大根，大葉，赤芽　防風，山山葵
3 椀盛　　ずわい蟹真丈　白瓜，蕨，椎茸　木の芽
4 焼物　　本鱒西京味噌焼き　木の芽
5 煮物　　新じゃが芋，筍　鯛の子，蕗，桜麩　木の芽
6 和え物　三杯酢和え　焼き帆立，胡瓜，芹，糸三つ葉，新蓮根　独活，茗荷，干し椎茸
7 止め椀　合わせ味噌仕立て　栗麩，蔓菜，水芥子
8 飯　　　白飯
9 香の物　沢庵，赤蕪，野沢菜漬
10 水菓子　アイスクリーム，苺

図9-11　会席料理の献立例（春）　女子栄養大学　松柏軒

参考文献

浅野高造『素人庖丁』1803（個人蔵）
石川寛子・江原絢子『近現代の食文化』アイ・ケイコーポレーション，2002
石川寛子『食生活の成立と展開』放送大学教育振興会，1996
今田節子「料理様式の形成」『食生活の成立と展開』放送大学教育振興会，1996
江後迪子『信長のおもてなし』吉川弘文館，2007
江原絢子・櫻井美代子「茶会記にみる献立構成と食材料について－利休の会記を中心として－」『東京家政学院大学紀要30号』1990
遠藤元男・谷口歌子『日本史小百科16飲食』近藤出版社，1983
遠藤元男「出職の包丁師と居職の板前」『全集　日本の食文化』七，雄山閣出版，1998
大野富美江『四季の本懐石と点心』女子栄養大学出版部，1978
大野富美江『日本料理』女子栄養大学社会通信教育部，1988
奥村彪生『日本料理とは何か，和食文化の源流と展開』農文協，2016
香川綾監修『あすへの健康　わが家の食事』女子栄養大学出版部，1973
喜田川守貞『守貞謾稿』（宇佐美英機校訂『近世風俗志（守貞謾稿）』岩波書店，1996）
熊倉功夫『茶の湯の歴史』朝日新聞社，1995
熊倉功夫「日本における献立の系譜」『全集　日本の食文化』七，雄山閣出版，1998
熊倉功夫『日本料理文化史』人文書院，2002
熊倉功夫『日本料理の歴史』吉川弘文館，2008
国立歴史民俗博物館『長岡京遷都』2007
児玉定子『日本の食事様式』中央公論社，1980
佐原眞『魏志倭人伝の考古学』（財）歴史民俗博物館振興会，2000
神保五彌「江戸の料理屋」『歴史公論』89号，1963
醍醐山人『料理早指南』1801，女子栄養大学図書館蔵
高橋敦子・綾部みつ子「懐石の形成過程の研究」『風俗21－4』1982
筒井紘一「懐石料理の近世的展開」『全集　日本の食文化』七，雄山閣出版，1998
筒井紘一『懐石の研究　わび茶の食礼』淡交社，2002
仁木謙一『中世武家儀礼の研究』吉川弘文館，1985
原田信男『日本人はなにを食べてきたか』角川学芸出版，2010
原田信男『日本の食文化』放送大学教育振興会，2004
原田信男『歴史のなかの米と肉』平凡社，1993
原田信男『和食と日本文化　日本料理の社会史』小学館，2005
福崎春子『茶書と料理』ドメス出版，1994
福田浩・島﨑とみ子『日本料理秘伝集成　第15巻　江戸の惣菜』同朋舎出版，1985
藤原多喜雄『日本料理行事・仕来り大事典実用編』未来プランニング，2003
村井康彦『京料理の歴史』柴田書店，1979
渡辺実『日本食生活史（復刻）』吉川弘文館，2007

10章　台所・食器・食卓の文化

概　要

　本章では，調理法や調理技術，供食形態などと特にかかわりが深い台所，食器，調理の諸道具および食卓について述べている。

　台所は，食生活の内容を反映し，燃料，加熱調理の諸道具，住居，食料の流通形態の変化など，さまざまな影響を受けて変化してきた。燃料が，薪（たきぎ）から木炭，炭団（たどん）などの加工炭，さらにガスおよび電気に変化するのにともない，地床炉（ちしょうろ）や石囲炉（いしがこいろ）から，竃（かまど）や囲炉裏（いろり），七輪（しちりん），さらにガスコンロや電磁調理器など，さまざまな加熱調理の道具が開発された。また，従来，土間と板の間からなり，床に座って調理するスタイルが一般的だったが，動きやすさと衛生面から1910年代（大正時代）には立働式台所への改良運動が始まり，1950年代後半のダイニングキッチンの登場以来，台所と食卓が一つになった西欧モデルの立働式キッチンに変化した。台所の変化にともない，食卓は銘々膳を用いる供食形態から，共用の台であるチャブ台を家族全員が座って囲む形式に変化し，さらに椅子とテーブルの食事へと変化した。現代では，多様化・個食化した食生活のなかで一家団欒の中心とされた食卓はその機能を変化させつつある。

　食器や調理の諸道具は，食物を美味しく，食べやすく，消化しやすく，そして心豊かな食生活を営むことを目標に発達してきた。そして，今日までにさまざまなかたち，素材，機能のものがつくり出され，用いられて，食生活を季節感や潤いのある豊かなものに演出してきた。今後も，科学技術の発達にともない，時代のニーズに対応した新しい素材や機器が開発され，より豊かな食文化の創造に寄与することであろう。

原始・古代					中世	近世	
縄文時代	弥生時代	古墳時代	奈良時代	室町時代	江戸時代	明治時代	
・たき火・焼石で加熱調理 ・堅穴住居・屋外炉 ・水さらし場遺構 ・屋内炉（地床炉・石囲炉）	・摩擦発火器	・竈・なべ・甑が伝来	・貴族の台所・厨	・簀の流しの登場	・七輪による小鍋料理の発達	1875年 マッチの製造開始	

1節　台所と燃料

1．原始，古代

　台所は，食生活の内容を反映し，加熱調理のための火の設備を中心に発達してきた。旧石器時代の遺跡からは，たき火の跡や焼けた石を集めた「礫群（れきぐん）」とよばれる遺跡がみつかっており，当時の人々は，狩猟や採集により得た食料を生食のほか，薪を燃料としてたき火で焼く方法や，焼石（やきいし）を用いて加熱調理を行ったことがわかる。

　縄文時代には土器が発明され，屋外に炉をつくり煮る調理も行うようになった。やがて，堅穴住居内の床にくぼみをつくり，そこで火をたく地床炉や石囲炉をつくり加熱調理を行った（図10-1）。弥生時代になると，住居の中央部に地床炉を設け煮炊きを行った。古墳時代にはさらに，大陸から竈が伝わり，住居の壁側につくりつけた竈や，移動可能な土器竈を使い，加熱調理を行う場所が台所的空間になった（4章の図4-1参照）。

　奈良・平安時代になると，貴族の台所は厨（くりや）とよばれる住まいとは独立した別棟の建物となり，煮炊き，貯蔵，調理の三つの場所に分かれていた。さらに，平安時代の宮殿には台盤所（だいばんどころ）という配膳室が設けられ，厨で調理された食事が台盤所に運ばれ，そこで調理・配膳後，食事場所まで運ばれた。配膳のための盤を載せる台が置かれていたことから，台盤所とよばれるようになり，今日の「台所」の語源となった。

2．中世，近世

　室町時代に成立した書院造では，台所が住居内に設けられた。台所には，竈をすえた土間の空間と炉（囲炉裏）のある板敷の空間があり，さらに板の間の床の一部を簀（すのこ）にし，流しとして使うようになる（図10-2）。そして，中世には調理するための場所を，一般的に「台所」とよぶようになった。

　江戸時代の民家の台所でも，土間の竈と板の間の囲炉裏という二つの空間があり，床面の一部を流しにする形式が多く用いられた。さらに町屋には，土間に竈のほか，箱型の流し，水がめ，井戸などを設置した台所が登場した。井戸端や川辺で食材や食器などの洗浄を行い，竹や木の簀や箱型の流し

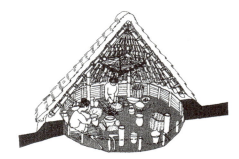

図10-1　縄文時代中期の堅穴住居に描かれた石囲炉
山口昌伴『台所の一万年』2006

図10-2　寺院の台所にみえる簀の流し
『慕帰絵詞』巻二　芳賀登他『全集　日本の食文化　第九巻』1997

	昭和時代		平成時代		
1885年 上水道、横浜市に敷設	1940年 マッチ木炭切符制	1970年頃 ダイニングキッチン登場	2000年 オール電化住宅普及開始		
1901年 調理にガスをすすめる広告	1946年 簡易電熱器が家庭の必需品	1980年頃 家庭用ガス湯沸器普及	2011年 東日本大震災発生		
1911年 農家の台所改良を懸賞募集	1954年 プロパンガス普及開始	1980年頃 システムキッチン普及	2016年 電力の小売全面自由化		
1912年 全国49都市にガスが普及	1955年 ダイニングキッチン登場				
大正時代					

近・現代

は，調理専用に用いられた。また，燃料として薪に加えて木炭，炭団などの加工炭が普及し，七輪の熱源として利用され，小鍋や小鍋を使った料理の発達を促した。

3．近代，現代

明治時代前半には，引き続き竈と七輪で加熱調理を行い，土間の流しで調理を行った。1902年（明治35）頃になると都市部でガス燃料の利用が始まり，1910年代には薪炭の値上げのため，ガスのほうが安価な燃料になり，ガスが普及した。1920年代（大正時代後半）にはさらに生活改善運動が始められ，立ったままで調理を行う立働式台所への改良（図10-3）と水道の整備が少しずつすすめられた。

第二次世界大戦中および終戦直後には，食料も燃料も不足し，共同炊事や燃料節約のために知恵と工夫がこらされた。

1950年（昭和25）頃から全国的に食生活改善運動が広がり，農村では改善台所，1955年には大都市を中心に日本住宅公団によるダイニングキッチン（DK）が開発提案され，ガス，電気，水道とともに普及し始めた（図10-4）。燃料にした薪の煤で汚れやすく，食物の腐敗を防ぐため北側の冷暗所に配置されることの多かった台所が，明るく，衛生的で快適な空間に一変した。また，ガスコンロによって，さまざまな料理が手軽にできるようになった。ダイニングキッチンには，ステンレス流し台，換気扇が備え付けられ，電気炊飯器などの家電製品も普及して，家事労働が大きく変容した。

さらに調理の多様化・簡便化志向により，台所は電子レンジや大型冷凍冷蔵庫をはじめ，大量の調理器具や食器を収納する空間となった。1971年以降，居間を兼用するLDKも登場し，システムキッチンが一般化している。台所の配置も，壁付キッチンや対面キッチン・カウンターキッチン，オープン対面キッチン（アイランド型・ペニンシュラ型）や，腰掛けた状態で作業をスムーズに進められるバリアフリー型キッチン（図10-4）など，さまざまな台所設計が行われている。2000年（平成12）頃からオール電化住宅にみられる電磁誘導加熱（IH）を熱源とする台所の普及がマンションを中心に始まり，2010年度末のオール電化導入戸数は全体の約8〜9％に増加した。2011年に発生した東日本大震災の影響で，一時期オール電化住宅の普及の伸びが減少したが，その後，オール電化住宅のもつさまざまなメリットが見直され，さらに2016年からの一般家庭の電力自由化を背景として，オール電化住宅の普及率は上昇し，オール電化の台所も普及拡大するだろう。

図10-3 改善台所（1920年代）
田中力『昔のくらし』2005

図10-4 車いす・高齢者配慮キッチン
（㈱LIXILグループホームページ 2016年）

1節 台所と燃料——103

原始・古代							中世		近世
縄文時代	弥生時代	古墳時代	奈良時代	平安時代			鎌倉時代	室町時代	江戸時代
・石器（石皿・石匙） ・煮炊用土器（尖底土器）	・石器（叩き石・すり石）	・木製竪臼・竪杵で脱穀 ・かめ・壺 ・甑が伝来	・竈・なべ・甑	・包丁・俎 ・金属製の鍋・釜の登場			・土製なべの普及	・すりばち・すりこぎの普及	・七輪による小鍋料理の発達

2節　調理の諸道具

1. 原始，古代

　旧石器時代においては，調理の諸道具として石皿，石匙などの石器を用い，食料を切断，粉砕し，たき火や焼石を利用して加熱調理を行った。縄文時代になると，土器を用いて火と水を使った長時間の煮る調理が可能となり，食料の範囲が拡大した。叩き石やすり石，石皿（3章の図3-3）などの石器を使い木の実などの加工も行われていた。弥生時代には弥生土器が普及し，貯蔵・醸造用に壺，加熱調理用には甕を用いて煮炊きが始まり，古墳時代では土師器を使用した煮炊きが行われた。後期には甑（有孔土器），なべ，土釜が普及し，竈になべ（釜）をかけ，甑をのせて蒸気で食物を蒸す調理法が広まった。奈良時代になると，煮炊き用のなべ・竈には火熱に強い土師器，直接火を受けない甑には土師器や須恵器，貯蔵には耐火性に弱い須恵器など，使い分けがされるようになってくる。そして平安時代にはさらに，金属製のなべ・釜も使用されるようになり，『和名類聚抄』などの文献史料をみると，俎は，切机，切案ともよばれ，調理に用いられた（図10-5）。

図10-5　まな板と案（9～10世紀）
石村眞一『ものと人間の文化史　132　まな板』2006

2. 中世，近世

　中世になると，炉を使った炊事にはなべを使い，竈には釜を据える方法に変わり，胴部に鐔のついた鉄釜や土製内耳なべなどが使われた。中国からすりばち，すりこぎが伝わり，各種あえもの，呉汁，みそ汁などの料理が発達した。また，庶民に喫茶や粉食が広まり，挽臼が一般に広く用いられ，うどん，そば，とうふなどの加工食品が普及する。一方，四条流をはじめとする料理流派が成立し，それぞれの流派ごとに包丁，俎などについてその形，大きさなどが細かく定められた。

　江戸時代にはさらに，調理目的に応じた専用の鍋や釜，調理道具が登場した。木炭の普及は，七輪の熱源として威力を発揮し，小鍋料理の発達を促した。

3. 近代，現代

　明治時代になると食生活の洋風化が促進され，料理書や雑誌，割烹教科書などに家庭向きの洋風食材や料理が掲載され，西洋の調理道具も紹介されたが，都市の一部にしか普及しなかった。

図10-6　大ヒット商品となった昭和30年当時の電気炊飯器
山口昌伴『図説　台所道具の歴史』1978

近・現代

明治時代
- 1902年 ガス竈販売開始

昭和時代
- 1903年 アルミニウム鍋の普及
- 終戦直後 簡易電熱器の普及
- 1953年 トースター登場
- 1955年 自動式電気炊飯器発売
- 1965年 2ドア冷凍冷蔵庫発売
- 1974年 家庭用電子レンジ発売
- 1974年 電子ジャー炊飯器発売
- 1974年 電磁調理器発売

平成時代
- 1989年 200V型IHクッキングヒーター登場
- 2004年 ウォーターオーブン発売
- 2010年 米から米粉パンがつくれるホームベーカリー発売
- 2012年 スマート家電の取り組み開始
- シリコンスチーマー流行

そして，1902年(明治35)には，ガスコンロやガス竈などガス専用の調理器具が都市部で普及し始めた。

終戦直後においては，簡易電熱器が家庭の必需品となった。1953年(昭和28)は電化元年とよばれ，家庭の台所を便利にする調理用家電製品が続々と発売され，高度経済成長による所得の増加はその普及率を高めることになった。1955年(昭和30)においては，自動式電気炊飯器とタイマーが販売され大ヒット商品となった(図10-6)。そして，1974年(昭和49)には電子ジャー炊飯器が発売され，さらにマイコン式自動炊飯器，電磁誘導(IH)炊飯器など，おいしさを追究した商品が普及している。電気冷蔵庫は，1953年(昭和28)頃から一般に普及し始め，1965年になると冷凍食品の普及にともない2ドア式の冷凍冷蔵庫が主流となった。1980年代には多機能で多ドアの大型冷凍冷蔵庫が発売され普及がすすんでいる(表10-1)。

電子レンジは，1965年(昭和40)に初めて家庭用が発売されたが，価格が高く普及しなかった。その後，価格が下がり，さらに電子レンジ対応食品の充実や個食のニーズが増大し，現在では欠かすことのできない調理家電として広く普及している。1974年(昭和49)になると，電磁調理器(IH)が発売され，1989(平成元)には200V型IHクッキングヒーターが発売された。

以前はすり鉢，包丁，泡立て器を用い手動で行っていた調理を，現在では，スライサー，フードプロセッサー，ハンドミキサー等，電動の調理機器が普及し，短時間に手間をかけずに行うように変化している。また，かつお削り節やすりごまなどの加工品の登場により，かつお節削り器やすり鉢が姿を消した。しかし，単純な道具は取り扱いが簡単で多様な調理に応用ができ，後片付けも簡単である。その利点を見直すべきであろう。一方，2012年(平成24)頃から，スマートフォンを介してネットに接続するスマート家電の取り組みが開始され，新たな快適性と利便性を提供するための各種機能の開発が続けられている。時代のニーズにあった新商品の開発や従来品の改良が今後も続けられるであろう。

表10-1 調理関連の主要耐久消費財普及率の推移

(単位：％)

調査項目 調査時期	電気冷蔵庫 300L以上	電気冷蔵庫 300L未満	電子レンジ	ガス瞬間湯沸器	システムキッチン	食器洗い機
1960(昭和35)	10.1					
1965(昭和40)	51.4			17.5		
1970(昭和45)	89.1		2.1	37.4		
1975(昭和50)	96.7		15.8	67.2		
1980(昭和55)	99.1		33.6	76.1		
1985(昭和60)	98.4		42.8	69.0		
1990(平成2)	98.2		69.7	65.0		
1992(平成4)	98.1	54.7	52.7	79.2	62.9	24.4
1994(平成6)	97.9	60.8	48.5	84.3	60.1	26.8
1996(平成8)	98.4	62.6	46.7	88.4	55.0	29.3
1998(平成10)	98.1	67.3	42.6	91.7	52.3	34.1
2000(平成12)	98.0	70.2	40.3	94.0	51.2	39.9
2002(平成14)	98.4	74.4	37.8	95.7	49.3	42.9
2004(平成16)	98.4	76.9	35.8	96.5	46.0	46.5
2006(平成18)					50.8	24.4
2008(平成20)					57.8	27.4
2010(平成22)						29.7
2012(平成24)						28.7
2014(平成26)						30.9
2016(平成28)						34.4

(注)昭和35年は非農家，都市のみの世帯，昭和40年から平成16年までは総世帯，平成18年および平成20年は単身世帯を除く一般世帯を調査対象とする。内閣府経済社会総合研究所「消費動向調査」より作成

縄文時代	・木の葉・木・竹・貝殻
弥生時代	・食物盛付用浅鉢・皿・高坏 ・ピンセット型の竹製折箸
古墳時代	・土師器・須恵器の普及
飛鳥時代	・二本箸使用・箸匙併用
奈良時代	・漆器・青銅器・ガラス器
平安時代	・二本箸一般化 ・食器用漆器の普及

原始・古代

鎌倉時代	・六古窯（備前・信楽など）発達 ・漆器（鎌倉彫・根来塗）
室町時代	・茶道の茶碗発達
安土桃山時代	・発色陶器（志野・織部など） ・南蛮ビイドロ容器

中世

3節 食器

1. 土器と漆器

　食物を入れる器として，土器が発達する以前には，植物の葉や木や竹，貝殻などが利用された。縄文時代には，貯蔵用や食物盛り付け用に土器が用いられるようになり，次第に皿，鉢，壷形など食器らしい形態のものに分化した。そして弥生時代になると，土器や木器の皿，鉢，高坏（たかつき）という台付きの皿などを食器として用い，手で食べたと考えられている。また，竹を曲げてつくったピンセットのような折箸が，神事や天皇に用いられた。

　古墳時代になると，弥生式土器の流れをくみ，赤褐色で軟質の土師器がつくられるようになり，さらに5世紀には大陸から高温焼成の硬質土器である須恵器が伝わり，保存容器や食器として用いられるようになった（図10-7）。また，遣隋使により唐箸とよばれる二本箸が伝えられ，匙とセットで貴族の食事に使用された。そして，奈良時代には，階級社会の確立により，天皇や高級貴族は施釉陶器，漆器，青銅器，ガラス器を使い，庶民は土師器，須恵器，木製の食器を使うなど，貴族と庶民の食事の区別が食器のうえでも明らかになってきた。

　平安時代になると，特に漆の技術が一気に進歩し，貴族階級においては漆器の使用が日常的となった（図10-8）。中国から伝来した漆塗りの木製椀は，湿度の高い日本の風土に適して定着し，高級食器へと発達した。貴族の食生活の形式化，儀式化にともない，天皇は銀器，二位三位の公家は朱漆椀，四位五位は黒漆椀，六位以下は須恵器，庶民は須恵器や漆をかけない木製椀を使うなど，儀式の種類や身分による使い分けが行われた。

2. 陶器と磁器，南蛮ガラス

　鎌倉時代には木工道具が前代よりも進歩し，鎌倉彫や根来塗（ねごろぬり）が登場した。また，中国の製陶技術を取り入れ，青磁や白磁などの釉薬をかけた美しい有釉陶器が瀬戸（愛知）などでつくられるようになった。しかし，庶民は無釉の土器（かわらけ）とよばれる素焼きの土器を使った。また，食具には箸のみを用いた。

　室町時代から安土桃山時代においては，茶の湯の流行とわび茶の完成により，瀬戸をはじめ，備前（岡山）などの地方窯で多くの茶器が焼かれるようになった。美濃（岐阜）では志野，織部など色の付いた焼き物がつくられた。また庶民も陶器を使うようになった。

図10-7　古墳時代中期後半の土器（左手前の2点のみ須恵器）　郡山市南山田遺跡4号住居跡，同72号住居跡『食と考古学』2001（郡山市教育委員会提供）

図10-8　漆器：高杯，衝重（ついがさね），折敷，丸盆，各種皿（平安時代）　樋口清之『新版日本食物史』1987

江戸時代（近世）	・磁器（有田）の登場 ・色絵磁器（柿右衛門など） ・陶磁器の普及、茶碗で飯 ・割箸の使用始まる ・洋食器登場
明治時代（近・現代）	・1903年 アルミニウム製食器登場
昭和時代	・1937年 プラスチック製食器登場 ・1980年代 ユニバーサルデザインの提唱
平成時代	・シリコン素材容器販売 ・学校給食に漆器使用陶磁器の導入 ・通信販売や百円ショップでの購入増加

　17世紀の初めに，有田（佐賀）で日本で最初の磁器がつくられた。磁器は，陶器に比べ高温焼成で白く光沢があり，白磁や染付から始まり，色絵磁器へと発展した。幕末になると，清水（京都），九谷（金沢）など窯場が増加し全国に広がった。また，津軽塗（青森），飛騨春慶塗（岐阜），輪島塗（石川）など各地にすぐれた漆器産地が生まれた。一方，16世紀にポルトガル人より長崎に吹きガラスの製法が伝えられ，17世紀には中国よりガラス製造技術が伝えられガラス食器がつくられるようになった。特に江戸や薩摩でつくられたカットガラスは，江戸切子，薩摩切子とよばれ工芸品にまで高められた（図10-9）。また，割箸は，江戸時代中期に，鰻屋で鰻丼に添えて竹の引裂箸が出されたのが始まりと伝えられている。

3．洋食器とプラスチック製食器

　明治時代になると，洋食とともに洋食器やガラス器が使用され，1903年（明治36）にはアルミニウム製の食器が登場した。西洋料理店や饗応食においてスプーン，ナイフ，フォークも使用されるようになったが，一般家庭に広く普及するのは第二次世界大戦後である。有田や瀬戸などで日常用の磁器が安価に大量生産されるようになると，日常食器のほとんどが陶磁器に代わった。日常使用の汁椀には木器が使われていたが，戦後，ウレタン樹脂などの出現で，安価なプラスチック製汁椀が普及した。

　プラスチック製食器は，軽量で丈夫で割れにくく価格が安いといった利点から，大量調理施設の食器として普及した。家庭用の日用食器では，プラスチック製品は汁椀や貯蔵容器に用いられる場合が多い。

4．リサイクル食器と非常時の食器

　陶磁器・焼き物づくりに欠くことができない粘土・長石などは，枯渇性天然資源であり，陶磁器産地では，大量生産が行われ，製造工程で不良品が発生している。一方，生活のなかで破損した食器や不用になった食器は，不燃ゴミとして埋め立てられている。そこで，貴重な資源を大切に使い続けるために，不良品と家庭などからの回収品を粉砕して，原料の一部にまぜて，再度焼成するリサイクル食器づくりが，1997年（平成9）に美濃焼産地で始まっている。なお，リサイクル食器の普及には，使用済み食器や不用食器の回収を推進し，リサイクル食器を購入し使用する消費者が必要となる。

　また，非常時の食に使う食器としては，紙食器と食品用ラップフィルムのセットが有効である。食器にラップをかぶせて使用し，食べ終わったらラップだけを捨てることによって，断水で食器が洗えなくても衛生的に食事をとることができる。ラップフィルムがないときは，アルミホイルやポリ袋などで代用する。

1 九谷焼（石川）　2 常滑焼（愛知）　3 四日市萬古焼（三重）　4 京焼・清水焼（京都）　5 備前焼（岡山）　6 萩焼（山口）　7 砥部焼（愛媛）　8,9 有田焼・伊万里（佐賀）　10 唐津焼（佐賀）　11 さつま焼（鹿児島）　12 壺屋焼（沖縄）　13 薩摩切子（鹿児島）

フードデザイン研究会『食卓のコーディネート［基礎］』2003

図10-9　現代の陶磁器およびガラス器の主な産地・銘柄

原始・古代				中世	
弥生時代	奈良時代	平安時代	鎌倉時代		室町時代
・食物盛付用浅鉢・皿・高坏	・折敷による銘々膳の配膳	・漆器の普及 ・台盤・高坏・懸盤・衝重などの使用	・匙使わず箸のみで食事 ・禅宗で精進料理が始まる		・武家の宴に本膳料理が登場

4節 食 卓

1. 銘々膳

弥生時代と古墳時代の遺跡から，食物を載せたと思われる低い脚付きの台が出土しており，食器，食物を載せる台は，その頃から用いられたと考えられる。奈良時代になると，大陸文化の影響を受け，個人別の食器，また，個人専用の食器と個人用の食卓である折敷（図10-10）が登場し，上級貴族階級では，個人別に個人用の膳に配膳する銘々膳の食事方式が始まった。

平安時代においては，唐の影響を受け，膳や食器の高さが神聖さや身分をあらわすようになり，さまざまな様式の膳が登場した。中宮大饗『年中行事絵巻』（4章の図4-2）によれば，貴族の宴会では大型で脚の付いた台盤とよばれる机を使用し，椅子に座って食事をしている。食器は共用することなく，銘々に盛り分けた料理が各自の前に置かれていた。『類聚雑要抄』によると貴族の日常の食事では，個人用の脚付き膳である高坏や懸盤や，衝重（折敷に四角に囲った台を衝き重ねたもの。台の三面に穴をあけたものを三方，四面にあけたものを四方，穴のないものを供饗という）が使用された（図10-10）。一方，庶民が使用する日常用の膳は，粗末な塗りの折敷や低い脚付きの膳，そしてそれをも省略することが多かった。

鎌倉時代には，1人用の膳の使用は前代と大差なく，庶民は折敷を使用した。鎌倉幕府は質素倹約を政道とし，簡素な食生活であったため，饗宴，宴会においても質素倹約を励行し，机と椅子の形式が消え，床に直接座るようになった。室町時代になると，公家，武士，僧侶は酒宴を催すことが多くなり，主従の関係やもてなし方の重さを，料理によって視覚的に表現するため，膳の数や料理の食材で贅を競うようになり，武家の饗宴のなかで本膳料理が完成した（9章）。

江戸時代においては，公卿社会では折敷・懸盤・高坏・衝重，武家では三方・蝶足膳，民間では木具膳（足付き折敷）・蝶足膳・宗和膳などが用いられた（図10-10）。そのほか，禅堂で使用されていた箱膳（飯台ともよばれた）は，農民や商人，武家や商家の奉公人の間で広く普及した（図10-10）。箱膳は，蓋付きの箱で，食事をする際，箱蓋を裏返して箱の上に載せ，これを台として使用した（11章の図11-2）。食後は，食器に湯を注ぎ，次々に移し替え，箸をもそのなかですすぎ，最後にその湯をお茶代わりに

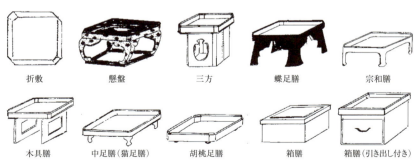

図10-10　膳　喜田川守貞『守貞謾稿』より作成

安土桃山時代	・懐石料理が盛んとなる
江戸時代	・会席料理の登場 ・各種塗膳（蝶足膳・宗和膳など）の普及 ・農家や商家で箱膳普及 ・京都に卓袱料理屋開業 ・江戸で料理屋が繁盛 ・三河屋、江戸で西洋料理店開業 1867年 ・卓袱料理が江戸で流行
明治時代	・都市部でチャブ台普及開始
昭和時代	昭和30年代 ・椅子とダイニングテーブルの食卓の普及 1958年 ・帝国ホテルにバイキング形式のレストランが登場
平成時代	2005年 ・シェアハウスの物件数・ベッド数増加 2012年 ・子ども食堂始まる

（近世／近・現代）

飲み干し，ふきんでふいてそのまま箱膳に収めるのが一般的な日常の食事の所作であった。

明治時代の食具類は前代と同様，商家，農家ともに銘々膳を用いる個人盛が一般的であった。個人占有の箱膳と箸，飯茶碗，汁椀，菜皿が1人用として組まれ，父親は大きな箸と飯茶碗を使い，食事の席順，食事の内容まで家長を頂点とする思想が伝承された。したがって，食事の場は子どもたちのしつけの場でもあり，黙って食べることが作法の一つとされた。

2．チャブ台，ダイニングテーブル

折敷や箱膳による個人所属の銘々膳の形式は，チャブ台の普及で変化した。チャブ台は，明治時代末期より都市の市民層を中心に普及し始め，大正時代から昭和40年代にかけて普及した。チャブ台の登場により，家族全員が一つの食卓を囲むという，食卓の新しい形式への変化を生じ（図10-11），1965年（昭和40）頃には個人所属の銘々膳は，多くの家庭から姿を消した（図10-12）。

一方，1955年（昭和30）頃から洋式の集合住宅が都市生活様式として普及し，ダイニングキッチンの登場により，テーブルの食卓が普及し始めた（図10-12）。テーブルの食卓は，大皿盛りの料理や鍋物料理の増加など，家庭の料理やその調理法を変え，これを囲む家族関係も変わり，食卓を囲んで食事中に会話が行われるようになった。

3．居場所としての新しい食卓

近年，核家族化やライフスタイルの多様化により，食生活も多様化し，一人で食事をする「孤食」や，同じ食卓に集まっていても，家族がそれぞれ別々のものを食べる「個食」が増えている。

また，新しいライフスタイルとして，高齢者共同住宅やシェアハウスが登場している。他人との共食によって，個食であってもくつろいだ雰囲気になり，よりおいしく食べることができるであろう。

一方，子どもの貧困がクローズアップされ，無料か低額で食事を提供する「子ども食堂」が急増している。「子ども食堂」＝貧困家庭の子どものための食堂というイメージがあるが，「孤食」を防ぎ，「だんらん」と地域での居場所を提供したいという思いから始まったという。新しい「だんらん」が創造されている。

図10-11　家族みんなでチャブ台を囲み，食事する光景（昭和23）
アサヒグラフ『家族でちゃぶ台を囲む食事風景』

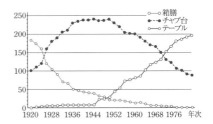

図10-12　食卓形式の移り変わり
石毛直道・井上忠司『現代日本における家庭と食卓（国立民族学博物館研究報告別冊十六号）』1991

参考文献

石川寛子『食生活と文化』アイ・ケイコーポレーション，1988
石川寛子・江原絢子『近現代の食文化』アイ・ケイコーポレーション，2002
石毛直道・熊倉功夫『講座　食の文化　第二巻　日本の食事文化』味の素食の文化センター，1999
石毛直道・山口昌伴『講座　食の文化　第四巻　家庭の食事空間』味の素食の文化センター，1999
石毛直道・井上忠司『講座　食の文化　第五巻　食の情報化』味の素食の文化センター，1999
石村眞一『ものと人間の文化史132まな板』法政大学出版局，2006
岩村暢子『家族の勝手でしょ！　写真274枚を見る　家族の食卓の喜劇』新潮社，2010
岩村暢子『変わる家族　変わる食卓』勁草書房，2003
荻野文彦『食の器の事典』柴田書店，2005
表真美『食卓と家族—家族団らんの歴史的変遷』世界思想社，2010
狩野敏次『ものと人間の文化史117かまど』法政大学出版局，2004
河野眞知郎・木下正史・田村晃一・樋泉岳二・堀内秀樹『食べ物の考古学』学生社，2007
神崎宣武『うつわを食らう』日本放送出版協会，1996
神崎宣武『図説　日本のうつわ—食事の文化を探る（ふくろうの本）』河出書房新社，1998
喜田川守貞（朝倉治彦・柏川修一　校訂編集）『守貞謾稿　第一巻，第五巻』東京堂出版，1992
熊倉功夫『日本料理の歴史』吉川弘文館，2007
小泉和子『昭和　台所なつかし図鑑（コロナ・ブックス）』平凡社，1998
小菅桂子『にっぽん台所文化史』雄山閣出版　増補版，1998
西東秋男『日本食生活史年表』楽游書房，1983
阪上愛子・フードデザイン研究会『食卓のコーディネート〔基礎〕』優しい食卓，2013
佐原眞『食の考古学（UP選書）』東京大学出版会，1996
品田知美編『平成の家族と食』晶文社，2015
下川耿史『明治・大正家庭史年表』河出書房新社，2000
下川耿史『昭和・平成家庭史年表』河出書房新社，2001
瀬川清子『食生活の歴史』東京書房社，1983
ピーターメンツェル，フェイスダルージオ著，みつぢまちこ訳『地球の食卓—世界24か国の家族のごはん』TOTO出版，2006
芳賀登・石川寛子『全集　日本の食文化　第九巻　台所・食器・食卓』雄山閣出版，1997
樋口清之『新版日本食物史』柴田書店，1987
向井由紀子・橋本慶子『ものと人間の文化史102箸（はし）』法政大学出版局，2001
山口昌伴『台所の一万年　食べる営みの歴史と未来』農山漁村文化協会，2006
山口昌伴・石毛直道『家庭の食事空間』ドメス出版，1989
湯浅浩史『ヒョウタン文化誌』岩波書店，2015
渡辺実『日本食生活史（歴史文化セレクション）』吉川弘文館，1964
『日本生活文化史　新版　①～⑩』河出書房新社，1986

11章　日常の食生活

概要

　本章では，日常の食事についてその形態や食事回数，食材と料理，地域性の変化と弁当および弁当箱について述べている。日常食の形態については，大陸から伝来した水稲耕作が6～7世紀に定着し，多種多様な自然物雑食から，米を中心とする穀類を主食とし，その他の動植物性食品を副食とする基本形態が徐々に形成された。食事回数については，奈良時代の貴族は1日朝夕2度の食事であったが，中世から近世にかけてこれに加え昼食を摂る1日3度の武士の食習慣が広まり，江戸時代には実質的には朝・昼・夕の1日3度の食事が一般化した。

　一般庶民の日常食は，飢饉と重く厳しい貢租米の取り立てにより，第二次世界大戦以前まで，どの時代もその内容は貧しかった。しかし人々は，外来の食品や加工食品，調理法を取捨選択しながら取り入れ，自給自足を基本に，いかにしたら満腹感・充足感が得られるのか，また生命が維持でき，健康が保持できるかについて知恵をしぼり努力を重ねて，各地で独特の食文化を生み出してきた。しかしながら，現在は，食生活の外部化が進行するなかで，家庭や地域の味は薄れていく状況にある。

　弁当は，食習慣や食材，調理法，容器の発達，また，各時代の世相を反映して発達してきた。家庭で手づくりされてきた弁当が，近年，簡単に購入できるものとなり，弁当においても食の外部化はすすんでいる。しかし，最近「弁当の日」を設けて子どもに弁当をつくる体験をさせようという動きもある。そのねらいは手づくり弁当を介し，食べものをつくる大変さや楽しさ，大切さを学び，生産者や食材，つくり手に感謝し，食生活を豊かにすることと考えられている。

原始・古代						中世		近世	
縄文時代	弥生時代	飛鳥時代	平安時代			鎌倉時代	室町時代	安土桃山時代	江戸時代
・採取自然物を食用 ・北九州で稲作開始	・大麦・小麦・ひえ・あわ・そばなど栽培植物食用 ・主食・副食の分離が始まる	・租・庸・調の税制始まる	・貴族、1日朝夕2度食に			・天皇の食事、1日3度に ・武士1日3度の食事習慣化 ・禅宗寺院の点心が普及	・武家の宴に本膳料理が登場	・懐石料理が盛んとなる	・1日3度の食事が一般化

1節　日常食の形態

1. 主食と副食の分離

　6～7世紀頃，大陸から渡来した水稲耕作が定着し，狩猟や漁労に加えて農業が発展し，熱量源として生産性が高く，備蓄性もある米および麦，あわなどの穀類を食料とするようになった。そのため，食物の入手が次第に容易になり，人々の食物摂取は，従来の多種多様な自然物雑食から，米を主体とした穀類を主食とし，その他の動植物性食品を副食とする食形態に徐々に変化した。しかし，米食が始まったとはいえ，一挙に米食になったわけではなく，以前の雑食時代とは異なり，量の多少にかかわらず米が主食という観念と日常食の基本形態が，稲作の発達とともに少しずつ形成された。

　こうした食形態の形成は，8世紀初頭に律令国家が成立すると，その国家統治の法制のなかに，はっきりと規定された。班田収授法を背景に租・庸・調の税制が定められ，米をはじめ，麦，あわ，塩など各種食物が対象とされた。とりわけ，米は税や貨幣として扱われるようになり，米の生産が奨励され，食料のなかでも最も重視されるようになった。また，行政区分において大炊寮（舂米・雑穀を掌る）と大膳職（調雑物を掌る）が設けられ，主食品と副食品を取り扱うところが別々に定められた。これらをみても米を中心とした主食と野菜や魚介類を調理した副食が，日本人の食事形式の基本形となったことがわかる。図11-1は米食がみられる弥生時代の卑弥呼の食事を推定し，復元したものである。

2. 食事回数と日常食の基本の形

　自然物雑食時代には，食欲という本能にまかせて，随時，食物を摂取していたと考えられる。奈良時代の貴族社会になって，食事は朝夕の1日2度とし，その他，間食を摂るという食習慣が成立した。間食には，柿やなつめなどの木の実を乾燥させたものなどが用いられた。

　鎌倉時代になると「御膳事三度供之間」「毎日三度伴御」といった諸句が宮中の食事記録にあらわれ，天皇の食事は1日3度食とされている。しかし，実際には昼食を漬菜のような簡単なものですませ，夜食や間食を摂ることもあったようで，宮中では2食が原則となっていたようである。また，僧侶の食事は，平安時代までは朝のみ1日1食だったのが，鎌倉時代には点心と称する間食を摂り，さらに

①玄米の炊きこみ御飯（ゼンマイ，タケノコ），②タイの塩焼き，
③ミョウガ，④サトイモ，タケノコ，ブタ肉の合わせ煮，
⑤ハマグリとイイダコのワカメ汁，木の芽あえ，
⑥アワビの焼き物，⑦ショウサイフグの一夜干し，
⑧炒りエゴマ風味キビモチ，⑨アワ団子のシソの実あえ，
⑩ゆでワラビ

図11-1　卑弥呼の食事
大阪府立弥生文化博物館編『卑弥呼の食事』1999

明治時代	1871年	牛鍋が流行、『安愚楽鍋』が出版され、
昭和時代	1939年	米穀配給統制法公布
	1950年	パン、ミルク、おかずの完全給食が小学校で始まる
	1961年	減反政策を発表
	1970年	ファミリーレストラン開店
	1971年	ハンバーガーショップ東京銀座に開店
	1980年	農政審議会「日本型食生活」答申
平成時代	1991年	牛肉の輸入が自由化される
	2005年	食育基本法制定
	2013年	「和食」ユネスコ無形文化遺産に登録
	2016年	TPP署名式に日本参加、12か国間で署名

近・現代

夕食も摂るようになった。一方，武士は平時には朝夕の2食が普通であったが，その分量は3食分に相当したようであり，戦場で激しい働きを強いられ，戦乱が続く世となるにつれて，1日3度の食事が習慣化し，江戸時代に一般化した。

日常食の基本の形については，室町時代に成立した本膳料理も（9章参照），茶の湯の発展にともない千利休により完成した懐石料理でも，飯，汁，菜，漬物を食事の構成要素の基本とし，配膳位置も同様で，その伝統は今に継承されている。そして，これら饗応食の基本形，すなわち飯を中心に汁，菜，漬ものを組み合わせて銘々に配膳する形式（図11-2）が少しずつ定着し，伝統的な日常食の形として継承されてきた。

図11-2　箱膳での日常食（明治～昭和前期）
夏の朝食：麦飯，みそ汁（なす，じゃがいも，にら），なす・きゅうりの塩もみ，ひしお
神崎宣武『「うつわ」を食らう』1996

3. 近代の日常食の形

明治時代には，西洋料理が移入され，上流階級と知識人を中心に浸透し始めた。さらには和洋折衷である洋食が，米飯に適したおかずとして，また，箸で食べることができ，栄養的にも優れているという点で上流階級や都市部に限って普及し始めた。庶民の日常食は，飯（または粉食，p57参照），汁，菜，漬物の食事の形が中心であり，洋食は，農村部や貧困層の食生活にはまだ普及しなかった。

大正から昭和初期には，外食や肉屋の惣菜としてコロッケなど，新しいおかずが食卓に並ぶようになり，家庭料理のなかにも都市部では洋食が少しずつ浸透し始めた（表11-1）。

4. 高度経済成長期以降の食事の多様化

高度経済成長期には，農村部でも家電製品の普及とともに，インスタント食品や冷凍食品，レトルト食品などが普及し，食事の内容が，和風に限らず洋風，中国風など多種類，豊富になった。そして，高度経済成長による経済的な豊かさが，もっとおいしいものをもっとたくさん食べたいという欲求を生み，1980年（昭和55）代にはグルメブームとよばれ，世界各国の多種多様な料理が日本にいながら食べられるような環境が整った。現代では，家族が揃って食事を摂る機会が減少し，食事内容も個別化し，日本の伝統的な日常食の食事形式の形は崩れ，料理やその構成が多様化している。

表11-1　大正から昭和初期の東京の食事のコロッケに関する記述

地域名	季節・時	献立名	記事
浅草駒形・市域	秋・昼食	朝の残りごはん　コロッケ　つくだ煮　漬物	コロッケは3個10銭で売っている。揚げたてを買ってきてせん切りキャベツを添えて出す。買ったコロッケはじゃがいもがほとんどで，ひき肉は少ししか入っていない。それでも揚げたてを食べればおいしい
日本橋人形町・市域	秋・昼食	白飯　コロッケとキャベツ　しじみのみそ汁	コロッケは近所の肉屋さんで買ってくる。ちょっとごちそうというときはかつになる。両方とも揚げたてのあつあつを一緒に売っている。せん切りのキャベツも，一緒に買う
四谷・山の手	不明	不明	とんかつ，コロッケなどは家で揚げずに，近くの肉屋から揚げたてを買い求めて，せん切りのキャベツをたっぷり添えていただいている
久留米村・武蔵野台地	夏	コロッケ	娘時代に奉公していた学者の家では，奥さんからコロッケのつくり方を教わった。ひき肉やさばなど缶詰を入れてつくる。

日本の食生活全集　東京　編集委員会『聞き書　東京の食事』1988 より作成

原始・古代							中世	
縄文時代	弥生時代	古墳時代	奈良時代		平安時代		鎌倉時代	室町時代
・北九州で稲作開始	・醤・干物など加工品食用	・漬物・漬け菜が出現	・天武天皇による肉食禁止令 675年 ・食用増加 干もの・漬もの・醤の		・主食として姫飯、強飯食用 ・食禁止、庶民は獣鳥（鹿・猪・兎・雉など）を食用 ・貴族の正餐では鹿・猪肉		・伝来 ・禅宗とともに精進料理が	・みそ汁が普及

2節　日常食の食材と料理

1．原始，古代

　縄文時代末期には植物栽培が始まり，その後，稲，麦に代表される多数の外来植物や加工食品が，季節風，海流，渡り鳥，人の手などによって伝播・伝来し，日本の食生活に取捨選択されながら取り入れられてきた。また，大陸文化の影響を受け，年中行事が成立した奈良時代頃から，日常と非日常の食事の区別が始まった。

　奈良時代になると唐風の料理や食習慣が広まり，さらに律令制度のもと，全国から税として都に山海の特産物が運ばれた。それに対応して市が開設され，行商人が市と市を結んで商品として食品・食物を交流させた。貴族の日常食は，伝来食品や地方の特産物の利用で多種類の豊かなものとなった。煮もの，焼もの，羹（吸いもの），漬物などの料理が行われ，調味料では，塩，酢，醤，未醤などが用いられた（7章）。なお，仏教の影響もあり，殺生禁断令や肉食禁止令が出され，その後の貴族の食生活を制限することとなった。

　平安時代においては形式化した貴族生活の影響が日常食にもおよび，強飯，後には姫飯とよばれる固粥と魚介類や野菜などに，調味料で自分の好みの味を付け食するようになる（図11-4）。貴族の食事には，乾燥食品が多く用いられ，栄養的には偏った食事内容だったといわれている。一方，庶民の食事は質素だったが，食物選択は比較的自由であり，穀類を主食とし副食には新鮮な猪など野獣肉を食べる健康な食生活であった。

2．中世，近世

　鎌倉時代の武士の日常食は，玄米を主食とし新鮮な野菜や動物性食品を副食として営まれていた。庶民の食事は，カテ飯（米に雑穀や根菜を混ぜて炊いたもの）や麦飯を主食とし，雑炊や粥にして食べた。この時代には，大陸との交流が再開され，禅宗を通して粉食やとうふなどの大豆料理，油料理などの精進料理が庶民にも広まり始めた。室町時代になると，農業生産が増大し，米常食の習慣が庶民にも普及した。また，座や問の発達により，食品・食物の流通が大型化・広域化した。みそ汁が

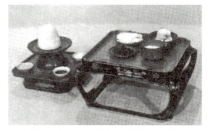

図11-4　平安時代の貴族の日常食
衝重と懸盤を使い，こいの切り身，煮野菜，汁，煮昆布，飯，オメグリ，ほかに酒。樋口清之『新版日本食物史』1987

図11-5　江戸時代の振り売り　かつお売り（上）と蔬菜売り（下）
喜田川守貞『守貞謾稿』

安土桃山時代	南蛮料理・南蛮菓子伝来
江戸時代（近世）	1642年 魚・青物市場、各地に開設 百姓に米の常食を禁止 青木昆陽が甘藷の栽培開始 幕府蔬菜売出時期を規制 江戸で食べもの屋が繁盛
明治時代（近・現代）	1872年 肉食奨励のため、明治天皇が牛肉を試食 1874年 西洋料理法雑誌に連載
大正時代	洋食の流行（カレー・コロッケ・とんかつなど）
昭和時代	1958年 インスタントラーメン誕生 1968年 レトルトカレー発売 1997年 外食率38.3％をピークに横ばい
平成時代	2016年 12か国間で署名、TPP署名式に日本参加

　誕生し、なっとうなどの加工品もつくられ、しょうゆの製造が始まっている。

　16世紀に入ると、明との貿易や南蛮貿易によって、かぼちゃ、とうもろこし、とうがらしなどが伝来した。さらに江戸時代には、各藩の殖産興業政策による品種改良や大量生産、国内交通の発達や町人文化の発展により、食品の種類は豊富になり、調理法が発達して食生活はより多彩になった（図11-5）。しかし、身分や経済力、都市と農村など地域によって差があり、一般の商人や奉公人の食事は質素で「朝は飯にみそ汁、昼は冷飯と野菜か魚の一品、夕は茶漬けに香の物」（『守貞謾稿』）といった程度であった。また、農民の食事も一般には貧しく質素といわれているが、地域や階層差があり、かなりの格差があったといえる。『近世庶民の日常食』による農民の穀物消費量の試算（江戸時代末期～明治時代初期）によると、平均年間約1.5石で、必要な熱量のほとんどを米、麦、雑穀などの穀類から摂取している。

3. 近代、現代

　明治時代になると、西洋の食品、料理、食習慣が上流階級で取り入れられた。獣肉食が開始され、肉食禁忌の崩壊により食物選択が自由となった。「牛鍋」が流行するなど、洋風料理は日本人の好みに合わせて調理され、新たな洋風食品を和風の料理法で調理したり、和風食品を洋風の料理法で調理したり、そして和風献立のなかに洋風料理を加えるといったかたちで日常食に取り込まれていった。

　大正時代になるとコロッケやとんかつなどのごはんに合う洋風おかずが、都市部の家庭でも調理され、西洋野菜も普及した（図11-6）。第二次世界大戦中・戦後の状況は、次章で詳述する。

　第二次世界大戦後には、アメリカから食品が大量に輸入され、和風・洋風・中国料理に加え折衷料理も台頭し、多様な食生活が営まれている。食材としては、米類の供給は減少し、肉類、卵類、牛乳・乳製品の供給量が増加している。1965年（昭和35）には73％だった供給熱量（カロリーベース）総合食料自給率は、1993年（平成5）に37％にまで低下し、翌年には40％代にもち直すものの、その後もほぼ横ばい（39～41％）で推移しており、輸入生鮮食品や輸入加工食品への高い依存が続いている（図11-7）。とくに「和食」の代表的加工品であるとうふなどの材料である大豆の自給率は7％（2014年）にすぎず、飼料自給率のうち、純国内産濃厚飼料自給率は14％（2014年）と低い。

図11-6　大正時代の洋風家庭料理
久萬芳編集『料理の友』12-5, 1924

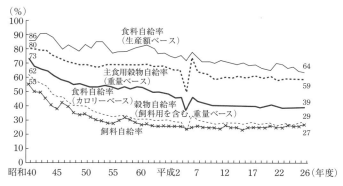

図11-7　食料自給率の年次推移
農林水産省のホームページより転載

縄文時代	東日本で木の実の利用盛ん、西日本で野生芋の利用盛ん
飛鳥時代	諸国の産物を調・庸として朝廷に献上
奈良時代	市により食品の流通開始
平安時代	行商人が食物を売買
鎌倉時代	禅宗寺院の点心から、饂飩、饅頭、羊羹などが生まれる
室町時代	座により食品流通大型化
江戸時代	問により食品流通広域化　宇賀昆布、越後塩引など地方特産物全国的に流通　菱垣・樽廻船や北前船など海運による食品市場の拡大　『諸国名産大根料理秘伝抄』など、特産品紹介書出版盛行

| 原始・古代 | 中世 | 近世 |

3節　日常食の地域性

1.　近世・明治時代初期

日常食の地域性については，まず日本における本格的な食料調査資料である「人民常食種類比例」を参考にしてみよう。本調査は，1879，1880年（明治12，13）に行われた生産と消費に焦点をあてた調査で，その内容は，米・麦・あわ・ひえ・雑穀・甘藷・蔬菜・さといも・昆布など，主な食材の地域別構成比が主である。日本全体で米は主な食材中の5割を占めたが，地域ごとの主食構成比の相違は大きく，米を多く食べた地域，米と雑穀を食べた地域，甘藷と穀物を食べた地域など，米，麦，雑穀と甘藷の構成比によって，各地のおよその食品消費の特徴がみいだされる。さらに「人民常食種類比例」と『全国農産表』などの諸資料を参考にしながら，生産，消費，流通量などから近世庶民の日常食の特徴を明らかにした報告（表11-2）によると，いずれの地域でも，農民は自給自足，地産地消を基本に各地域でとれる熱量となる主食とたんぱく質を補う食材を組み合わせて，固有の日常食の体系を発展させている。摂取する栄養も均衡が取れているという点で，比較的バランスのよい食生活が行われていた。

2.　大正・昭和時代戦前期

1984年から1993年にかけて都道府県各地でお年寄りに大正から昭和初期の食べものの話を聞き書きにより調査した『日本の食生活全集』から日常食の地域性についてみると，当時，全国各地で米は主食料としての地位を確保している。しかし，米だけという例は少なく，ほとんどの地域で麦と混食している。またはあわやひえとの混食や，東北地方の大根や大根葉を炊き込んだカテ飯，また西日本や島嶼部に多い甘藷，東日本に多い馬鈴薯利用の地域と，それぞれその特徴がみられる（表11-3）。

表11-2　近世庶民の日常食の体系

類　型	国　名	特　徴
米の構成比がかなり高い国	近江（滋賀県）	1人当たり1年間に1.5石余りの米を消費。この量は当時の日本平均の約2倍にあたる。米は飯のほか，餅，団子，みそ，酒，鮒鮓つくりにも使う。米への依存度が大きい。
	伊賀（三重県）	1人当たり1年間に1.2石余りの米を消費し，そのうち0.1石が祝い事の日の米だけの飯，茶粥に0.2石，麦飯用に0.8石（8割米），団子などに0.1石と見積もられ，日本平均よりも多くの米を食べる。
	羽前（山形県）・羽後（秋田県）	積雪地帯であり麦類の適地でないため，麦を基本食とする食習慣はなく，日常食は米と大豆を基本食材とし，米の飯とみそ汁を基本に，なっとう，とうふ，煮豆など大豆のおかずでたんぱく質を補う。
米の次が麦以外の食材の国	信州（長野県）	1人当たり米の年間可能消費量0.86石（主食材料の約6割を占める）に，土地でとれる食材（麦，ひえ，そば）を組み合わせて，飯や粉もの（麺・焼餅）にして食べる。朝と昼は麦飯やカテ飯，晩は粉ものという組み合わせ。
米と麦と甘藷が一定の構成比を占める国	薩摩（鹿児島県）	単位面積当たり収穫量が多く，エネルギー生産量がイネより大きい甘藷栽培が18世紀初頭に始まり，わずかな米，麦，雑穀とみその組み合わせに甘藷が加わり，たんぱく質不足はイワシ類で補う。
	大村（長崎県）	1人当たり米の年間可能消費量は0.21石と推定され，麦と甘藷と少量の米を素材に使う飯や干し甘藷とたんぱく質を補うため，みそとイワシ類を食べる。
甘藷の構成比がかなり高い国	琉球（沖縄県）	甘藷栽培が17世紀中に普及以降，熱源の甘藷とたんぱく質を摂取するための大豆をみそやとうふに加工し，甘藷とみそ汁を基本に組み合わせる。

有薗正一郎『近世庶民の日常食』2007より作成

年表（近世～近・現代）

近世
- 江戸では朝食に温かい飯、大阪では湯漬け・かゆが習慣化

昭和時代
- 1944年 『本邦郷土食の研究』刊
- 1953年 スーパーマーケット登場
- 1958年 インスタント食品ブーム
- 1966年 コールドチェーン登場
- 1974年 コンビニエンスストア登場
- 1980年 大分県で「一村一品運動」開始
- 1985年 『昭和59年版 食料白書「今日の郷土食」』刊

平成時代
- 2002年 スローフード運動が活発に
- 2005年 食育基本法施行により地産地消の推進
- 2006年 第1回B-1グランプリが青森県八戸市で開催
- 2013年「和食」ユネスコ無形文化遺産に登録

日常の副食品の種類については、全国各地とも漬ものとみそ汁に野菜の煮ものが一品加わる程度の一汁一菜が中心であり、それに煮豆やおひたし、あえもの、みそ、海辺では時に簡単な魚料理が加わる程度であった。獣肉類や卵・乳製品の使用は皆無に近かった。自給自足、地産地消が基本で、一見、日々の変化に乏しく単調な副食品であるが、藻類や茸類など四季おりおりの野生植物や栽培植物の利用、漬ものやみそなどの保存食品に、各地域の産物を利用した生活の知恵や創意工夫がみられる。

3. 第二次世界大戦後、現代

戦後、農村では米農家、野菜農家といったように特定の農業生産に集約化し、自給自足が崩れ、生産物以外の食材については購入するという交換経済体制が浸透した。また、高度経済成長による現金収入の増加にともない、肉類や卵類、乳・乳製品などの生鮮食品、大量生産された加工食品が、都市のみならず農山漁村においても日常の食生活に利用されるようになった。テレビコマーシャルや学校給食の影響、また、大量生産される加工食品は、販売競争のなかで多くの人に好まれるような味が目指されるため、味覚が大衆化され、その味に慣らされることにより、家庭や地域の味は薄れていく状況にある。

地域の食文化の継承が危ぶまれるなか、食育基本法が2005年に制定され、食文化の継承を推進させるための施策を講ずることが定められた。学校給食においても、学校給食実施基準などで、地場産物や郷土に伝わる料理を積極的に取り入れ、地域の食文化の継承につながるよう配慮することと定められ、各小中学校の給食現場で地産地消の取り組みや郷土料理の見直しが行われている。さらに2013年には、「和食」がユネスコの無形文化遺産に登録され、コミュニティーを含めて地域の食文化を継承し、守っていくことが求められることになった。地域の風土と伝統が育んできた「旬」「季節感」「素材本来の味」「素材の有効活用」など日常食にこらされた創意工夫のなかで、現代に通用するものを取捨選択し、次世代へ伝えることを意識して「つくって、食べて、伝えあう」取り組みが行われ、食生活を真に健康的で豊かなものに発展・継承することが期待されている。

表11-3 大正・昭和時代初期の主食の地域性、秋の日常食の朝・夕食

地域	都道府県名（地域名）	朝食	夕食
漁村	北海道（西海岸）	けっこ飯（馬鈴薯団子入りかゆ）	白飯
	新潟（頸城海岸）	雑炊（米、大根、里芋、ねぎ）	カテ飯（米、大根、甘藷）
	富山（新川・魚津）	湯漬け（残り飯に水を加え加熱）	麦飯（南京米・麦）
山村	岩手（沢内・湯田）	カテ飯（米・あわ・だいこん類）	カテ飯
	福島（只見）	かぼちゃ飯	団子汁（米粉・そば粉・もろこし粉の団子、野菜）
	群馬（中里）	わり飯（米3、大麦引き割り7）	うどん
	長野（開田）	ひえご飯（米10、ひえ粉 3）	かぼちゃ雑炊
	三重（紀和）	里芋茶がゆ	さつまいもがゆ
	香川（塩江）	麦飯（裸麦7～6、米3～4）	麦飯
	宮崎（高千穂）	からいも飯（麦7、米3の麦飯にさつまいもを混入）	麦飯、かいきり（ゆるく溶いた小麦粉をみそ汁におとした汁）
都市	東京（墨田区）	白飯	白飯
	大阪（船場旧家）	お茶漬	白飯

『日本の食生活全集』1984-1993 より作成

図11-8 学校給食における地場産物活用の取り組み

文京区立青柳小学校（東京都）の「第8回全国学校給食甲子園」優勝メニュー（2013年）、のらぼうめし、江戸前つくねの宝袋、伝統つくだにあえ、すり流し小鍋立て汁、はちみつにんじんゼリー牛乳、東京の地場産物をふんだんに取り入れ、更に江戸・明治の歴史をテーマにして献立を作成。資料：全国学校給食甲子園のホームページ（http://www.kyusyoku-kosien.net/2013/final.html）より転載

原始・古代			中世	近世				
古墳時代	平安時代		鎌倉時代	安土桃山時代	江戸時代			
・保存食として糒・焼米をつくる	・携帯食品として屯食を利用		・戦陣食に副食が加わる	・遊山に弁当を携行	・豪華な重箱・弁当箱・提重の普及	・各種行楽弁当の登場	・1801年『料理早指南』予算・行事別の弁当献立の掲載	・江戸で幕の内弁当登場

4節　弁当と弁当箱

1. 古代・中世の弁当の歴史

　わが国最古の携行食は、糒（ほしいい）とよばれる飯を乾燥させたもので、細長い布袋に入れ、身体に巻きつけるなどして携帯され、飛鳥・奈良時代の旅人や防人などの食事に用いられた。平安時代になると、朝廷や貴族の饗宴の際、破子（わりご）（薄板を曲げてさまざまな形につくった中に仕切りのある容器）に食物を入れたものや、屯食とよばれる強飯を握り固めた現在の握り飯の前身とされるものがつくられて、下仕えの者に支給された。

　鎌倉時代においては、武士の戦陣食（図11-9）として、焼いた握り飯を竹の皮や木の葉などに包んだ屯食や梅干・みそ・かつお節などの副食を添えた糒や焼米が活用されたという。

2. 近世の弁当の歴史

　"べんとう"という名称が使われ始めたのは安土桃山時代といわれ、『日葡辞典』（1603-04年刊行）の"Bento"の項には「引き出しつきの文具箱に似た箱で、中に食物を入れて携行するもの。Focai・Varigo」と記載されている。多人数のための携行用の容器と認識され、行器や破子ともよばれていた。また当時、大名や豪族などの特権階級は、花見や紅葉狩りなど季節の物見遊山に提重（さげじゅう）とよばれる贅沢な弁当を携行した。江戸時代になると、昼食を弁当で摂る習慣が広く定着し、また物見遊山や芝居見物の弁当が庶民層にも普及し、花見弁当や芝居弁当など趣向をこらした弁当がつくられて楽しみを増幅させた。

3. 近代・現代の弁当の歴史

　明治時代になって、都市部の通勤者や子どもたちが通う学校では、家庭から各自弁当を持参した。当時の弁当は、握り飯と梅干やたくあんなどの漬ものの組み合わせが定形で、ときには塩鮭や煮豆などが添えられる程度であった。また、鉄道の開通にともない駅弁の販売が開始された。

　戦時体制下では、代用食など弁当にも工夫が求められるようになり、1939年9月からは、毎月1日の興亜奉公日には戦地をしのび、飯の真ん中に梅干を入れただけの日の丸弁当がつくられた。

図11-9　武士の戦陣食　永山久夫『たべもの戦国史』1977

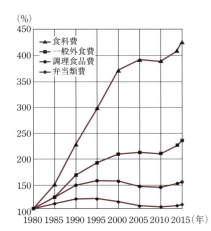

図11-10　家計費中の食料費、外食費、調理食品費、弁当類費の伸び率
（1980年を基準とする）
総務庁統計局『家計調査年報』より作成

明治時代	明治10年代	駅弁・汽車弁登場
	1889年	山形で貧困児童に給食開始
	明治30年代	アルミニウム製の弁当箱登場
	明治40年代	アルマイト製の弁当箱登場
昭和時代	1939年	興亜奉公日に日の丸弁当を推奨
	1970年代	旅行ブームで各種駅弁人気
	1976年	ジャー式保温弁当容器流行
	1980年代	もち帰り弁当専門店登場 コンビニエンスストアで加熱弁当販売
平成時代	2001年	香川県滝宮小学校で「弁当の日」の取り組み始まる
	2005年	「キャラ弁」の流行
	2008年	フランス語サイトの弁当箱専門店開設
	2012年	第1回BENTOコンクール開催(「味覚の一週間」事務局主催)

近・現代

　第二次世界大戦後には，学校給食が導入され，弁当を持参する通学形態は漸減したが，勤労者の多くは弁当を利用した。昭和40年代になるとジャー式の保温弁当容器が登場し，冬でも温かい弁当を食べることが可能となった。また，鉄道旅行がブームになると，郷土料理や観光地などをテーマにした駅弁が続々と登場し評判となった。昭和50年代には，もち帰り弁当の専門店が登場し，コンビニエンスストアでも電子レンジで温める弁当が販売されるようになり，温かい弁当が急速に普及した。スーパーマーケットやデパートでも弁当が常時販売されるようになり，家庭で手づくりするのが常だった弁当が，買って食べるものに変化しつつある（図11-10）。同時に，家庭においては調理済み食品の手づくり弁当への利用が一般化した。一方，2005年頃からは，主に母から子への愛情弁当の「キャラ弁」が流行している。また，最近では「弁当の日」を実施し，子どもに弁当づくりを体験させようという試みが始まっている。弁当づくりを通して子どもたちの食への関心を高め，家族や食材への感謝の気持ちと自立心などを育み，食生活を豊かにすることが期待されている。

4. 弁当箱の変遷

　弁当容器としては，古くから柏，ホウなどの木の葉や熊笹などが用いられ，防腐効果も兼ねた。平安時代になると，破子や行器，面桶などの曲物が，安土桃山時代には，漆塗りの重箱や提重が用いられた。江戸時代にはさらに，目的と用途に応じた多種多様な弁当容器が用いられ，花見や物見遊山には提重，野良仕事には岡持などの籠物，旅などの個人用には竹や柳で編んだ行李や面桶，腰弁当などが使用された。

　明治30年代になるとアルミニウム製，明治40年代にはアルマイト製の弁当箱が一般に普及した。戦後は，プラスチック製の弁当箱が登場し，家庭ではジャー式の保温弁当容器が流行した。さらに電子レンジの普及にともない，耐熱性のプラスチック製弁当箱が広く利用されるようになった。また，現在は中食の需要増加により，紙製やプラスチック製の使い捨て容器も普及している。一方，近年，日本の弁当文化が"BENTO"と言葉を変えることなく海外でブームとなっている。幅広いデザインの弁当箱が海外に輸出され，フランスでは昼時に弁当店に行列ができ，手作り弁当を楽しむ人も増えているという。

①小判弁当箱　②七宝蒔絵弁当　③提重(花見弁当)　④溜めひさご弁当(右)　なつめ弁当(左)　⑤アルマイト製弁当箱　⑥プラスチック製弁当箱

図11-11　いろいろな弁当箱
①〜④　東京家政学院大学生活文化博物館所蔵，(撮影：江原絢子)
⑤⑥　(撮影：中澤弥子)

参考文献

有薗正一郎『近世庶民の日常食』海青社，2007
石川寛子『食生活と文化』アイ・ケイコーポレーション，1988
石川寛子『地域と食文化』放送大学教育振興会，1999
石川寛子・江原絢子『近現代の食文化』アイ・ケイコーポレーション，2002
石毛直道・熊倉功夫『講座　食の文化　第二巻　日本の食事文化』味の素食の文化センター，1999
石毛直道・杉田浩一『講座　食の文化　第三巻　調理とたべもの』味の素食の文化センター，1999
魚柄仁之助『台所に敗戦はなかった』青弓社，2015
江原絢子編『近代料理書集成〈第9巻〉弁当・漬物―日本の食文化史』クレス出版社，2013
奥村彪生『お弁当』季刊VESTA 第62号，農山漁村文化協会，2006
加藤文俊『おべんとうと日本人』草思社，2015
金関恕監修　大阪府立弥生文化博物館編『卑弥呼の食卓』吉川弘文館，1999
喜田川守貞(朝倉治彦・柏川修一　校訂編集)『翻刻　守貞謾稿』東京堂出版，1992
熊倉功夫『日本料理の歴史』吉川弘文館，2007
佐々木高明『縄文文化と日本人』小学館，2001
品田知美『平成の家族と食』品文社，2015
成城大学民俗学研究所『日本の食文化』岩崎美術社，1990
瀬川清子『食生活の歴史』東京書房社，1983
田中宣二・松崎憲三『食の昭和文化史』おうふう，1995
高木和男『食からみた日本史(上)』芽ばえ社，1986
高木和男『食からみた日本史(下)』芽ばえ社，1987
竹下和男『〝弁当の日〟がやってきた』自然食通信社，2003
中央食糧協力会『本邦郷土食の研究』東洋書館，1944
中林広一『中国日常食史の研究』汲古書院，2012
日本の食生活全集編集委員会『日本の食生活全集全50巻』農山漁村文化協会，1984〜1993
マリア・ロドリゲス・デル・アリサル『弁当と日本文化』国際日本文化研究センター，2001，(www.nichibun.ac.jp/graphicversion/dbase/forum/text/fn094.html) (2016年4月26日確認)
芳賀登・石川寛子『全集　日本の食文化　第十巻　日常の食』雄山閣出版，1997
原田信男『和食と日本文化』小学館，2005
樋口清之『新版日本食物史』柴田書店，1987
永山久夫『たべもの戦国史』新人物往来社，1977
読売新聞生活部『読売新聞家庭面の100年レシピ』文芸春秋，2015
渡辺実『日本食生活史(歴史文化セレクション)』吉川弘文館　復刊・縮刷，2007
『聞き書　ふるさとの家庭料理　⑲　日本のお弁当』農山漁村文化協会，2003
『図説　日本文化の歴史1〜13』小学館，1979〜1981
『日本生活文化史　新版　①〜⑩』河出書房新社，1986
『料理早指南　二篇　全』(1801)『翻刻江戸時代料理本集成』第六巻，臨川書店，1980

12章　非常の食生活

概　要

　日常の食生活に対する非日常の食生活を非常時あるいは非常の食生活という。しかし，日常と非常との区別はあいまいであり，とちの実はかつて日常食であったが，米の伝来・普及によって非日常の食べものになった。その米も都市住民や富裕層には日常食だったが，一般庶民には特別な日の食べものでもあった。また，昆虫食のように，ある地域では日常食でも，その食習慣をもたない地域では，非常時の食べものとなる。

　このように，時代・地域・階層・経済事情・社会状況などによって，日常食と非日常食はその位置を転換するが，ここでは，天候不順などによる天災，戦争などの人災，地震や噴火などの地災のように，日常が突然非日常に変化した場合の食生活の実態や人々の対応，今日に伝承された非常食の工夫などを歴史から学び，今後の対処の仕方や活用の方法などを考える。

　日本には数多くの飢饉記録がある。飢饉は天候不順による不作が引き金になる場合がほとんどだが，政治判断の誤りや無策による人災の側面も見逃せない。また，地震国日本ではひんぱんに大地震が起こった。さらに，国内での戦争，海外へ足をのばしての戦争も数多い。

　こうした非常の食生活から生まれたのは，量的にも，質的にも乏しい食料を，いかに食いのばすか，いかに空腹をなだめるか，いかに健康や生命を守るかなどについての知恵であった。常に食料が不足していた山間部にはその知恵が蓄積されており，非常時に活用された事例もある。飽食といわれる今日，郷土料理などから非常の食生活の知恵を学ぶことも必要であろう。

原始・古代			中世			
奈良時代		平安時代	鎌倉時代		室町時代	

- 567年『日本書紀』の記事に「大水が出て飢饉」
- 759年 諸国に常平倉を置く
- 1180年 西日本旱魃による飢饉
- 1181〜1183年 養和の飢饉
- 1231年 大冷害で寛喜の大飢饉
- 1258年 正嘉の飢饉
- 1420年 大干魃と戦乱で大飢饉
- 1460年 大冷害と戦乱で大飢饉
- 1462年 寛永の飢饉

1節 飢饉時の食

1．飢饉発生の要因と実態

　日本の飢饉は大小あわせて500回もの記録がある。『日本書紀』（720年成立）には，「567年に大水が出て飢饉となり，人が互いに食べあった」との記述があり，気象状況が悪い年には飢饉が起こり，ひどい場合には，人肉食まで行われていたことがうかがえる。水利開発が未発達だった古代や中世の凶作は干ばつによるものが多く，さらに，内戦などによっても，飢餓状態が頻発した。源平合戦の頃，西日本は雨らしい雨が降らなかったため大凶作になり，頼朝挙兵の年（1180）には「天下飢饉し，道路に餓死者充満す」（『皇帝抄』）という状況であったという。一方，関東では干ばつの影響は少なく，源平の勝敗のかぎは食料にあったとの説もある。

　中世初期の飢饉については「餓鬼草紙」（鎌倉時代）に，やせて腹ばかりふくれた飢鬼たちが描かれている。飢饉の実態もそのとおりだったろう。近世になると，各藩にとって米の増収は大きな課題となり，新田開発，品種改良，水利灌漑施設の充実がはかられた。稲作が東北の奥まで拡大したことにより，近世の飢饉は主に東日本の冷害が中心になっていく。長雨，冷夏，浅間山の噴火に見舞われた「天明の大飢饉」（1782〜88）では，岩手・青森地方が大打撃を受け，人口の多くを失った。

　凶作と飢饉との関係をみると，異常気象や病虫害による不作が飢餓状態を引き起こし，ついには餓死者を出す。穀類，特に米に頼る食生活を営んでいた日本では，米不足は直接飢饉に結びついた。そのうえ，当時の各藩支配の政治状況では経済的な格差や備蓄の差があり，十分な手当ができない地域では，領民の栄養・衛生状態がさらに低下して，病気が蔓延し，病死者も続出した。このような天災・人災複合の飢饉は，日本列島をたびたび襲っており，各種の記録，墓碑，供養碑，寺の過去帳などから，その惨状をうかがうことができる（図12-1）。

　こうした飢餓を防ぐために，あるいは飢餓を乗り切るためのさまざまな工夫もみられる。米の食いのばしをはかる調理の工夫がその一つである。1人の餓死者も出さなかった米沢藩では，領民に食べられる野草のレシピ「かてもの」（1802）を編集・配布し，日頃から飢饉への備えをしていた。

　また，穀物・乾物・塩物などの備蓄も心がけられており，江戸時代各藩の常平倉・社倉・義倉や農村の郷倉など不作に備えた穀物の備蓄制度があったし，お救小屋（図12-2）などでの施粥も行われている。

図12-1　流民之図
宝暦期陸奥国一ケ関藩の飢饉状況を描いた建部清庵の『民間備荒録』（1796）の一場面である。食うに困った村人たちが他国に逃れたが，そこもやはり飢饉地獄のまっただ中にあったのである。瀧本誠一編『日本経済叢書巻八民間備荒録』1915

江戸時代（近世）	1732年	いなごの害のため西日本に大飢饉
	1782〜1788年	天明の大飢饉
	1783年	浅間山噴火による凶作
	1833〜1839年	天保の飢饉
	1836年	江戸神田佐久間町にお救小屋設置
明治時代（近・現代）	1902年	東北地方大凶作
昭和時代	1931年	東北・北海道の冷害深刻化
	1934年	東北地方の大凶作
	1942年	『非常食糧の研究』刊
平成時代	1993年	平成の大凶作
		アフリカ諸国で飢餓すすむ

江戸時代に普及した甘藷は食料不足や飢饉時の食料として威力を発揮し，第二次世界大戦下でも「おいもは大切な主食物！」と，官民あげての大増産キャンペーンが繰り広げられている（図12-8）。

2. 飢饉時の食の実態

飢饉時の最も大きな食生活上の問題は，米が極端に不足することである。そこで，飢饉時には最初に米の食いのばし対策が実行された。そして，いよいよ米がなくなると，いもや木の実などをエネルギー源として食べた。飢饉時の特異な食べもの（救荒食品）として，蕨の粉，葛の根，シダミ（どんぐり），とち，野老，ふき，あざみ，おおばこ，米ぬか，松の皮，藁，蝗などが各種の記録にみられ，口に入るものは何でも食べている。飢饉時などの食料難では，食べる量が少なくなり，質が悪くなり，動物性たんぱく質などは摂取できなくなる。飢饉時の伝染病蔓延などは，こうした栄養失調状態が原因であった。

図12-2 お救小屋
飢人賑恤の図。宝暦の飢饉の際，盛岡城下に設けられた御救小屋
菊池勇夫『近世の飢饉』1997

近現代になってからも凶作は続き，1934年（昭和9）の東北地方の大凶作では，「娘の身売り」が横行し，欠食児童が増加した（図12-3）。厳しい食生活はさまざまな健康障害をもたらす。岩手県警察部衛生課作成「凶作の衛生上に及ぼす影響」（1934）には，次のような記述がみられる。「(1)発育成長期にある児童の栄養障害の結果，身体の発育成長充分ならず，成年になっても体格不良のものが多い。(2)一般に栄養価が少ない凶荒植物を大量に食べるので，胃腸疾患が多い。(3)豆類，魚肉類，卵，動物性脂肪，野菜，果物などに多量に含有するビタミンAの欠乏の結果，夜盲症になるものが多い。(4)たんぱく質およびビタミン欠乏の結果，抵抗力が減弱し，罹病性を増す。(5)凶作後の生活環境劇変は消化器系伝染病の大流行をひきおこす。(6)妊婦および産婦の栄養欠陥は児童の発育成長ならびに母性の健康上におよぼす影響が大きい。(7)産婦の授乳困難は，乳児の発育成長ならびに健康障害を起こし，乳児死亡率を高める。(8)児童への寄生率が高い回虫は，凶作地方の児童の栄養欠陥をさらに大きくする。」と。同書は，品名（食材），数量，たんぱく質，温度（カロリー），備考（つくり方）を記して，82種の料理を紹介しているが，「シダミ団子」などは，山村の日常食からヒントを得た料理であったろう。

図12-3 東北大凶作を伝える新聞
無明舎出版『東北大凶作』1991

原始・古代			中世				近世			
奈良時代	平安時代	鎌倉時代		室町時代		安土桃山時代	江戸時代			
・712年『古事記』に「糒」	・1185年 源平合戦、平家滅亡	・1274年 蒙古襲来(文永の役)	・1281年 蒙古襲来(弘安の役)	・1467年 応仁・文明の乱、戦国時代に入る		・1600年 関が原の戦い	・1615年 大阪夏の陣、豊臣氏滅亡	・1637年 島原の乱	・1868年 戊辰戦争、徳川幕府終焉	

2節　戦争と食

1. 兵士たちの食生活

　戦時における兵士の食料(兵食)は、勝敗を決するほどの重要な役割をもっていた。兵法のなかにも、「兵糧攻め(ひょうろうぜめ)」があったほどである。兵食には、運びやすい、日もちがよい、栄養価が高い、少量でも腹もちする、簡単に調理できる、食べやすい、嗜好に合うなどの条件がある。戦国時代の携帯食(戦陣食)(11章の図11-9)をみても、こうした条件を備えていたことがうかがえる。

　712年献上の『古事記』にも糒(ほしいい)が登場しているが、古くから兵士たちの主食には糒や屯食(とんじき)が給与された。糒は飯を干したものであり、屯食は飯を握ったもので、糒の保存性は抜群によかったが、屯食は長もちしない。そこで、屯食は両面を焼いたり、梅干を入れたり、竹の皮で包んだりして、保存性を高める工夫がなされている。また、飯を食べるおかずとしても、塩分補給のためにも、塩辛いもの、例えば、塩、みそ、梅干などが給与された。戦国時代に入ると、糒・握り飯・塩・みそのほか、炒大豆、かち栗、干鮑(ほしあわび)、昆布、干野菜、かつお節、干魚などが加わり、このほか、胡椒、しょうが、胡麻なども保健用として給与されている。

　近代に入ると、あらたな兵食の研究がすすめられ、パン・缶詰などが開発された。1907年(明治40)に制定された携帯口糧(兵士個々人が常時携帯する予備食料)は、精米6合(または乾燥パン180匁)、缶詰肉40匁、食塩3匁であり、糒の支給は廃止された。

　また、海外での戦争遂行のために、食料や水の確保、適切な調理法、運搬可能な調理器具の開発も不可欠となった。軍では盛んにそれらの研究開発を行っている。しかし、戦域が拡大し、輸送が困難になる第二次世界大戦末期になると、戦場へ食料を補給することが難しくなってくる。ガダルカナル島、フィリピン、ニューギニア、ビルマ、中国本土などでの「戦争栄養失調症」による病死、あるいは餓死によって、140万人にものぼる兵士が犠牲になったといわれている。食料補給を第一に考えなかった無謀な戦争は、一種の「兵糧攻め」にあって、敗戦にいたったといってもよい。

2. 庶民の食生活

　戦争は一般庶民の食生活を圧迫したが、全国民を巻き込むようになったのは、近代に入ってからである。外国との戦争は、日清戦争(1894開戦)、日露戦争(1904開戦)と続いたが、日清戦争勝利の際には、「かちどきビスケット、君が代饅頭、凱旋(がいせん)ラムネ、乗捕汁(のっとりじる)」とネーミングされた菓子や料理が登場した。しかし、満州事変から始まる15年戦争の末期には、戦場の兵士ばかりでなく、全国民が飢餓状

表12-1　戦時兵食　海軍の食料構成

食品	分量	食品	分量
パン	50匁以上・187.5g	割麦	35匁以上・131.3g
貯蔵獣肉	40匁以上・150.0g	茶	半匁以上・1.8g
乾物	20匁以上・75.0g	魚肉	40匁以上・150.0g
さとう	6匁以上・22.3g	焙麦	1匁以上・3.8g
白米	100匁以上・375.0g	その他	

[献立例]
朝食　飯(白米、割麦、焙麦)・煮込(みそ、干魚、なす)・だいこん漬
昼食　パン(さとう、焙麦)・煮込(牛肉、馬鈴薯、たまねぎ)
夕食　飯(白米、割麦、焙麦)・煮込(牛肉、里芋)・菜漬
ほかに　汁粉(小豆、小麦粉、さとう)

石川寛子他『近現代の食文化』2002より作成

年表（近・現代）

明治時代
- 1894年　日清戦争始まる
- 1897年　陸軍に中央糧秣廠創設
- 1904年　日露戦争始まる
- 1907年　携帯口糧制定

昭和時代
- 1931年　満州事変勃発
- 1938年　公定価格制度の導入
- 1940年　食糧切符配給制スタート
- 1942年　食糧管理法制定
- 1943年　ガダルカナル島撤退開始
- 1944年　いもの大増産キャンペーン
　　　　　学童集団疎開始まる
- 1945年　東京区内各所にヤミ市出現
　　　　　メチルアルコールによる死者続出
- 1965年　ベトナム戦争

平成時代
- 1980～1988年　イラン・イラク戦争
- 2011年～　シリア内戦

態におちいった。それは，満州事変(1931)と同じ頃，東北地方では凶作が相つぎ，また，兵としてばかりでなく，軍需産業の働き手として成人男子が徴用されたため，食料生産が著しく低下したからである。そこで，不足食料の売り惜しみ・買占めを防ぐため，政府は食料統制を強化した。その結果，一般庶民の食生活はこの国家統制にいやおうなく組み込まれていった。

1938年（昭和13）から公定価格制度が導入され，1940年（昭和15）には「食糧切符配給制」（表12-2）がスタートした。そしてさらに，1942年（昭和17）「食糧管理法」が制定されて，「主要食料は国家がすべて管理する」ことになった。この法律は戦後も生き続け，米が自由に売買できるようになったのは，1995年（平成7）の「新食糧法」施行以降のことである。

配給制度における成人の米配給量は1日2合3勺（330g）であったが，食料事情の悪化にともない，米代替食品の配給，配給量の削減，遅配・欠配などが始まる。国民は庭などにいもやかぼちゃを植えての自給自足，これまで食べなかった野草や昆虫などの代替食品の利用，生産地への直接買付けなど，食料確保や節約につとめ，最低限の食生活を維持しようと努力した。

政府や大政翼賛会，各情報メディアなどは食事の工夫を宣伝したが，努力だけでは解決できず，気力・体力の低下，栄養失調症の激増をもたらした。敗戦後も「たけのこ生活」とよばれる食料難は継続し，買い出しやヤミ市などの食風俗を生みだした。こうした惨状に対し，戦後日本に進駐したアメリカ軍の食料放出，海外の各種援助機関や団体の援助物資，生産力アップなどによって，戦争がもたらした飢餓は，1955年（昭和30）頃になって，ようやく「もはや戦後ではない」状況に回復している。

第二次世界大戦末期の政策に，都市住民の地方への疎開，都市部小学校の学童集団疎開（1944）がある。兵士，開拓民，技術者，商人たちの海外進出，一般国民の疎開など，多くの人々が，国外・国内で体験した異文化接触は，よきにつけ，あしきにつけ，戦後の日本食文化に影響を与えた。日本が飽食時代へ突き進んだ要因の一つは，飢餓体験と多様な異文化体験にあったといえよう。

戦後の日本は戦争を放棄したが，世界中では，いたるところで戦争や内戦が勃発し，人びとは死や負傷にさらされ，飢餓に苦しめられてきた。戦争と食の問題は今も続いている。

表12-2　食糧切符配給制の実施時期とその状況

品目	内容
さとう	昭和15年6月　家族15人まで1人に付き0.6斤（約300g）15人をこえるもの超過1人に付き0.36斤
マッチ	昭和15年6月　2カ月当たり　1～6人　小型1個　7人～　大型1個
燃料	昭和15年10月
育児用乳製品	昭和15年11月　1か月未満　粉乳3かん　練乳2かん　1か月～2か月　〃　4　〃　16　〃　2か月～6か月　〃　5　〃　20　〃
飲用牛乳	昭和15年12月　1日当たり　2か月以内3合以内　4か月以内4合　8か月以内5合　9か月以内4合　1年以内3合
米	昭和16年4月　配給基準1人1日当たり　2合3勺（330g）
小麦粉	昭和16年4月　1人（自炊者）50匁　8～15人　200匁　2～3人　100匁　15人以上超過　4～7人　150匁　1人に付き15匁増
酒	昭和16年4月　1世帯　4合
ビール	昭和16年4月　1世帯　2本ないし4本
食用油	昭和16年6月　3か月当たり　1人（自炊者）2合　2～3人　3合　4～7人　5合
じゃがいも	昭和16年7月　じゃがいも，豆，特殊需要者用パン小麦
卵	昭和16年10月　2人当たり　1個
魚	昭和16年11月　1人1日当たり　丸30匁・切身20匁
菓子	昭和16年12月　1か月当たり　2歳以下　乳児菓子2袋30銭　3～15歳および60歳以上　1人　30～60匁
塩	昭和17年1月　1か月当たり　家族20人まで1人に付き200g　20人以上超過1人に付き150g
しょうゆ	昭和17年1月　1か月当たり　1人　3合7勺
みそ	昭和17年2月　1か月当たり　1人183匁（1日当たり6匁）
パン	昭和17年6月　妊産婦・幼児に1か月当たり1食（菓子パン3個）
青果	昭和17年11月　1人当たり　60匁～75匁
備考	1斤は600g　1合は180ml，米1合は145g　1匁は3.75g

石川寛子他『近現代の食文化』2002より作成

原始・古代		中世	近世
平安時代	鎌倉時代	室町時代	江戸時代

- 937年 富士山噴火
- 1108年 浅間山噴火
- 1293年 鎌倉大地震
- 1340年 阿蘇山噴火
- 1471年 桜島大噴火
- 1498年 遠海大地震、東海・伊豆地方に津波
- 1657年 江戸、明暦の大火

3節　災害と食

　日本は地震国である。また、洪水や津波、火山噴火などの災害も多い。天候不順による凶作はある程度予想もつくが、災害の場合、常日頃から備えをするのは難しい。1855年（安政2）の江戸大地震、1891年（明治24）の濃尾(のうび)大地震ように、大きな被害を出した地震災害もあったが、ここでは比較的記憶に新しい関東大震災・阪神淡路大震災および東日本大震災を取り上げる。

1. 関東大震災と食

　関東大震災は1923年（大正12）9月1日の正午に起きた。昼食準備中の家庭が多く、またたく間に火災が延焼して、焼死者はおびただしい数にのぼった。食料の多くも焼失し、避難民は食事に事欠く状況だったが、政府は9月2日に「非常徴発令」を出して、米50万石の買い入れを決定している。陸軍の給水事業は9月3日から開始され、震災時の対応としては迅速であった。震災直後の被災民は玄米の握り飯で飢えをしのいでいたが、9月6日には公設市場で白米の売り出しが始まり、牛肉も市場にあらわれるなど、食料供給は比較的スムースであった。

　各地からの救援物資も続々と運び込まれ、芝浦、田端、新宿、亀戸では、6日より配給を開始している。「食糧品到着及食糧船入航一覧」には「サンフランシスコより（パン10万貫）、宇品より（精米740石、野菜多数）、大阪より寄贈（精米3千570石、缶詰1万5千）、大連より（10万俵）、仁川より（10万俵、缶詰多数）」と記され、諸外国からの食料品搬入もひんぱんに行われている。

　関東大震災の後日談にこんなエピソードがある。東京市の特殊小学校では、朝食も摂れない子どもたちがいたので、弁当給与を実施することになった。自由学園の卒業生・上級生が献立と調理を担当することになって、毎日3〜5人が協力した。弁当給与は10月15日から始まったが、ある日の献立は「白米1合、豚肉・ネギ・馬鈴薯の汁、大根漬」である。比較的豊かなこの献立をみると、震災後1ヶ月半、ようやく落ち着きを取り戻した被災地の様子とボランティアの実態がうかがえる。

図12-4　関東大震災での炊き出し風景
（増上寺救護班の食料の配給）通俗教育部会『大震災と其教訓』1923

- 2016年 熊本大震災
- の放射能問題
- 2011年 東日本大震災と福島原発
- 2007年 新潟県中越沖地震
- 2004年 新潟県中越地震
- 1995年 阪神淡路大震災
- 1993年 北海道西南沖地震

平成時代

- 1923年 関東大震災

大正時代

- 1891年 濃尾大震災

明治時代

- に流行
- 1858年 長崎にコレラ発生、全国
- 1855年 安政の江戸大地震
- 1777年 三原山大噴火
- 1707年 諸国大地震、富士山噴火
- 1682年 江戸、大火（振袖火事）

近世 ／ 近・現代

2. 阪神淡路大震災と食

　1995年（平成7）1月17日の明け方，阪神地区を中心にマグニチュード7の大地震が発生した。被災者でもあった奥田は，震災復興までの道のりを，第1期（食べもの・飲みもののない日が約2週間続いた混乱期），第2期（救援物資が到着し，炊き出しボランティアが出現した2週間後，最小限の食事支給が始まった時期），第3期（ライフラインもほぼ復旧した約2か月後の安定期），第4期（約4か月後の日常生活の再建と復興へ向けて人々が立ち上がった時期）の4期に分類している。

　被災者の食生活上，最も重要なのは初期の混乱期であろう。阪神淡路大震災の場合も，せっかく各地から送られてきた救援物資は，行政の対応の遅れや道路寸断などにより，被災者たちにスムースに届けられなかった。また，調理に関しても，関東大震災に比較して一段とガスや電気に依存する食生活であったから，米を炊くことすらできなかったそうである。

　さらに，配布された弁当は（図12-5），高脂肪，高動物性たんぱく質，高エネルギー，野菜不足であり，特に高齢者の不評をかった。被災者たちにとって比較的復旧のはやい電気器具，とりわけ，ホットプレートは便利な道具であり，また，アルファー化米の備蓄は有効であった。

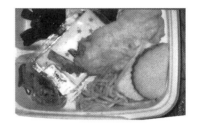

図12-5　配布された弁当

〔ある日の夕食の弁当。こんな弁当が震災以来明けても暮れても配られてくる。魚のフライとコロッケ，スパゲティとマカロニが交互に入ってくるのがせめてもの変化。青野菜のおひたしをという声はいまだに聞き入れられない。朝のパンとミルク，昼の弁当とで一日千二百円。「現金でもらう方がもっとましなものが食べられる」とテント村の人はいう＝神戸市須磨区で，6月3日。〕

渡辺好庸『検証南兵庫大震災』1995

3. 東日本大震災と食

　2011（平成23）年3月11日，マグニチュード9という日本周辺における観測史上最大級の巨大地震が発生し，直後に押し寄せた津波と福島原子力発電所の事故によって，2万人ともいわれる死者・行方不明者，そして，多くの避難民が住み慣れた地から離れる事態となった。避難所での食事，仮設住宅での食事など課題は多く残るが，阪神大震災の教訓から学び，大勢のボランティアや内外からの支援を受けて何とか乗り切ったというのが実情であろう。日本調理科学会でもボランティア体験を生かして「災害時の炊き出しマニュアル」を発行した。こうしたマニュアルはさまざまな形で，行政・企業・地域，住民各人に伝えられ，近く起こるであろう巨大地震への備えとされている。しかし，2016年は九州の熊本を中心に大地震が発生した。日本全国どこでも地震が起こる可能性はある。そのための備え（図12-6）を日頃から行っておくべきであろう。

図12-6　震災用の非常食品

古代よりの兵食，非常食の知恵と現代の加工技術から生みだされた震災用の非常食品。乾物，缶詰，梅干，乞装食品などがみられる。

坂本廣子『地震の時の料理ワザ』2006
（イラスト／まつもときなこ）

3節　災害と食

江戸時代（近世）	・1735年 青木昆陽『蕃藷考』刊 ・1753年 幕府、諸大名に年貢米の一割備蓄穀を命ずる ・1802年 米沢藩、領民に「かても」の『配布 ・1836年 高野長英『救荒二物考』刊 ・1842年 伊豆韮山で江川担庵、軍用パン試作
明治時代（近・現代）	・1885年 小田切春江編『凶荒図録』 ・1894年 日清戦争により缶詰、軍用ビスケット増産 ・1895年 帝国陸軍、重焼パンを正式採用 ・1903年 白井光太郎『救荒植物』刊 ・1907年 乾パン、陸軍の携帯口糧に採用

4節 非常食の工夫

1. 多様な非常食

飢饉時には，これまで食べなかったさまざまな動植物が食用化された。また，救荒食・備荒食とよばれる保存食の工夫にも優れた知恵がある。これらの非常食を資料をもとにみてみよう。

図は第二次世界大戦時の1944年，神奈川県食糧営団によって刊行された『決戦食生活工夫集』掲載の「非常用食糧品目」（図12-7）である。飢饉体験者が書き残した記録や兵食・兵糧の研究などに基づいて描かれた，いわば啓発目的の戦時非常食一覧といえる。

主食として，「乾飯，炒米，凍餅，牛皮餅，乾パン，ビスケット，硬パン，干甘藷，干馬鈴薯，むぎこがし」などがあげられ，副食に準ずるものとして，「めざし，佃煮類，乾燥野菜，するめ，かつお節，削り節，燻製にしん，塩ざけ，たたみいわし，昆布類，その他調味品，缶詰類，果物類，水飴，蜂蜜，みそ漬，塩漬（肉・果実・野菜・梅干），炒豆，乳児用ミルク，玄米粉」が列挙されている。非常食としての条件を備えたものばかりであった。

非常食の特徴の一つは，脱水して保存性を高め，重量を軽くして，もち運びに便利に加工したものである。また，塩漬のように，保存性を高めると同時に塩分補給の役目を果たすものもあった。さらに，身体に必要なたんぱく質を補給するものも含まれている。柿の皮の粉のような究極の非常食もあった。しかし，柿の皮の乾物は，干柿の生産地ではおやつとして日常的に食べられており，山漁村の日常食や郷土食からヒントを得た非常食もみえる。

やせた土地でも，少々気候条件が悪くても栽培可能な食料の開発もすすめられた。さつまいもが，飢饉時の食料として江戸時代に広く栽培されたこと，先に述べたように，第二次世界大戦下でも推奨されたこと（図12-8）などは，このケースにあたる。

2. 非常時の主食

日本人の主食は米である。食料難とは米不足によって引き起こされるものであり，非常食の工夫とは，つきつめれば主食の工夫といえる。第二次世界大戦時には公的機関やさまざまなメディアをとおして，主食の工夫の徹底がはかられた。次頁の資料

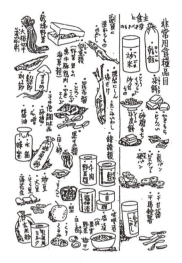

図12-7 第二次世界大戦時の文献にみる非常用食糧品目
石川寛子他『近現代の食文化』2002

図12-8 いもの大増産運動
（朝日新聞，昭和18年7月17日）
石川寛子他『第二次世界大戦下における食生活実態に関する資料調査研究』1989

近・現代

昭和時代
- 1934年 陸軍糧秣本廠編『日本兵食史』刊
- 1942年 東方筹『非常食糧の研究』刊
- 1943年 校庭農園・路傍農園本格化、野草の食用奨励
- 1944年 中央食糧協力会『郷土食慣行調査報告書』刊
- 神奈川県食糧営団『決戦食生活工夫集』刊
- 1986年 『雑兵物語他』再版・発行

平成時代
- 1996年 奥田和子『震災下の「食」』刊 神戸からの提言
- 2012年 日本調理科学会『災害時の炊き出しマニュアル』刊

は当時の料理書などに記された主食の具体例である（表12-3）。

混主食とは米の節約のために他の食品を混ぜて炊く「カテ飯」，代用全食とは水分を増し，他の食品を加えて主食・副食・汁ものを一体にした雑炊・粥・すいとんなど，代用主食とは米以外の食品を主食とするものであった。米の代わりに配給された干しうどん入り飯，自家栽培を奨励された甘藷（さつまいも）やかぼちゃの多用，非常時でなければ食べない豆粕・茶がら・どんぐり・ふすま・ぬかの利用など，料理書の記述からさえ，厳しい食生活の実態が浮かび上がる。

非常時での米への執着は強かった。日本の気候風土に適合し収穫量の多い米は，日本人の嗜好にマッチし，栄養バランスもよい主食として優れた適性をもっている。しかも，長期保存が可能な保存食品であり，籾米・玄米として保存すれば，数年・数十年の長期にわたって保存できる。さらに，加熱でんぷんをアルファー化して乾燥させた糒は，携帯食，簡便食となり，旅行や戦場での食べものとして古代から用いられ，大地震や凶作時には備蓄米を利用した炊き出しが行われてきた。被災者の心身の癒しに絶大な効果があるのは，炊きたてのごはんと温かいみそ汁である。

住民たちのネットワークによる非常時での炊き出しシステム，「救援物資に頼らない自己完結型の備え」の構築などの実現化を早急にはかる必要がある。

3. 食文化としての非常食

非常食は食料が極端に不足したとき，命をつなぐ知恵と工夫を結集した究極の食文化といえよう。苦くて食べられないとちの実を長期保存し，アクを抜いて非常時の食料とした山村の人々，豊漁のたらやにしんを大量の塩を加えて乾燥し，携帯や運搬可能な保存食につくり変えた漁村の人々，米増産のために新田を開発し，寒さや虫害に強い品種をつくり出した農民たち，少ない米を何とか食いのばそうと工夫を重ねた一般の人たち，こうした知恵と工夫がなかったら，非常時の食生活の水準はもっと低下していたにちがいない。餓死を免れ，食生活水準の低下を食い止めるために努力してきた庶民の努力は，洗練された料理や料理形式を生み出した食文化と同等に，価値ある食文化といえるであろう。特に今日では非常時に備えて1人につき3日分の食料と9リットルの飲料水の備蓄がすすめられている。

表12-3 主食の分類

分類	種類	材料 等
混主食	混ぜ飯	麦入り飯（押し麦・丸麦・はと麦），そば入り飯，こうりゃん飯，きび飯，大豆入り飯，豆粕飯，小豆入り飯，干しうどん入り飯，馬鈴薯入り飯，甘藷入り飯，茶がら入り飯，うの花入り飯
代用全食	雑炊	麦雑炊，いも雑炊，魚・野菜雑炊（だいこん・にんじん・くり・塩鮭・あさり・小かぶ・たけのこなど）
代用全食	粥	麦粥，はとむぎ粥，うどん粥，大豆粥，小豆粥，甘藷粥，馬鈴薯粥，ずいき（さといもの茎を干したもの）粥
代用全食	すいとん	そば粉すいとん，大豆粉すいとん，小麦粉すいとん，米粉すいとん，馬鈴薯すいとん，うの花すいとん，人参すいとん，茄子すいとん，南瓜すいとん，どんぐりすいとん
代用主食	蒸しパン	馬鈴薯入りパン，甘藷入りパン，とうもろこしパン，大豆粉入りパン，ふすま入りパン，ぬか入りパン，うの花入りパン，野菜巻きパン，にんじんジャム入りパン
代用主食	団子	ぬか団子，ふすま入り団子，甘藷団子
代用主食	餅	馬鈴薯餅，甘藷餅，そば芋餅，さといも餅，はとむぎ餅，どんぐり餅，南瓜餅

石川寛子他『近現代の食文化』より作成

参考文献

荒川秀俊『飢饉』教育社，1979
石川伸一「大震災を生き抜くための食事学」主婦の友インフォス情報社，2012
石川寛子編著『食生活と食文化』アイ・ケイコーポレーション，1988
石川寛子編著『第二次世界大戦下における食生活実態に関する資料調査研究』フリオール，1989
石川寛子・江原絢子編『近現代の食文化』アイ・ケイコーポレーション，2002
伊藤伸恵編集『復刻　海軍割烹術参考書』イプシロン出版企画，2007
江原絢子・石川尚子・東四柳祥子共著『日本食物史』吉川弘文館，2009
奥田和子『震災下の「食」―神戸からの提言』日本放送出版協会，1996
奥田和子「働く人の災害食―神戸からの提言―」編集工房ノア，2008
勝田俊輔他編『アイルランド大飢饉』刀水書房，2016
神奈川県食糧営団『決戦食生活工夫集』日本経済新聞社，1944
金田茉莉『東京大空襲と戦争孤児』影書房，2002
菊池勇夫『飢饉の社会史』校倉書房，1994
菊池勇夫『近世の飢饉』吉川弘文館，1997
小山良太・小松知未『農の再生と食の安全―原発事故と福島の２年』新日本出版社，2013
斎藤美奈子『戦下のレシピ―太平洋戦争下の食を知る―』岩波書店，2002
坂本廣子『地震の時の料理ワザ』柴田書店，2006
清水克行『大飢饉，室町社会を襲う！』吉川弘文館，2008
食文化誌ヴェスタ57号『特集　災害と食』味の素食の文化センター，2005
瀧本誠一編『日本経済叢書巻八　民間備荒録』日本経済叢書刊行会，1915
通俗教育普及会『大震災と其教訓』通俗教育普及会出版局・軍事教育会，1923
中島陽一郎『飢饉日本史』雄山閣出版，1976
永山久夫『たべもの戦国史』新人物往来社，1977
新潟大学地域連携フードサイエンスセンター編「これからの非常食・災害食に求められるもの」光琳，2008
日本調理科学会・NPO CAMPER「災害時の炊き出しマニュアル」東京法規出版，2012
日本農業気象学会『平成の大凶作』農林統計協会，1994
農林水産省退職者の会編「食糧危機の時代を生きて―戦後農政現場からの証言」農林統計協会，2014
芳賀登・石川寛子監修『全集　日本の食文化11 非常の食』雄山閣出版，1999
藤木久志『飢餓と戦争の戦国を行く』朝日選書，2001
藤原彰『餓死した英霊たち』青木書店，2001
松平誠『ヤミ市　幻のガイドブック』筑摩書房，1995
三上良三「岩手県における凶作の一考察（第３報）」生活学園短期大学『紀要』9，1986
宮本常一『甘藷の歴史』未来社，1962
宮本常一「飢餓からの脱出」八坂書房，2012
無明舎出版編『新聞資料　東北大凶作』無明舎出版，1991
ルース・ドフリース著，小川敏子訳『食糧と人類　飢饉を克服した大増産の文明史』日本経済新聞社
リジー・コリンガム著，宇丹貴代美・黒輪篤嗣訳「戦争と飢餓」河出書房新社，2012
渡辺好庸『検証　南兵庫大地震』論創社，1995

13章　外食文化の成立と変化

概要

　近世以前の戦乱がおさまり平安な日々がおとずれると，人々の外出が活発化し食事を家庭外で摂ることが多くなり，さまざまな外食の形態が生じてくる。簡単な路上での食べもの販売から始まり，移動が可能な屋台や店を構えての商売へと展開し，三都を中心に広まっていく。庶民相手の屋台は，てんぷら，そば，握りずし，団子，いか焼きなどが提供された。

　一方で武士や商人などの富裕層を相手にする料理屋もあらわれ，高額な食事を提供し高級食材と高度な料理技術で日本料理が大成する。またそれは階層にみあった外食の出現であり，人々の食生活を豊かにしていく。

　明治時代以降には西洋料理店も加わり，大正時代後半には中国料理店も出現し，和洋折衷の洋食店や喫茶店など外食化は広がった。やがて百貨店ができ，家族連れが買い物をし，食堂で食事をする時代にはお子様ランチが登場する。

　近代化がすすむにつれ，人々の生活形態も様変わりし，外食の世界も多様化していった。交通やメディアの発達は便利で早いことを追及することで，バブル期には高級フランス料理ブーム，イタリア料理は「イタメシ」の愛称で流行した。一方で立ち食いのそばやうどん，寺社での行事には門前に屋台がでる景色は健在である。現在は外食の紹介本，グルメガイドも多く出版され，ネットやテレビなどの情報も詳細になり，人々が外出する機会が多くなっている。駅の構内に簡単な飲食店を設ける場合はあったが，最近はエキナカといわれる飲食店街に近い規模を設置する駅が出現している。

　外食店も消費者のニーズに対処すべく変動が激しいが，食材や環境，経済問題など時代に即して変容していくものであろう。

原始・古代	中世	近世	近・現代
奈良時代 ・平城京の市で食べ物商う	室町時代 ・汁物を街頭で商う ・門前でお茶を商う	江戸時代 ・1657年以後 奈良茶飯屋開店(浅草) ・1782年 屋台のてんぷらなど流行 ・1790年 高級料理屋開店 ・1821年頃 握りずしの屋台出現 ・1863年 長崎に西洋料理店開店	明治時代 ・1868年 牛鍋屋開店 ・1876年 横浜グランドホテル内に西洋料理店開店 ・1883年 中国料理店「偕楽園」開店

1節　外食文化の成立と形態

1. 外食の成立

　外食とは「家庭外でする食事」と広辞苑には記されている。家族単位の生活が営まれるようになると，食事は家族の生活様式にあわせて食物摂取が行われた。家庭内の食事は，生きるための基本の食事を主軸に営まれており，一方社会的な構成単位でもある家庭は年中行事など地域とのつながりもあり，特別な食事も家庭内でまたは共同体の場で用意されてきた。

　しかし，人々の行動範囲が広がると，旅などの理由で外出する場合，食事を家庭外で摂る必要が生じる。初期には外出先で食材を手に入れ調理して食べるか，あるいは弁当のように携帯して食べていたと思われる。しかし，長い期間の外出では限界が生じ，飲食を提供する場所が求められるようになる。古くは路上で食べる軽い飲食（図13-1），さらに茶屋で食べる軽食，旅館や料理屋での食事など目的に応じてさまざまな飲食を提供する場ができてくる。特に人々が集中する都市部において発展した。また街道が整備されると，東海道五十三次のように要所に名物といわれる食べものが発展した。

　また，江戸では参勤交代制で江戸の留守居役の武士たちが会合する場所として料理屋が利用された。料理屋ではおいしい料理や珍しい食材などに工夫をこらして名声を売ることで，文人墨客といわれる町人層や金払いのよい庶民層をも対象にして発展した。さらに，芝居見物でも長時間の観劇の合間に食事を出すことが行われた。明治時代以降になると，百貨店の食堂などの登場により（図13-2）家族で外食を楽しむ習慣も生まれた。このように外食は必要に迫られて出現するが，次第に娯楽性が付加され，経済状況に応じて楽しむことを主目的とした外食が都市部を中心に定着する。

　「外食」は比較的新しいことばで，1943年（昭和18）に「食糧管理法」により発行された「外食券」からといわれる。また1970年に万国博覧会が大阪で開かれたのを契機に食堂やレストランが急速に増加し，「外食産業」という用語が出現した。また社会的に組織された集団が食事を供給されることは「給食」とよばれている。

図13-1　路上での飲食風景
『洛中洛外図屏風　舟木本』
（東京国立博物館所蔵）

図13-2　大正時代の三越百貨店食堂
石毛直道監『講座　食の文化』（財）味の素食の文化センター 1999

近・現代		
1899年	私鉄山陽鉄道に食堂車	
1903年	日本橋白木屋デパート食堂開業	
大正時代	大衆食堂（カツレツ、カレーライスなど）	
昭和時代	1944年 雑炊食堂出現 1967年 立ち食いそばブーム 1970年 ミリーレストラン開店　ファストフード店、ファ	
平成時代	2005年 食育基本法 栄養教諭制度発足 郷土料理系の外食店増加 B級グルメの流行	

2. 外食の形態

外食の形態は図13-3に示したように経済通産省では1飲食店，2給食，3その他に区分している。1は食事を摂取する人々が不特定の人である場合であり，2は特定の人々が摂る場合であり，3は供給側と需給側のどちらかが移動している場合と考えられる。飲食店にもさまざまな形態があり，格式ある料亭や目的をもって特定の集団がその場限りで行う式場などでの食事は，予約制がとられ，人数が確定した状態で一定の食事が提供される形態となる。

外食の形態は店舗型が主流であり，外食を摂る対象者のニーズに合わせたさまざまな店舗が生まれ，年々変化していく。対象者のニーズは人々をとり巻く環境の変化（例えば経済状態，嗜好の変化）によって選択する外食内容が変わる。店舗の経営者は社会の動きを見定め，消費者のニーズに合わせた食事を提供する。飲食店の業態分類としてはファストフードタイプ店からディナーレストランタイプ店まで4形態があり，嗜好性の強い喫茶店はその他に分類されている。車社会の影響からドライブスルー形態の店もあり，チェーン店が多く，地域を問わず飲食ができる。

給食には，企業社員食堂，学校給食，病院などがあげられる。2005年に食育基本法が成立し，10年が経過し，多方面にわたって効果を示している。食物アレルギーや欠食などの対策解明・解決されることが問題となっている。また，企業の社員食堂は，大規模な会社に設けられていることが多い。最近はその社員食堂が外部化する例として，タニタ（計量機器メーカー）社の給食メニューが話題になり，人々の食事改善の一役をかっている。病院給食では病人食が病状に応じて供給される。最近は画一ではなく，選択性を導入している施設もある。このような多くの料理を提供する場では栄養バランスガイドを利用し，栄養表示をしていることが多くなっている。

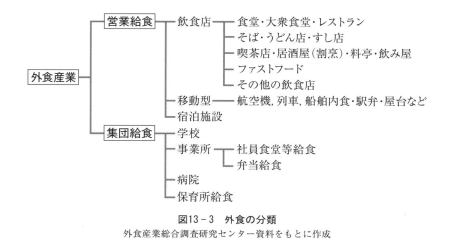

図13-3　外食の分類
外食産業総合調査研究センター資料をもとに作成

原始・古代	中世	近世	近・現代
奈良時代 ・平城京の市で食べ物商う	室町時代 ・門前でお茶を商う ・汁物を街頭で商う	江戸時代 ・1657年以後 奈良茶飯屋開店（浅草） ・1771年 江戸の洲崎に料理茶屋「升屋」開業 ・1782年 屋台のてんぷらなど流行 ・1801〜1804年 高級料理茶屋「八百善」流行 ・1821年頃 握りずしの屋台出現	明治時代 ・1863年 長崎に西洋料理店開店 ・1868年 牛鍋屋開店 ・1876年 横浜グランドホテル内に西洋料理店開業

2節　食べもの屋の形成と発展

1. 食べもの屋の形成

　江戸時代になると世情が安定し，人々のくらしも落ち着いて，大坂（現在の大阪），京都，江戸の三都を中心に人々が集まり，食の世界もさまざまな動きに変化がみられる。そのようななかに，煮売屋という庶民層を相手に荷かごを担いで隅々まで運んで売り歩く商売が生まれる。繁華な通りに荷をおろし，通行人相手に食べものを売るようになる。このようなかたちは安土桃山時代に既に出現しており，遊山地や寺社の門前で一服一銭といって茶釜を据えつけて抹茶をたてて売った。これらは次第に小屋がけになり，茶店に発展していく。江戸時代になると抹茶のみではなく，煎茶や菓子類も提供するようになる。腹もちのする団子，餅，饅頭なども加わり，旅人の糧になっていた。煮売屋も食材のみでなく，その場で食べられる調理品を売る商売もあり，雑炊，煮ものなど道路で食べさせるようになっていく。しかし，1686年（貞享3）には，幕府は出火を恐れて，そば切りその他火をもち歩く商売を禁止するお触れを出している。料理を提供する振り売りや屋台の数が相当数にのぼり，社会的に無視できなくなったことによるといえる。

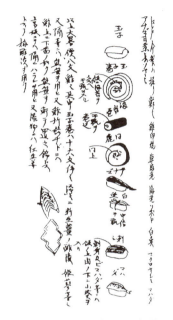

図13-4　江戸のすし屋の解説
喜田川守貞『守貞謾稿』
（国立国会図書館デジタルコレクション）

　また，屋台で握りずしが1818〜1830年（文政年間）に売られ，人気を博した。それまでは箱ずしなどが一般的で何等分かにカットしたもので売られていた。しかし『守貞謾稿』には「近年はこれを廃して握りずしのみ」とあり（図13-4），江戸では握りずしが広く受け入れられた様子が述べられている。1837年（天保8）歌川広重の「高輪廿六夜待遊興之図」には「握りずし，てんぷら，いか焼き，団子，そば」などの屋台が描かれている。1804年（文化元）『近世職人尽絵詞』（鍬形蕙斎画）には「てんぷら，焼きいか，四文屋」の3屋台が描かれている。これらの資料から庶民が手軽に日常の食事の栄養補給に活用している様子を想像することができる。図13-5で武士が顔を隠しているのは屋台で売られるものは下賤とされ，武士階層は屋台での飲食を禁止されていたことによる。したがって将軍や武士はなれずしやちらしずし，押しずしは食しても握りずしは食べなかった。

図13-5　屋台（てんぷら）
『職人尽絵詞』
（国立国会図書館デジタルコレクション）

	1883年	中国料理店「偕楽園」開店
	1899年	私鉄山陽鉄道に食堂車
	1903年	日本橋白木屋デパート食堂開業
大正時代		大衆食堂（カツレツ、カレーライスなど）
昭和時代	1944年	雑炊食堂出現
	1967年	立ち食いそばブーム
	1970年	ファストフード店、ファミリーレストラン開店
	1983年	持ち帰り弁当チェーン店が急成長
平成時代	1996年	スターバックスコーヒーが日本進出
	2005年	食育基本法栄養教諭制度発定 定食屋の増加と海外出店すすむ

近・現代

これに対し，てんぷらは南蛮料理が発展した料理で，元禄期の下級武士の日記にも記録されている。当時の庶民にとって揚げ物と云えば「あぶらげ」くらいであったため，屋台のてんぷら出現は手頃なこともあり人気を博したという。野菜の衣揚げは「あげもの」または「ごまあげ」と称し，魚の衣揚げが「てんぷら」であった。店構えのそば屋にはてんぷらそばも登場している。江戸時代後半になると料理屋でてんぷらを看板にする店もできるようになり，出張てんぷらという揚げたてを強調する商売も出現する。

2. 定食屋から料理屋へ

1657年の明暦の大火後に浅草金竜山に奈良茶飯屋が開業されることによって，単品の食べもの屋から料理屋の出現につながる。これは飯・汁・菜という，いわゆる定食の食事形態で提供されるもので，かなり人気を博し，またたく間に広がったといわれる。『西鶴置土産』(1694)では，浅草の奈良茶飯屋について，なかなか上方にもこのように便利なものはなく，しかもとてもきれいであるという感想を述べている。一般的に，この奈良茶飯屋が料理屋の元祖とされている。定食形態の店が出現したその背景には江戸の人口が急増したことがある。江戸は武士の都であり，参勤交代により妻子を故郷に残して単身で江戸にきた武士が多く，その人たちの生活を支える商人が集まり，そこで働く人々が各地から江戸へ移住した。結果，男性が女性より多いという人口構成が食べもの屋を成立させる条件になった。煮売り，屋台など庶民層の外食を支えたもの，店構えのそば屋やうなぎ屋などの比較的気軽に利用できる店，お留守居役や経済的に裕福な商人などが利用する料理屋，そして料亭に発展する料理屋など，さまざまな外食の店ができる（図13-6）（図13-7）。

宝暦から明和（1751～72）にかけて，本格的な高級料理店が出現し，1771年に開業した深川洲崎の升屋は，料亭の元祖といわれている。また化政期（1804～30）を代表する料亭に八百善があり，『寛天見聞記』にはお茶漬け用の水を玉川用水まで取りに行かせたために半日かかり，香の物の食材は最高級のものを使用しているため，支払いが高くて驚いた話が載っている。この頃八百善の主人は料理書『料理通』を出版し，当代一流の画家や作家に挿絵や文章を依頼して，名声を得た。このような料亭に納める食材は最高級品であるため，納入する食材屋はあらゆる工夫を重ね，高値で取引を試みた。贅沢を希求した結果，料理の技術が高度化し，料理屋の料理と日常の料理の差別化がすすんだ。

図13-6　かつぎ屋台のそば屋　風鈴そばともいう。そば，汁，丼，七輪持参で商売した。喜田川守貞『守貞謾稿』
（国立国会図書館デジタルコレクション）

図13-7　江戸の料亭「八百善」
広重画『江戸高名会亭尽』天保後期（サントリー美術館所蔵）

江戸時代		明治時代	
1657年以後	奈良茶飯屋開店（浅草）	1868年	牛鍋屋開店
1790年	高級料理屋開店	1876年	官営製糸工場で産業給食開始
1821年頃	握りずしの屋台出現	1883年	横浜グランドホテル内に西洋料理店開業
1863年	長崎に西洋料理店開店	1888年	中国料理店「偕楽園」開店
		1889年	コーヒー専門店
		1899年	山形県私立小学校で学校給食実施
		1900年	私鉄山陽鉄道に食堂車
			『ミシュランガイド』創刊
近世		近・現代	

3節　飲食店の多様化と拡大

1. 西洋料理店から洋食店へ

　明治時代に入ると西洋化が叫ばれ，西洋料理の普及が奨励される。1867年（慶応3）には神田に三河屋という西洋料理店が出現し，1868年（明治元）には大衆相手の牛鍋屋が誕生した。獣肉禁止とはいえ，1858年（安政5）の「びくにはし雪中」という錦絵には「山くじら」という獣肉料理店の尾張屋が描かれ，いのしし料理が外食されていたことがわかる。公には獣肉が禁忌となっていたが，庶民は「牡丹」「紅葉」などと名をかえ，食べていた。武士層は薬食いと称して食べていたことが知られている。

　明治時代以降，牛肉に対しては抵抗があったが，都市部を中心にいち早く対応し，仮名垣魯文著の『牛店雑談　安愚楽鍋』(1871・72)では当時大流行した牛鍋屋を舞台に明治の風俗を描き出し（図13-8），『西洋料理通』(1872)では，鶏や牛肉などの西洋料理の料理法について，挿絵を混じえて紹介している。本格的な西洋料理は食材の入手が困難なこともあり，日本人の好みにあわせた和洋折衷料理が工夫され，洋食として定着する。1879年（明治12）には中国料理店の永和斉（王惕斉）が東京築地入舟町で開店し，1899年（明治32）には新橋にビヤホールが登場する。明治時代の料理店は西洋料理店と従来からの店が混在し，1897年（明治30）末の東京には料理屋が476軒あった。

2. 家族連れの外食

　明治時代後期になると百貨店（デパートメントストア）が呉服店などから発展して，家族連れで訪れる場所の一つになった。1907年（明治40）に日本橋三越には食堂が開店し，日本食，すし，西洋菓子，コーヒー，紅茶が設定され，1922年（大正11）には洋食を専門とする食堂をつくり，西洋料理の定食を中心にオムレツ，ハヤシライス，サンドイッチ，チキンライスなどに加えて，子どもを対象にしたお子様を頭に冠したメニューが考案された（図13-9）。お子様ランチは1930年に三越がさきがけたものであるが，翌年上野松坂屋の食堂メニューにもお子様ランチの名称が用いられた。

3. 大衆食堂の成立と変化

　明治，大正時代の初めは軽飲食店が多く，ミルクホール，喫茶店も増え，家庭外飲食を利用するこ

図13-8　仮名垣魯文『牛店雑談安愚楽鍋』
（東京家政学院大学図書館所蔵）

御子様ランチ	三十銭
オムレツ	十五銭
チキンライス	十五銭
ハヤシライス	十五銭
御子様弁当	三十銭
御子様寿司	二十銭
子供パン	十銭
赤ちゃんの御菓子	五銭
おしる粉	八銭
アイスクリーム	十五銭
ココア	五銭
フルーツ	五銭

図13-9　三越百貨店の食堂メニュー
お子様ランチ登場　初田亨『百貨店の誕生』1999

近・現代

大正時代	1903年	日本橋白木屋デパート食堂開業
大正時代		大衆食堂(カツレツ、カレーライス など)
大正時代	1920年	公営の簡易食堂設置
昭和時代	1944年	雑炊食堂出現
昭和時代	1948年	占領軍放出食品で給食再開
昭和時代	1964年	料飲店営業再開 ドライブイン型食堂
昭和時代	1967年	立ち食いそばブーム
昭和時代	1970年	ファストフード店、ファミリーレストラン開店
平成時代	1992年	バブル経済が崩壊
平成時代	1996年	O-157事件 外食各社に衛生管理徹底
平成時代	2009年	『ミシュランガイド』東京版刊 外食店とTV番組コラボで販促 セルフうどんの店増加 B級グルメの流行

とが都市部を中心に広がり、外食が日常化してくる。1918年(大正7)に「米騒動」が発生し、これを受けて東京市は1920年(大正9)に神楽坂に公営の簡易食堂を設置する。この食堂の目的は低廉にして栄養に富む食事を供給することであり、多くの人々に好評であった。その後16か所に設置するが、1923年(大正12)の関東大震災により第1号の神楽坂店のみ残して被災する。同年に大衆食堂の元祖といわれる須田町食堂が開店するなど、各種の飲食店が急増した。1924年(大正13)の調査によると、11か所の簡易食堂の利用者は当時の東京の人口22万人に対し、述べ約1186万人でその利用率はかなり高い。

戦時期の外食情況については1937年(昭和12)を境に減少し、明治・大正時代にみられた華やかさは影を潜める。1938年には東京府料理飲食業組合は大衆食堂部を設置し、1941年(昭和16)4月には戦時下食料統制の一環として外食券制が実施される。以降徐々に食料統制は厳しくなり、1944年には窮乏状態にあわせて「雑炊食堂」が誕生し、人々に雑炊を提供した。戦後の外食状態は東京新宿の焼け跡にヤミ市が誕生し、盛り場を中心に広がっていく。1949年(昭和24)の東京都民生局では公衆食堂の外食券を発行し、その内容は「定食　朝10銭、昼15銭、夜15銭、うどん種物15銭、うどん普通10銭、パン(ジャム、バター付半斤)8銭、牛乳1合7銭、コーヒー5銭」となっている。

1964年(昭和39)にドライブイン型の食堂がオープン(山田食品産業)し、軽食の飲食店が増加した。1968年農林省(現農林水産省)は『食生活調査』で外食率10.6%のうちの38%は一般食堂であると発表した。

4. 外食の多様化

1980年代半ばになると「一億総グルメ」といわれる時代が到来し、1985年(昭和60)以降円高による異様なバブル景気に入り、1991年(平成3)まで続く。この間、人々の食生活は著しい変化を遂げて、早い・便利・きれいなどが追い求められた。外食店もさまざまな形態が出現し、なかでも古くは出前・店屋物といわれていた分野が発展し、日常の惣菜の外部化がすすみ、それらを外食に対して中食とよぶようになった。家庭内食に対しての外食の中間という位置づけで、家庭内食が持ち込みの料理で食べられることになった。「チュウショク」と読むと昼食と紛らわしいので「ナカショク」と読む。家庭内食も「ウチショク」というようになっている。一方で現在の外食店間の料理競争は激しく、フランスのミシュランガイド評価に日本も参入している。また、観光活性化をはかる手段に食が大きい比重を占め、各地で食材を含めて特徴ある料理が提供されている。

図13-10　スーパーマーケットの惣菜売り場
（撮影　大久保洋子）

図13-11　駅ホームでの立ち食い店
（撮影　大久保洋子）

明治時代												大正時代	
1868年牛鍋屋開店	官営製糸工場で産業給食開始	1876年開始	横浜グランドホテル内に西洋料理店開業	1883年中国料理店「偕楽園」開店	1888年コーヒー専門店	1889年山形県私立小学校で学校給食実施	1899年私鉄山陽鉄道に食堂車	1901年国鉄東海道線食堂車	1903年日本橋白木屋デパート食堂開業	病院給食開始		大衆食堂（カツレツ、カレーライスなど）	

近・現代

4節　外食産業の発展

1. 外食産業の誕生

　終戦直後の深刻な食料難は，日本経済の回復とともに次第に解消されていく。人々の生活も向上し，一般家庭で西洋料理や中国料理がつくられるようになり，食生活は多彩になっていく。しかし，1970年（昭和45）「外食元年」とよばれるようになるまでは，サラリーマンが仕事で得意先を接待する場合などを除けば，大部分の人々にとって外食はハレの行事であった。1964年に東海道新幹線が開通し，東京オリンピックが開催されたことを契機に，日本列島は急速な勢いで近代化していく。外食もそれらのうねりのなかで急成長を遂げることになる。人々の生活も自動車や飛行機などスピード化を希求し，食生活も環境にあわせて大きく変化する。

　その一つにファミリーレストランの登場があり（図13-12），1970年のすかいらーく第1号店の開店である。前年にはロイヤルホストやキャプテンクックがオープンしているが，郊外の中流階層を対象にした家族向けの外食店は，提供する食事内容を均一にするチェーン店として流行した。1971年には銀座三越の1階にマクドナルドの第1号店が開店し話題になり，外食産業ということばが使われだす（図13-13）。チェーン店は規模が大きく，従来のレストランなどに比べて合理的な経営は事業を拡大することで販売促進，コスト削減を徹底することで利益をあげていく。すなわち基本的な調理は別工場でつくり，仕上げだけを現場で調整し，食材は規格化され，効率よく，価格も比較的安いかたちで提供できるしくみである。女性の社会進出拡大の趨勢とあいまって，家事の省力化という時代のニーズにも対応して急増していった。そして社会状況の変化に対してすばやく反応し，健康志向や食材の安全性が問われると，メニュー表には栄養表示や産地名が印字され，客の食事に対する自己管理能力の向上をはからずも与えていることにもなっている。

2. 外食の娯楽化

　外食産業が繁栄して，人々の生活のなかで外食は日常的になっていく。そして，かつては特別な日の食事であった外食には，娯楽的要素が加わり気軽に利用されるようになっている。もちろん，特別

図13-12　ファミリーレストラン
（撮影　大久保洋子）

図13-13　ファストフード／ハンバーガーとチキンナゲットほか
（撮影　編集部）

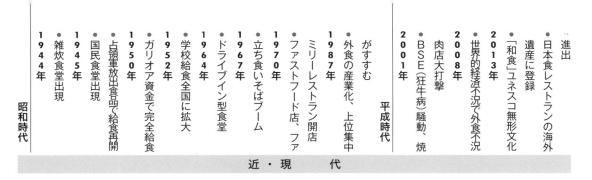

昭和時代	1944年	雑炊食堂出現
	1945年	国民食堂出現
	1950年	占領軍放出食品で給食再開
	1952年	ガリオア資金で完全給食
	1964年	学校給食全国に拡大
	1967年	ドライブイン型食堂
	1970年	立ち食いそばブーム
	1977年頃	ファストフード店、ファミリーレストラン開店
	1987年	外食の産業化、上位集中がすすむ
平成時代	2001年	BSE（狂牛病）騒動、焼肉店大打撃
	2008年	世界的経済不況で外食不況
	2013年	「和食」ユネスコ無形文化遺産に登録
		日本食レストランの海外進出

近・現代

な場合にはそれ相応の料亭やレストランでの食事は従来同様行われている。情報化の波は食も例外ではなく、各地の名産品はインターネットほかさまざまな手段で入手することができる。また、有名な料理店や食材の市場などをテレビや雑誌をとおして知ることにより、身近に人々は食を堪能することができるようになった。

内閣府の外食率の変化を図13-14でみると1998年（平成9）には38.3％のピークを示し、ほぼ横ばいの状況である。外食と中食を合わせた食の外部化率は2007年（平成19）に45.2％を示し、その後は約半数で推移している。このことは「外食や中食を楽しむ生活が豊かな食生活になった」と一概にいえることにはならない食環境の変化の要因を探る必要がある。

3．外食の国際化

日本の外食化がすすむと同時に、海外でもグローバル化が起こり、日本食が「ヘルシー」、「美しい」、「高い品質」、「安心」などが評価され注目されている。ここ2，3年で海外の日本食レストランは急速に増えている。しかし日本人が料理をしている店は少なく、もっぱら現地の人が現地の人の味覚に合わせて作っているので日本人からみると驚くような素材の組み合わせもある。この現象はおそらく一時的なもので現在諸外国から観光で来日する人が増加していることから、本来の日本食にもどることは期待できる。

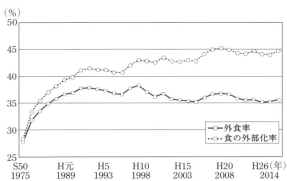

図13-14　外食率と食の外部化率の年次推移
公益財団法人 食の安全・安心財団HP　統計資料
http://www.anan-zaidan.or.jp/data/index.html より作成
外食率＝外食市場規模／全国の食料・飲料支出額
食の外部化率＝広義の外食市場規模／全国の食料・飲料支出額

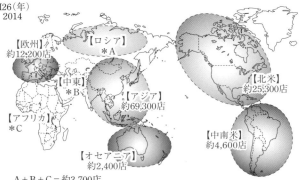

図13-15　海外における日本食レストラン（2017年）
農水省HPより作成

参考文献

飯野亮一『居酒屋の誕生』筑摩書房，2014
飯野亮一『すし天ぷら蕎麦うなぎ：江戸四大名物食の誕生』筑摩書房，2016
石井研堂『明治事物起源 8』ちくま学芸文庫　筑摩書房，1997
石川寛子編著『食生活と文化』アイ・ケイコーポレーション，1988
石川寛子，石川尚子，中込みよ子，植松茉莉子『第二次大戦下における食生活実態に関する資料調査研究』
　　ベターホーム協会研究助成報告，1989
石川寛子・江原絢子編著『近現代の食文化』アイ・ケイコーポレーション，2002
石毛直道，鄭大聲『食文化入門』講談社，1995
石毛直道監修『食の情報化』味の素食の文化センター，1999
犬養裕美子『レストランがなくなる日─レストラン受難時代に生き残る店はどこだ！』主婦の友社，2010
大久保洋子『江戸のファーストフード』講談社，1998
奥平俊六『洛中洛外図　船木本』小学館，2001
越智猛夫，長谷川忠男『食の変革─食・命・環境に注視して─』第一出版，1992
外食産業総合調査研究センター編『日本の食文化と外食産業』ビジネス社，1992
喜田川守貞（朝倉治彦・柏川修一　校訂編集）『守貞謾稿』東京堂出版，1992
公益財団法人食の安全・安心財団『外食産業資料集 2013 年版』
熊谷真菜『「粉もん」庶民の食文化』朝日新聞出版，2012
今柊二『定食ツアー家族で亜細亜』亜紀書房，2015
（財）外食産業総合調査研究センター編『日本の食生活と外食産業』ビジネス社，1992
笹川臨風，足立勇『日本食物史』雄山閣出版，1973
篠田統『すしの本』柴田書店，1970
昭和女子大学食物学研究会『近代日本食物史』1971
田村真八郎・石毛直道『外食の文化』ドメス出版，1993
土井利雄『外食革命と新展開』外食産業新聞社，1993
永山久夫『たべもの戦国史』新人物往来社，1977
日本生活学会編『食の 100 年』ドメス出版，2001
橋本健二『居酒屋の戦後史』祥伝社新書，2015
初田亨『百貨店の誕生』ちくま学芸文庫　筑摩書房，1999
原田信男『日本の食文化』放送大学振興会，2004
原田信男編『江戸の料理と食生活』小学館，2004
板東三郎『週刊朝日百科　世界の食べもの 120 日本編 40 現代の生活』朝日新聞社，1984
樋口清之『食べる日本史』柴田書店，1976
平木浮世絵美術館編『江戸の料理屋　広重の「江戸高名会亭尽」』平木浮世絵美術館，1999
平田萬里遠『たべもの日本史総覧　江戸の飲食店』新人物往来社，1992
茂木信太朗『外食産業テキストブック』日経 BP 出版センター，1996
茂木信太郎『現代の外食産業』日本経済新聞社，1997
吉原健一郎・大濱徹也『江戸東京年表』小学館，1993
『食生活データ総合統計年報 2009 年版』三冬社，2008

14章　行事と地域の食文化

概要

　日本人の生活には，日常と非日常の日がある。非日常の場合をハレの日といい，年中行事や通過儀礼などが行われる。7世紀以降，中国大陸の影響を受けて，新嘗祭（にいなめさい）や大嘗祭（だいじょうさい）などの宮中行事が催された。奈良・平安時代になると，節の日（ハレの日）には特別な食が用意され，食事内容が規定されるようになった。江戸時代になると，武家階層において元服や祝言（しゅうげん），家督移譲（かとくいじょう）などの通過儀礼に関する行事と，それらの際の饗応食が成立した。

　また，民間では生業との関わりをもつ行事が多く，家族の健康や豊作・豊漁の感謝を祈り，そして，季節の移り変わりを楽しむさまざまな行事と行事食を生活に取り入れてきた。江戸時代には五節句が定められ，それらの行事食には，酒や餅，団子，赤飯，すしなどが取り上げられ，これらの食べものには諸病諸厄を払うという願いが込められていた。通過儀礼には誕生・成人・結婚・死などがあり，神の加護を受けるとともに，周囲の人々に認知を願うために，会食が必須と考えられていた。

　一方，郷土料理は地域のさまざまな条件のもと，生活環境や生業，宗教とも結びついて，地域独特の食形態を形成した。物資の流通の少なかった時代においては生きるために食べものは必須であったから，地域でとれる食材にさまざまな知恵と工夫を加え，創造された料理であった。

　これら郷土の食材や料理は，近世になって人々の往来や物資の流通が盛んになると，各地に名物・名産品を発達させた。江戸時代から明治時代に引き継がれた産物の数々は，現代でも名産品や名物，郷土料理として伝わり，地域産業の自立を促し，活性化のための一翼を担っている。

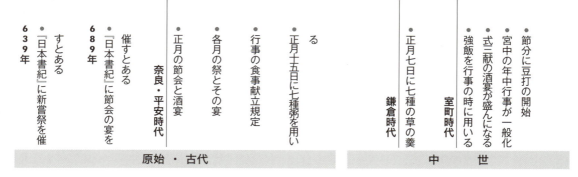

- 節分に豆打の開始
- 宮中の年中行事が一般化
- 式三献の酒宴が盛んになる
- 強飯を行事の時に用いる

室町時代

- 正月七日に七種の草の羹

鎌倉時代

中世

- 正月十五日に七種粥を用いる
- 行事の食事献立規定
- 各月の祭とその宴
- 正月の節会と酒宴

奈良・平安時代

- 689年『日本書紀』に節会の宴を催すとある
- 639年『日本書紀』に新嘗祭を催すとある

原始・古代

1節　年中行事と行事食

1. 年中行事の由来と定着

　日本人の生活は日常と非日常に大きく分けることができる。非日常の日とは，特別な日であり，節，事の日，折り目ともよび，この日は日常の仕事を休んで家庭や地域で祝いの行事が行われる。年中行事とは「年々ある一定の時期がめぐってくると，決まって繰り返し行われる儀礼的なものをいう。その根底に信仰があり，娯楽をもともなって発達した歴史的な意味をもつもの」といわれる。

　年中行事には，食と関連するものが多く，それぞれの行事にそれぞれ決められた特別な食べものがつくられるが，これが行事食である。年中行事と行事食については，表14-1に示したとおりである。

　7世紀以降宮中行事として新嘗祭が催され，奈良・平安時代になると中国大陸の影響を受けて節の日には特別な食が規定されるようになった。一方，民間では生業にかかわる行事が多く，労働の安全や豊作，豊漁を祈る行為が行事や行事食になったと考えられる。

　民間の行事や行事食は，日常の仕事を休み，日ごろ食べられない食物を摂ることで，生活のアクセントになり，身体的・精神的なエネルギーになった。また，行事に参与することは共同体の一員としての義務であり，儀礼でもあって，行事食をともに摂ることで共同体意識が再認識された。

　江戸時代になると町人文化のなかで季節と結びついた花見や舟遊び，氏神の祭り，雛祭り，盂蘭盆会などの年中行事が盛んになり，江戸幕府は正月7日（人日），3月3日（上巳），5月5日（端午），7月7

表14-1　年中行事と行事食

月	日本	中国大陸	月	日本	中国大陸
1月	1日元旦　鏡餅，屠蘇酒，雑煮，おせち料理 7日人日の節句　七草粥 11日鏡開き　雑煮，汁粉 15日小正月　小豆粥	1日元旦　湯年糕（雑煮），年糕（餅），切糕餃子（ぎょうざ），饅頭，餛飩 7日人日　七種菜羹 15日上元節　元宵（団子）	7月	7日七夕の節句　七夕を飾る，そうめん 土用丑うなぎ 15日中元，盂蘭盆会　団子	7日乞巧節，七夕節　瓜，果物，酒などを庭に飾る，七夕粿 15日中元節，鬼節，盂蘭盆会　饅頭，肉，魚の料理
2月	3日頃節分，追儺　豆まき，煎り大豆，巻きずし，いわし 4日頃立春 14日聖バレンタインデー　チョコレート	1日中和節　大陽糕 3日立春，咬春　春餅，生大根	9月	1日八朔　八朔餅 9日重陽の節句　菊酒，菊飯 15日中秋の名月，芋名月　月見団子，里芋 23日頃秋分・彼岸の中日　おはぎ	9日重陽節，登高節，重九　一家揃って山に登る　菊花酒，重陽糕，烤羊肉 15日中秋節　西瓜，月餅
3月	3日上巳の節句　白酒，草餅，ひなあられ，桜餅 21日頃春分・彼岸の中日　ぼた餅	3日竜抬頭　竜鱗餅，竜鬚麺　針仕事をしない	10月	亥の日亥の子祭　亥の子餅 20日えびす講　べったら漬	
4月	8日灌仏会　甘茶	5日頃清明節 8日浴仏会			
5月	2日頃八十八夜　新茶 5日端午の節句　しょうぶ酒，ちまき，柏餅	5日端午節，重五　菖蒲を飾る，ちまき，蒲酒	12月	22日頃冬至　かぼちゃ 25日クリスマス　クリスマスケーキ，ローストチキン 31日大晦日　年越しそば（みそかそば）	21日頃冬至　ワンタン 31日除夕，大年夜　守歳酒，年飯（団円飯）
6月	1日氷の朔日，氷室の節句　歯固めのあられ，かきもち，まんじゅう 21日頃夏至 30日夏越し　小豆入りの菓子	6日麺を食べるとよいことがある			

注1：年中行事のほとんどは太陰暦のもとで行われているが，ここでは太陽暦で示してある。
注2：石毛直道編『東アジアの食の文化』1981，中村羊一郎『和食文化ブックレット2　年中行事としきたり』2015　より作成

近世	近・現代
江戸時代：武家の饗応に本膳料理／武士の行事食として五節句の制定／節句祝いが町人の生活にも定着／農家の農耕関係行事盛んに　　明治時代：洋風料理による最初の宴会／1878年　立食式パーティ形式出現／1892年　クリスマスケーキ発売	昭和時代：1948年　国民の祝日が制定される／1958年　バレンタイン用チョコレート発売　　平成時代：2005年　食育基本法制定、学校給食に行事食奨励／2013年　「和食」ユネスコ無形文化遺産に登録、行事・行事食の見直しはじまる／恵方巻商業化で広がる

日（七夕），9月9日（重陽）を五節句と定めた。これらの節句の呼び方は中国の年中行事の影響を受けたものであり，年中行事が民間に広まり定着していったのは近世以降といわれる。

　しかし，近代以降の欧米化は，わが国にクリスマスや誕生日会などのデコレーションケーキ，さらに，近年では聖バレンタインデーのチョコレートなど新しい年中行事とそれにかかわる食べものをもたらし，伝統的な行事や行事食は消滅あるいは簡略化されるようになり，精神的な意義がうすれて形骸化したものになってきている。

2. 年中行事の食べもの

　年中行事には，まず，神仏を迎え，神饌として米や酒をはじめ海・山・里の食物を供えて祭典を行ない，その後，供えものを下げていただく「神人共食」の酒宴（直会）が開かれる。これが行事食の本来の姿であり，神仏と同じものを食べることは神仏と一体となり，神仏の加護が受けられると信じられている。

　行事食の代表は酒，餅，飯であり，正月元旦の鏡餅や屠蘇酒，おせち（図14-1），雑煮，人日の七草粥，小正月の小豆粥，上巳の白酒や草餅，桜餅，ひなあられ，端午のしょうぶ酒やちまき，柏餅，七夕のそうめん（図14-2），盆には団子，重陽の菊酒や菊飯，また，春秋の祭りには鮮魚や塩魚を豊富に使ったすし，米を大量に盛った白飯や赤飯などがあげられる。行事で供される餅，飯，粥は神事に，団子は仏事に供されることが多く，これらの食べものには諸病諸厄を払うという願いが込められている。

　餅は，正月の鏡餅に代表されるように白くて丸い形は魂を表し，神が降臨する依代と考えられて餅を供えて食べることで神から生命力が与えられると信じられている。また，赤飯に使われる小豆の赤は，邪気を祓い厄除けの力をもつものと考えられている。正月魚のぶりは成長にともない名前が変わる出世魚であり，尾頭付きの魚や頭芋には人の先頭に立つ，出世するといった縁起を担いだ。

　このように食べものに精神的な意味をもたせ，日常十分に用いられない貴重な材料に手間をかけて行事食がつくられてきた。

図14-1　正月の屠蘇酒（上）と祝い肴（左から黒豆，かずのこ，ごまめ）
池田弥三郎他『世界の料理「日本の行事料理」』1974

図14-2　七夕のそうめん
貝原益軒『女大学』1716-36（『そうめん第1集』（株）三輪そうめん山本，1979）

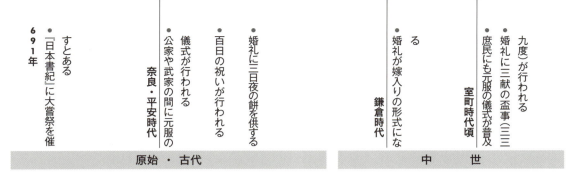

2節　通過儀礼と儀礼食

　通過儀礼とは，「人がこの世に誕生してから死に至るまで，人の一生の成長衰退過程のなかで，必ず通過し，または通過させられる諸儀礼」をいう。したがって，通過儀礼には誕生・七五三・成人・結婚・厄年・年祝い・死などがあり，年中行事と同様に，儀礼には神人共食が行われる。これらの行事は神の加護を受けるとともに，社会的承認を願うために，周囲の人たちを招いての会食が必須条件であったことから感謝の意を込めて共食が行われる。

1. 誕生から成人まで

　子どもが誕生するとすぐ産飯を炊いて神に供え，赤児や産婦にも供える。生後7日目の祝いは「お七夜」とよばれ，このお七夜に赤飯を炊いて生存を祝う慣わしがある。また，この日「命名祝い」が行われる場合が多い。生後100日目は「宮参り」が行われ，神に健やかな成長を祈るとともに，「食初め」（図14-3）と称し，生後初めて成人と同じ一人前の食膳をつくり，食べさせるまねをする儀式をする。膳には赤飯・尾頭付きの魚などが並び，歯固め石といって小石を置くところが多い。「初節句」には赤飯や菱餅，あられ，柏餅，ちまきで祝う。満1歳の「初誕生」には餅を搗くところが多いが，九州地方では「餅踏ませ」，関東から中部にかけては「背負い餅」の風習があり，いずれも足腰の強い子への成長を祈念している。

　男の子は3歳，5歳，女の子は3歳，7歳になると「七五三」の祝いが行われる。本来，氏神の祭りである11月15日に，子どもの成長と守護を祈願し，あわせて社会の成員としての地位を周囲から認めてもらうことが主旨であった。千歳飴は元禄時代頃から浅草の飴売りがはじめ，これが現代に残っている。宮参りがすむと，赤飯や魚の膳で祝う。

　「成人式」は古くは元服として重要な儀礼であった。現在のような成人式は，戦後復員した若者たち

表14-2　通過儀礼と食べもの

通過儀礼	食べもの
誕生	産飯，白米飯
お七夜・命名祝い	赤飯，尾頭付きの魚
食初め	赤飯，尾頭付きの魚
初節句	赤飯，菱餅，あられ，柏餅，ちまき
初誕生	赤飯，餅
七五三	赤飯，千歳飴
成人式	赤飯，酒
結婚	酒，たい，赤飯，かまぼこ，さしみ，餅，えび，数の子，きんとん，きんぴら，吸いもの
年祝い	赤飯，餅
葬儀	枕飯，枕団子，酒，煮しめ，白あえ，白飯，赤飯，酒，お斎，とうふ，きんぴら，みそ汁

日本の食生活全集編集委員会『日本の食生活全集（全48巻）』1993-2002より作成

時代	出来事
江戸時代	・七五三の行事が固定化する ・千歳飴売り始まる ・通過儀礼に本膳料理 ・『東都歳事記』出版
明治・大正時代	・婚礼が和式から洋式へ ・婚礼の外部化始まる
昭和時代	・1948年 国民の祝日に「成人の日」が制定される ・昭和30年代 葬儀の外部化始まる

（近世／近・現代）

を元気づけるため行われた「成年式」（1946年11月に埼玉県蕨町（現・蕨市）で行われた）が起源といわれ，これが全国に広がり，1948年7月には「成人の日」が制定された。また，成人（数え年20歳）の門出を祝う式を「名付け式」といって親族から選ばれた仮の両親から戸籍上の名とは別の祝いの名を成人者が授かる式を行う地方もある。特定の行事食はなく，それぞれの家庭で赤飯やお酒を用意し，好物の料理をつくることが多い。

2. 婚礼

「婚礼」とは，婚姻にともなう結納，披露（結婚式），里帰り（婚姻成立後の新妻の里帰り）などの儀礼のことであり，通過儀礼のなかでも本人はもとより家にとって最大の喜びだけに盛大な祝いが行われ，結納には，昆布（子生婦），するめ（寿留女），かつお節（勝男武士），酒だる（家内喜多留）など縁起を担いだ飲食物が多くみられる。かつての伝統的な結婚式・披露宴は家で行われ，料理人を頼んで本膳料理が振る舞われた。しかし，現代の結婚式はホテルや専門式場で行われることが多く，そのほかに教会や神社，寺社などもあり，神式，仏式，人前婚，さらには二人だけの挙式などさまざまな形の儀式がある。披露宴（図14-4）には親類縁者はもとより勤め先の上司や同僚，友人などを招き，和食や洋食の婚礼コース料理で賑やかに祝宴が催されている。

3. 人生の終焉

人の一生の最終章には，「年祝い」といって，厄を払うとともに長寿を祝う儀礼がある。還暦（60歳）から始まり，古稀（70歳），喜寿（77歳），傘寿（80歳），米寿（88歳），卒寿（90歳），白寿（99歳），百寿（100歳）があり，赤飯，餅などで祝うが，えび，昆布も長生きの祈願を込めて用いる。

「葬儀」は人生の通過儀礼の最後であり，通夜やお斎（とき）（葬儀の食事）には，精進料理が用意される（図14-5）。家族の死は悲しい出来事であると同時にケガレでもあると考えられ，儀式の後，普段の生活にかえる区切りをつけるため，精進落しなどといって魚や肉料理が振舞われることもある。現代の葬儀は神式やその他の儀式で行われることも多くなり，その場合は精進料理に限るものではなく，故人が生前，好物であった食べものなども用意されるようになった。

図14-3 食初め
（撮影 冨岡典子）

図14-4 披露宴
（撮影 冨岡典子）

図14-5 お斎
池田弥三郎他『世界の料理「日本の行事料理」』1974

原始・古代	中世	近世
奈良時代	室町時代	江戸時代
・近江の生蘇、周防の塩登の熬海鼠、但馬の赤米、参（三）河の佐米楚割、能木簡にみる各地の特産物	・『庭訓往来』にみる各地の名産品明寺糒、備後の酒輪のそうめん、河内の道越後塩引、和泉の酢、三鞍馬の木芽漬、宇治の茶、	・『江戸往来』にみる各地の名産品小布施栗、能登鯖、伊予品川海苔、浜名なっとう、そうめん

3節　郷土料理の形成と要因

1．郷土料理の形成

　郷土食，郷土料理は，第2次世界大戦ごろに盛んに用いられるようになった言葉で，多くの地域でその土地の食材を使い，食料不足の解決をめざして「郷土食」という言葉がよく使われるようになった。ところが，現代においては郷土食，郷土料理といえば郷土の誇れる食べものとして使われるようになっている。

　郷土食，郷土料理は，北は北海道から南は沖縄まで，各地域における食習慣のなかでの工夫により生まれ，世代を越えて食べられてきたものであり，地域の気候・風土などの地理的条件と歴史的背景のもとで育み，受け継がれてきたその地域固有の食形態ということができる。

　郷土の特産品や料理が生まれる背景には自然環境のもとに発生した場合と他地域の文化（異文化）との融合によって形成された場合とがある。

　自然環境のもとに形成された地域性のあるものとしては，まず，歳取りの魚があげられ，糸魚川・静岡構造線を境に東日本ではさけ，西日本ではぶりと二分される。そばは一般に東日本で多く食べられてきたが，中央高地の高冷地，東北地方の寒冷地，日本海側の深雪地帯に多く栽培され，積雪が多くて小麦作が不適であったことも粉食のそばを卓越させた。酒類は，南西諸島から南九州にかけては亜熱帯性気候のため醸造酒は腐敗しやすいことから蒸留酒がつくられた。

　他地域の文化との融合によって形成された郷土料理には，昆布があげられる。室町時代には，昆布は松前から船で越前（福井県）に運ばれ，京都，大坂（大阪）に送られた。江戸時代になると昆布は松前から北前船に積まれ，「西回り」航路（図14-6）により日本海，瀬戸内海を通って，大坂へ昆布が直送されるようになり，塩昆布や昆布巻きなどの食文化をつくり出した。大坂に運ばれた昆布は，ここからさらに薩摩を経て琉球に入り，沖縄では日中の食文化を折衷したクーブイリチー（豚肉と昆布の炒め煮）やクーブマチ（こぶ巻き）などが発達・定着した。このほかに，信州の塩いか，甲州の煮貝など海のない地域で発達したもの，また，京都から小浜を結ぶ「さば街道」や熊野から吉野を結ぶ「魚の道」など，流通により定着した京都のさばずしや奈良の柿の葉ずしがある。茶粥は，奈良・和歌山で発達したものが，愛知の蟹江町へは海を通して漁師の交流により伝わり，また，香川の岩黒島，山

図14-6　北前船が運んだ昆布ロード
北日本新聞社編集局『海の懸け橋昆布ロードと越中』2007

時代区分	年	出来事
近世	1735～38年	『諸国産物帳集成』刊
明治時代	1875年	『日本地誌略物産弁』刊
昭和時代	1944年	『本邦 郷土食の研究』刊
	1985年	『食料白書昭和59年版（今日の郷土食）』刊
近・現代	2000年	郷土料理を無形文化財に指定
	2001年	ニッポン東京スローフード協会発足
	2005年	食育基本法制定 学校給食に行事食・郷土料理を奨励
	2007年	農水省郷土料理百選選定
	2013年	「和食」ユネスコ無形文化遺産に登録

口の周防大島などへは移動者の出身地の食習慣が伝わったものといわれる。

2. 郷土料理の分類

郷土料理はそれぞれに歴史や由来があり，大別すると①食材・調理法など伝承形態によるもの，②気候・風土など生活環境によるもの，③歴史的背景や宗教の影響によるものに分類できる。

(1) 食材・調理法など伝承形態によるもの　その地方の特産物を用いて調理法や食べ方が伝承されたものには，米どころ秋田のきりたんぽ（図14-7），やせた山間地の多い長野や島根のそば，琵琶湖で捕れた鮒を保存するための鮒ずし，大量に捕れたいわしやさばを米ぬかに漬けて保存する石川や福井のへしこ，初夏のいかなごを佃煮にした兵庫のくぎ煮などがある。また，ある地方の特産品または大量生産された食品が，乾燥，塩蔵されてほかの地方に輸送され，そこで，その土地特有の調理法・食材として発達した料理には，前述した北海道の昆布を用いた京都や北陸三県の昆布巻，大阪の松前ずし，沖縄の昆布料理などがあげられる。このほか，棒だらとえび芋を焚き合わせた京都の芋棒，熊野灘で捕れたさばを押しずしにした奈良の柿の葉ずしがある。

(2) 気候・風土など生活環境によるもの　冬が長く寒い北国では，いろり端で冷えた体を温める鍋料理が工夫され，北海道の石狩鍋，青森のじゃっぱ汁，秋田のハタハタしょっつる鍋などがあげられる。一方，南国の鹿児島では，さつま芋や黒ざとうを用いたからいも餅や芋焼酎が発達し，亜熱帯性気候の沖縄にはパパヤンプシャー（パパイヤと豚肉の煮つけ），ゴーヤーチャンプル（にがうりととうふの油炒め）（図14-8）などが生み出された。

(3) 歴史的背景，宗教の影響によるもの　歴史的背景によるものには，江戸時代に中国から伝来した長崎の卓袱料理，藩政時代に武家の本膳式に添えた料理が独立した高知の皿鉢(さわち)料理（図14-9），旧東海道吉田宿の名物から広まった愛知のとうふ田楽などがある。宗教の影響によるものには，黄檗山万福寺の隠元が伝えた京都の普茶料理，東大寺の修業僧の食事から広まったといわれる奈良の茶粥などがある。

図14-7　秋田のきりたんぽ鍋
財団法人農村開発企画委員会編『農山漁村の郷土料理百選』2008

図14-8　沖縄のゴーヤーチャンプル
財団法人農村開発企画委員会編『農山漁村の郷土料理百選』2008

図14-9　高知の皿鉢料理
戸塚文子『世界の料理「日本料理」』1973

4節　各地の産物と郷土料理

1．全国の名物・名産品

　平城京の「東西市」に緒をみる生活物資の交流は，交通の発達・整備にともなって拡大し，各地に地方色豊かな市を繁栄させ，その市を結ぶ行商人によって名産品が注目されてきた。『新猿楽記』(1061-65)や，14世紀半ばの『庭訓往来』には，多くの名産品があげられている。

　江戸時代になると，各地の産物は，諸藩が参府の折の献上品に，また各地の寺社に参詣する人々の土産品になった。『毛吹草』(1638-45)には名産品として，山城の八幡ごぼう・冷泉通南蛮菓子，大和の葛粉，伊勢のえび，尾張の大根，近江の鮒ずし，松前の昆布，土佐の節かつお，阿波の鳴門わかめなどがあがり，食べものの来歴やおいしさの基準，消費都市への輸送方法まで記したものもある。

　さらに，明治時代になると『日本産物誌』(1875)には大和の奈良漬，甲斐(山梨)のぶどう，武蔵(東京)の浅草のり，野田の醤油，有田のみかん，薩摩の桜島大根などがあがり，日本の風土の多様性が各地域を代表する産物を作り出した。これら産物は時代の要望により，名物・名産品として地域の産業を発展させ，日本経済を支えた重要な品目であった。

　現代における名物・名産品の一部を表14-3にあげてみると，これら産物のなかには江戸時代初期から明治時代を経て現代に受け継がれてきたもの(表中に太字で表示)も多くあり，地域の食産業を支えているといえよう。今日の名物・名産品は各都道府県市町村のホームページ，アンテナショップ，道の駅，また，ふるさと名物応援事業(JAPANブランド育成支援事業)などさまざまな形で発信され，これらは地域の経済活性化への一翼を担っている。

2．郷土に伝承される「すし」

　日本各地には郷土料理として伝承されている「すし」が数多くある(図14-10)。

　「すし」は，奈良時代の木簡や平安時代の『延喜式』に記載され，各国から郷土の産物として貢納されている。古代のすしは，魚に塩をあわせて米飯に漬け，乳酸発酵させた「なれずし」で，現在，こ

表14-3　各地の名物・名産品

地名	名物・名産品	地名	名物・名産品
北海道	**昆布**(日高，利尻，羅臼)，夕張メロン，松前漬	奈良	**奈良漬**，三輪そうめん，柿の葉ずし
秋田	しょっつる，はたはたずし，稲庭うどん，きりたんぽ	和歌山	紀州みかん，紀州の梅，まぐろ(養殖まぐろ)
石川	かぶら寿司，いかの黒作り，いしる	兵庫	明石のたこ，灘の酒，但馬牛，播州そうめん
長野	信州そば，野沢菜漬，青りんご	山口	ふぐ
静岡	静岡茶，うなぎ，桜えび，わさび，安倍川もち	高知	**かつお節**，四万十川のり
三重	**伊勢えび**，松阪牛，伊勢うどん，赤福	大分	関あじ，関さば
滋賀	**鮒ずし**，近江牛，赤こんにゃく	鹿児島	**桜島大根**，鹿児島黒豚，薩摩あげ，安納いも
京都	**宇治茶**，京野菜，八つ橋，大徳寺納豆	沖縄	泡盛，豆腐よう，島とうがらし

『名物に旨いものあり』HPより抜粋して作成

近世									近・現代						
1735〜38年 『諸国産物帳集成』刊	1754年 『日本山海名物図会』刊	1799年 『日本山海名産図会』刊	1810年 江戸でわさび入りのにぎり鮨考案	1829年 大坂で箱ずし盛況	明治時代	1875年 『日本地誌略物産弁』刊	昭和時代	1970年頃 米国ですしブーム起きる	カリフォルニアロールを考案	平成時代	2000年 郷土料理を無形文化財に指定	2001年 ニッポン東京スローフード協会発足	2013年 「和食」ユネスコ無形文化遺産に登録		

の「なれずし」の原形をほぼ伝承しているのが、滋賀の「鮒ずし」である。

室町時代中期には、すしは魚とめしを一緒に食べる「生成ずし」が主流になる。江戸時代初期に名物になった奈良吉野の「釣瓶ずし」、大阪の「雀ずし」などがこのすしである。現代に伝わる「生成」ずしの多くは近畿や中部地方に分布する。

江戸時代中期になると、すしはめしや魚に酢をかける「早ずし」に変わり、江戸では握りずしが、上方では押しずしが主流になった。

「いずし」とは、麹を用いて漬けたもので、秋田の「はたはたずし」や石川の「かぶらずし」があり、北海道から東北地方の日本海側を経て、北陸地方に分布する。

3. 世界に定着したSUSHI文化

海外で日本のすしが注目されるようになったのは1970年代のアメリカからであり、当時のアメリカでは肥満をはじめ、生活習慣病が問題になっていた。そのころ日本人の平均寿命が高いことから和食＝健康食として評価され始め、和食を代表するすしが注目された。最初、生魚に抵抗があったアメリカ人はアボガドやゆでたえびなどを用いて「カリフォルニアロール」を考案すると、巻きずしが大人気となり、その後、すしブームはヨーロッパに伝わり、アジアに広がっていった。最近は果物や唐辛子を用いた変わりずし（図14-11）も登場する一方で握りずしを好むひとも増えている。さらに、伝統的なすし技術を学ぶため海外から来日するひとも増えた。「本物のすし」が世界の食文化になる日もそう遠くない。

○生成ずし		★なれずし		△早ずし	
福島県	はやずし	滋賀県	鮒ずし	東京都	握りずし
群馬県	いわなずし	●いずし		静岡県	げんなりずし
千葉県	いわしずし	北海道	さけの飯ずし	石川県	笹ずし
長野県	万年ずし	青森県	さけの飯ずし	三重県	手こねずし
岐阜県	あゆずし	秋田県	はたはたずし	京都府	さばずし
石川県	ひねずし	山形県	粥ずし	大阪府	箱ずし
福井県	さばずし	新潟県	さけの飯ずし	奈良県	柿の葉ずし
三重県	あゆずし	栃木県	あゆのくされずし	岡山県	ばらずし
滋賀県	はすずし			山口県	とうずし
京都府	さばずし	岐阜県	ねずし	愛媛県	丸ずし
奈良県	あゆずし	富山県	かぶらずし	長崎県	大村ずし
和歌山県	さばずし	石川県	かぶらずし	鹿児島県	酒ずし
兵庫県	あゆの生成	福井県	にしんずし		
島根県	えのはのすし	熊本県	ねまりずし		

図14-10 郷土に伝承される「すし」
日比野光敏『すしの歴史を訪ねる』1999より作成

（撮影 冨岡典子）

江原絢子監修『日本の伝統文化和食6伝えよう！WASHOKU文化』2015

図14-11 いちご・キウイのにぎりずし（左）、レインボーロール（右）

参考文献

朝日新聞「復員の若者激励が起源」2001年1月28日付
石川寛子『食生活の成立と展開』放送大学教育振興会，1995
石川寛子編著『論集江戸の食くらしを通して』アイ・ケイコーポレーション，1994
石川寛子編著『食生活と文化　食のあゆみ』アイ・ケイコーポレーション，1999
石川寛子，江原絢子編著『近現代の食文化』アイ・ケイコーポレーション，2002
石川松太郎校注『庭訓往来　東洋文庫242』平凡社，1980
石毛直道編『東アジアの食の文化』平凡社，1981
上野和男・高桑守史・福田アジオ・宮田登編『新版民俗調査ハンドブック』吉川弘文館，1999
江原絢子監修『日本の伝統文化和食1　「和食」ってなんだろう？』学研教育出版，2015
江原絢子監修『日本の伝統文化和食6　伝えよう！WASHOKU文化』学研教育出版，2015
北日本新聞社編集局『海の懸け橋　昆布ロードと越中』北日本新聞社，2007
熊倉功夫・江原絢子『和食文化ブックレット1　和食とは何か』思文閣出版，2015
国立歴史民俗博物館・山田慎也・鈴木岩弓編『変容する死の文化　現代東アジアの葬送と墓制』東京大学出版会，2014
新谷尚紀監修『日本の「行事」と「食」のしきたり』青春出版社，2004
新村出校閲・竹内若校訂『毛吹草』岩波書店，2000
関根真隆『奈良朝食生活の研究』吉川弘文館，1969
高野紀子『和の行事えほん』あすなろ書房，2007
冨岡典子『大和の食文化　日本の食のルーツをたずねて』奈良新聞社，2005
中村羊一郎『番茶と日本人』吉川弘文館，1998
中村羊一郎『和食文化ブックレット2　年中行事としきたり』思文閣出版，2015
奈良文化財研究所・飛鳥藤原宮跡発掘調査部編集・発行『藤原宮と京展示案内』，1991
成瀬宇平編『47都道府県伝統食百科』丸善出版，2009
日本家政学会編『食生活の設計と文化』朝倉書店，1992
日本国語大辞典第二版編集委員会編『日本国語大辞典第二版』小学館，2006
日本の食生活全集編集委員会『日本の食生活全集　全48巻』農山漁村文化協会，1993－2002
日本風俗史学会編『図説江戸時代食生活事典』雄山閣出版，1996
日本風俗史学会編『日本風俗史事典』弘文堂，1980
野崎洋光編『47都道府県伝統行事百科』丸善出版，2012
芳賀登・石川寛子監修『全集　日本の食文化　郷土と行事の食』雄山閣出版，1999
日比野光敏『すしの歴史を訪ねる　岩波新書641』岩波書店，1999
廣野卓『食の万葉集』中公新書，1998
伝藤原明衡著，川口久雄翻訳『新猿楽記　東洋文庫424』平凡社，1983
正宗敦夫編『復刻日本古典全集　延喜式』現代思潮社，1978
村上龍『日本の伝統行事』講談社，2016
柳田國男『食物と心臓』講談社，1977
床井弘・斎藤時泰編纂『日本産物誌』八坂書房，1979
吉井始子編『食物本草本大成第九　本朝食鑑一』臨川書店，1980
渡辺実『日本食生活史』吉川弘文館，1994

15章　家庭・地域, 学校, 社会における食育

概　要

　2005年に制定された食育基本法は，深刻化している種々の食生活の課題を解決するために制定された。子どもたちが豊かな人間性を育み，生きる力を身につけていくために，食が大切であるとし，食育についての基本理念を示したものである。さらに，伝統的食文化への理解，食の生産者と消費者の交流をはかること，農山漁村の活性化と自給率の向上，推進などについて定めている。これをきっかけとして，各地で地産地消，伝統的食文化の継承への取り組みが盛んになっている。2016年から5年間食育基本法に基づいた第3次食育推進基本計画が策定された。

　食育を場の違いでみると，①家庭・地域における食育，②学校における食育，③情報社会における食育に分けられる。①は，最も長い歴史をもち，主として文字によらない体験や訓練をとおした教育である。しかし，②が近代以降に定着していくと，次第に家庭や地域の教育力は低下し，それまで食育継承に自信をもっていた特に母親の教育力が減少したと考えられる。また，③については，近代以降，婦人雑誌類や料理書が増加し，これに学んだ人々によって次第に西洋文化を取り入れた家庭料理が定着することになった。近年，ラジオ，テレビ，インターネットなど，情報社会の広がりはめざましく，健康食品に関する扱いなど，一方的な情報内容に影響を受けることも多い。

　各種の食生活調査によれば，子どもが1人で食べる割合が増加し，食事内容に偏りが大きいため，その改善が求められている。

時代区分	年	出来事
江戸時代（近世）	1643年	出版料理書『料理物語』
	1849年	主婦向け料理書『年中番菜録』出版
明治時代（近・現代）	1872年	学制の発布
	1899年	高等女学校令公布
	1904年	『食道楽』に「食育」使用
	1905年	雑誌『月刊食道楽』創刊
大正時代	1913年	『料理の友』創刊
	1920年	国立栄養研究所設置
	1926年	ラジオ料理番組開始

1節　家庭・地域における食育

1. 場の違いによる食育

さまざまな食材を調理して配膳し，食卓に用意するなど一連の食生活にかかわる様式を次世代に伝えてきたのは，長い間，家庭やそれを取り巻く地域の人々であった。これらは通常，伝承ということばで表現されることが多い。一方，教育とは，「人間が本来の内に有しているものを引き出すこと，育てること」を意味しており，伝承も食育の一つととらえられる。

近代以降，学校が成立し，また雑誌，ラジオ，テレビなど情報社会の発展にともない，食育は，きわめて複雑となった。そして次第に食育の中心であった家庭・地域での教育力が失われ，家庭での食育の特徴は影をひそめていったと考えられる。ここでは，図15-1に示すように食育の場を家庭・地域，学校，情報社会の三つの視点でながめながら，その変化と課題を考える。

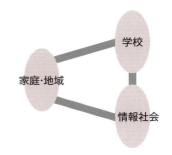

図15-1　食育の場

図15-1は，三つの教育の場がバランスをとり，互いが関連し合っている様子を示している。家庭・地域における食育は，人類が誕生して以来，最も長く続いているが，現在は，学校や情報社会の影響力のほうが大きくなってきており，バランスが崩れていると考えられる。

家庭・地域の食育は，生まれてすぐから始まるもので，その多くが文字によらない教育であることが大きな特徴であるといえよう。

子どもは，誕生した当初から乳を飲み始めるが，すでにそこから文字によらない食育が始まっている。発達心理学の研究によると，乳児が乳を飲むとき，吸う－休む－吸うというリズムを繰り返し，休止するときに，母親がやさしくゆすると，子どもはアーアーと声を発し，コミュニケーションが行われる。

図15-2　**子どもの食育**　日々の繰り返しにより食べ方を学習する。
（撮影　江原絢子）

また，乳幼児は，口に食べものを入れてかむこと，それを飲み込むことなども毎日の親とのやりとりをとおして学んでいく。そのため親が養育を放棄した場合や過保護の場合には，咀しゃくができなくなったり，吐乳が続いて発達遅延になったりすることもあるといわれている。子どもと養育者とのあたたかな毎日のコミュニケーションが，きわめて大切な食育の始まりといえる。

昭和時代								平成時代									
1943年 中等教育改革	1947年 都市児童に学校給食	1950年 完全学校給食開始	1957年 「きょうの料理」開始	1976年 米飯給食開始	1980年代 家庭料理洋風化・簡便化			2005年 食育基本法制定	2006年 第一回食育推進全国大会	2007年 栄養教諭制度発足 食事バランスガイド策定	2013年 日本食育学会設立		2016年 「和食」ユネスコ無形文化遺産に登録 第3次食育推進基準計画策定				

近・現代

2. 体験，訓練，みようみまね

　子どもが初めて経験するスプーンや箸で食べることは，毎日繰り返し練習することをとおしてできるようになる。動物とは異なる人間社会の食に対するこのような生活様式は家庭や地域のなかで形成されてきた。

　大正時代に子ども時代を送った農学者の古島敏雄は，その著『子供たちの大正時代』のなかで，子どもたちが家事を手伝いながら，飽きることなく繰り返しにより技術を上達させるよう導く親の様子を伝えている。かぶの菜の漬物をつくるために，かぶを洗い場に運び，洗い終わったかぶを再び運ぶのは子どもの仕事であったが，仕事の合い間に廃物のかぶの根で，たたいて回すコマをつくってくれる様子を描いている。また，奈良漬のために瓜の芯を除くのに蛤の貝殻を使う。これにはコツが必要で，何度も試みた結果，一息にむけるようになると快感があったという。その後，母親が仮漬する姿を，今度はそれを手伝った子どもが傍らで見守った。その経験が漬け上がって食べた漬物のおいしさにもつながっている。

　このような家庭での仕事をとおした体験，訓練は，少なくとも近代までの家庭では特別なことではなかった。炊飯，調理，食事作法など食生活に必要な具体的方法について，子どもたちに伝えることは親の役目でもあった。都市部と農村部とでは何を伝えるか，訓練させるかは異なっていたが，子どもたちは，家庭・地域のなかで文字を使わない，みようみまねの食育を受けていたといえよう。

3. 心を育てる食の体験

　明治時代に子ども時代を送った人の聞き書き調査資料『聞き書き　明治の子ども　遊びと暮らし』には，共食の楽しさ，手伝い，遊びをとおして学んだことなど食の思い出が記されている。そのなかに，貧しい農村の子どもの例がある。当時小学校では，昼ご飯は家に帰ってから摂っていたが，天気が悪い日は母親が弁当を届けてくれた。弁当箱もないため，子どもの茶碗にごはんを詰め込み，たくあんか梅干をのせただけであったが，母親がわざわざもってきてくれた嬉しさは，老人となっても記憶に残っている。

　このように，食は，人々のくらしや思いと深くかかわっており，食にかかわる体験をどれだけできるか，それによる食の思い出をどれだけ積み重ねられるかが，心を育む食のもう一つの教育として重要であろう。

　また，正月などの行事・行事食が神を迎え，神と共に食する，神人共食の意味があり，自然（神）に恵まれ，守られていることで，すべての食べ物に感謝できる心も育てたい（序章参照）。

図15-3　おてつだい
『ふるさと唐子のくらしと遊び』5集
おてつだい

時代区分	年	出来事
江戸時代（近世）	1643年	出版料理書『料理物語』
	1849年	主婦向け料理書『年中番菜録』出版
明治時代（近・現代）	1872年	学制の発布
	1899年	高等女学校令公布
	1904年	『食道楽』に「食育」使用
	1905年	雑誌『月刊食道楽』創刊
大正時代	1913年	『料理の友』創刊
	1920年	国立栄養研究所設置
	1926年	ラジオ料理番組開始

2節　学校における食育

1．学校設置と地域生活の変化

　近代以降，学校が各地に設立されて以来，それまでの生活にはない新しい文化が伝えられることになった。民俗学者宮本常一は，その変化の様子について「郷里出身の学校の先生がいた頃の学校は，村の日常生活がほとんど肯定されていたけれども，師範学校出身の先生が多くなる頃から，学校の教育が変わっていった」と述べている。村外から赴任した教員は，村の生活を理解せず，むしろ古いものとしてそれを否定するようになり，家庭教育者としての母親の権威が失われていったと指摘している。

　近代以降，食育は，おもに高等女学校など中等教育以上の女子に対して行われた。その内容は，「家事」の科目のなかの栄養，食品，調理が中心となり，なかでも栄養学は，中心的位置を占めた。それは，それまでの家庭や地域のくらしとは無縁のものであり，子どもたちは，親の知らない西洋近代知識を学ぶこととなった。

2．栄養学と数量教育の重視

　学校での調理実習や献立の教育が栄養学と深くかかわってくるのは，1930年以降である。自然科学的教育が重視され，献立の栄養価計算や計測を重視した調理実習が一般的になり，第二次世界大戦中にはさらに強化された。

　このように近代以降の学校における食育は，実生活での食生活に必要な知識や技能を扱うというより，栄養学のように，近代科学を基礎とした教育内容を基盤として発展した。これは，文字によらない体験をもととした家庭や地域の教育とは対局にあった。親はそれにほとんどかかわることはできなかったばかりか，家庭でのあるいは地域での体験的教育を伝える自信を失っていったともいえよう。

3．第二次世界大戦後の学校給食とその影響

　第二次世界大戦後の学校給食は，全国の子どもたちに対して行われ，日常の食生活にも影響を与えた。1947年，脱脂粉乳などをもとにして，全国都市部の児童300万人に対して学校給食が実施され，1950年には栄養素要求量が定められ，完全給食が実施された。

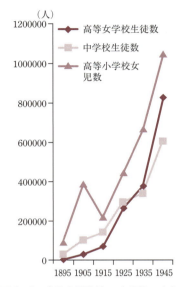

図15-4　高等女学校等の生徒数の変化
文部省『学制百年史』1972 より作成

図15-5　越前漆器の学校給食
（鯖江市河和田小学校）

昭和時代												平成時代									
●1943年 中等教育改革	●1947年 都市児童に学校給食	●1950年 完全学校給食開始	●1957年 「きょうの料理」開始	●1976年 米飯給食開始	●1980年代 家庭料理洋風化・簡便化	●2005年 食育基本法制定	●栄養教諭制度発足	●食育の日毎月19日制定	●2006年 第一回食育推進全国大会	●2007年 食事バランスガイド策定	●日本食育学会設立	●2008年 食育学習指導要領	●2013年 「和食」ユネスコ無形文化遺産に登録	●2016年 第3次食育推進基準計画策定							

近・現・代

　日本での伝統的な主食は米飯や麦飯であったが，戦争直後の日本では食料難であったため，学校給食はアメリカの援助により脱脂粉乳と小麦粉のパンを中心として開始された。それは，当時の子どもたちにとって異文化体験であった。パンとミルクの給食は，1976年，日本の余剰米対策も契機となり米飯給食が取り入れられるまで25年以上続き，その後も，回数は減少したが現在まで続いている。

　当時，栄養学的視点から食生活の改善が推進され，粉食が奨励され，日常食に不足していた動物性たんぱく質や油脂の摂取が推奨された。

　そして，1970～80年代になると，学校給食だけでなく家庭の食事も和食より洋食の比率が高くなり，スパゲッティ，カレーなど簡便なものが増えてくる。

　1976年(昭和51)から始まった米飯給食は，当面週2回の実施が奨励されたが，東京都の例では10年後の1986年で米飯給食の実施は平均週1.08回であった。2005年(平成17)食育基本法が制定され，次いで策定された食育推進基本計画には，学校給食において米飯給食の充実をはかると共に，食文化の継承が盛り込まれた。その後，約10年を経た2014年の文部科学省学校給食実施状況調査によれば，学校の米飯給食は，週平均3.4回となった。また，2016年に策定された第3次食育推進基本計画では，ユネスコに登録された「和食」の継承について和食給食献立の開発や「和食」の継承を推進することと記されている。表15-1に，パン給食時代の献立例と最近の米飯給食の例を示した。1965年の献立は，動物性食品や油脂の摂取など経済性と栄養効果が優先され食文化を考慮するゆとりもなかったことがうかがえる。

　一方，最近の米飯給食では，味なし飯も多く，麦飯，七分づき飯，発芽玄米など地域産の主食を工夫しており，和食の基本形「飯・汁・菜・(漬物)」に近いものが多くなっている。しかし，地域差や学校差はまだ大きい。

　栄養教諭の配置率にも地域差がある。国，自治体，地域，学校が連携した取り組みが必須である。

表15-1　米飯給食(2014)献立とパン給食(1965)献立例

米飯給食献立例(2014)			実施県	パン給食献立例(1965)			実施県
浅草のりご飯	うどちゃんこ汁	奥多摩やまめの重ね焼，べっこう千草，おひたし，キウイ	東京	パン	ミルク	鯨のケチャップ煮	大分
ご飯	さつま汁	さんまかば焼，煮びたし	埼玉	パン	ミルク	牛肉のカレー煮	三重
梅干しご飯	わかめのみそ汁	ししゃもフライ，野菜のごまネーズ	新潟	パン	ミルク	鶏肉からあげ，ボイルドキャベツ	兵庫
菜飯	豆乳入豚汁	かれい唐揚，ひじき炒め煮	福井	パン	ミルク	卵のフライ，ヨーグルト，雑煮，夏みかん	新潟
発芽玄米ご飯	だいこん・揚げみそ汁	あじのみりん醤油焼，ビーフンサラダ，小魚，果物	長野	パン	ミルク	スパゲッティミートソース，とんかつ	神奈川
赤飯(ごま塩)	むらくも汁	豆腐田楽，ふきよせ	静岡	パン	ミルク	ドライカレー入りスパゲッティ，フレンチサラダ	茨城
麦ご飯	秋の香り汁	愛知の野菜コロッケ，切干だいこんごま酢和え	愛知	減量パン	ミルク	冷やしそば，チーズ	神奈川
五目ご飯	豚汁	小魚の香味揚げ，ほうれんそうともやしのお浸し	岐阜	パン	ミルク	みそ風味シチュー，くだもの	岩手
ご飯	豚汁	さばの揚げ煮，だいこんときゅうりの浅漬	高知	パン	ミルク	さつまあげ，ひじき煮しめ	佐賀
ご飯	みそ汁	クーブイリチー，蒸しケーキ	沖縄	パン	ミルク	白玉餅のあべ川，かきたま汁	大阪

注]　インターネット公開の献立(2014)より　牛乳は全てにあるため省略　　『全国小学校給食献立週』(1966年)より作成

江戸時代
・1643年 出版料理書『料理物語』
・1849年 主婦向け料理書『年中番菜録』出版

明治時代
・1872年 学制の発布
・1899年 高等女学校令公布
・1904年 『食道楽』に「食育」使用
・1905年 雑誌『月刊食道楽』創刊

大正時代
・1913年 『料理の友』創刊
・1920年 国立栄養研究所設置
・1926年 ラジオ料理番組開始

近世 / 近・現代

3節　情報化社会における食育

1. 明治・大正時代の雑誌・料理書

　1877年（明治10）〜1912年（明治45）までに，女性を主な読者対象とした雑誌が出版されるようになり，それは，160種に及んだ。明治時代後期には，衣食住に関する実用雑誌が創刊され，『婦人画報』（1905創刊），『婦人之友』（1908創刊），『婦女界』（1910創刊）などに，少しずつ食物記事が掲載されるようになる。また，大正時代になると，『主婦之友』（1917年），『婦人倶楽部』（1920年）なども創刊された（図15-6）。

図15-6　料理書の出版
（撮影：江原絢子）

　さらに，明治時代初期に刊行された翻訳西洋料理書を皮切りに，1900年代以降，料理書の刊行が増加している（図15-6，8）。この時期，女子教育制度の整備により，中流家庭の女性たちに新しい料理を教える動きが盛んになり，彼らを対象とした家庭向け料理書が急増したためである。和洋折衷料理を取り入れた日常食を想定した料理書は，富国強兵を目指して肉食が積極的に取り入れられた。また，女性の執筆者が増加し，下田歌子，嘉悦孝子，桜井ちか子など学校創設者の名もみられた。

　1905年（明治38）に創刊された雑誌『月刊食道楽』は，村井弦斎のベストセラー小説『食道楽』が好評で，その時流にのって創刊されたものである。同書では，料理づくりを使用人に任せず，主婦自ら家事に参加し，家族の健康管理をすべきとする記事を掲載している。

図15-7　久萬芳編『料理の友』（大正時代）
家庭向け折衷料理が掲載された。
（撮影：江原絢子）

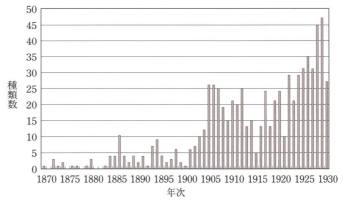

図15-8　料理書の年次別出版種類数
江原絢子・東四柳祥子『近代料理書の世界』2008より作成

昭和時代	1943年	中等教育改革
	1947年	都市児童に学校給食
	1950年	完全学校給食開始
	1957年	「きょうの料理」開始
	1976年	米飯給食開始
	1980年代	家庭料理洋風化・簡便化
平成時代	2005年	食育基本法制定
		食育の日毎月19日に制定
		栄養教諭制度発足
	2006年	第一回食育推進全国大会
		食事バランスガイド策定
	2007年	日本食育学会設立
	2012年	ネットによるレシピ公開広がる
	2013年	「和食」ユネスコ無形文化遺産に登録
	2016年	第3次食育推進基準計画策定

近・現代

2. 主婦を対象とした料理雑誌

　中流階層の主婦を主な対象とした雑誌『料理の友』は，「本会は家庭料理の改善を計り家庭の平和と幸福を増進し，一般婦人をして日常欠くべからざる実際的手腕を養成するの目的を以て」とし，1913年（大正2）に創刊された。同書では，家庭料理を中心につくり方を紹介しているほか，女性の生き方，家庭経済に関する記事がみられる。その内容をみると，家庭でできる西洋料理や和洋折衷料理が多く紹介されている。そのために，地方においては，手に入りにくい西洋料理に必要な道具や食材を通信販売によって購入できるよう「便利な御買物」欄を提供している（図15-7）。また，1955年（昭和30）以降の高度経済成長期以降，新しい料理雑誌が刊行される。次項とも関わるが，1957年に放送が始まったNHKきょうの料理が，翌年にはテキストとして創刊された。さらに，高度経済成長期には，農業など第一次産業から鉄鋼，機械産業など第二次産業の増加がみられ，企業雇用のサラリーマンが増加し，その給与も年々増加した。そのため，女性の就業率は，1950年に60％以上あったが，1960年には51％，70年には46％まで低下した。すなわち性別役割分業が普及し，専業主婦が増加した。この頃料理雑誌『クロワッサン』（1977年創刊），『オレンジページ』（1985年創刊）などが次々と創刊され家庭での手作りも奨励された。主婦たちは，これらを参考にしながら，少しずつ各自の家庭料理に組み入れていったといえよう。

3. ラジオ・テレビからインターネットへ

　日本のラジオ放送は，1925年（大正14），愛宕山の東京中央放送局から開始され，ラジオ放送による料理番組が始まったのは，翌1926年のことである。当時の学校教育同様，計量カップ，スプーンを用いて分量を表示する計量を重視した日常家庭料理が多く扱われた。

　さらに，新聞にも料理記事が盛んに掲載されるようになり，家庭向けの料理書や雑誌とともに，洋風料理，和洋折衷料理など「新しい料理」が紹介された。

　高度経済成長期には，テレビ，さらにはインターネットに食に関する情報が増加し，つくり方だけではなく種々の食情報が多く取り上げられるようになった。特に，健康や病気に関してある種の食品が効力があるとする情報番組は，あちこちで取り上げられ，放映日には，その食品が売り切れるといった影響をみせている。現在，このような多すぎる情報をいかに整理するか，選択するかの選択眼が求められている。

　また，1985年（昭和60）以降，女性の就業率は再び上昇し，パートタイム労働も増えたが，専門の仕事を出産後も続けたいと考える女性は，1970年代には30％半ばであったのが1992年（平成4）には44％に増加した（『平成9年国民生活白書』）。そのため，外食や中食など食の社会化も進んだが，クックパッドなどスマートフォンからも自由にアクセスできるだけでなく，料理を投稿するなどにより，料理を手作りしようとする人々も増え，さらに「和食」継承への理解が進むことで，食への意識も高まることを期待したい。

江戸時代（近世）	1643年	出版料理書『料理物語』
	1849年	主婦向け料理書『年中番菜録』出版
明治時代（近・現代）	1872年	学制の発布
	1899年	高等女学校令公布
	1904年	『食道楽』に「食育」使用
	1905年	雑誌『月刊食道楽』創刊
大正時代	1913年	『料理の友』創刊
	1920年	国立栄養研究所設置
	1926年	ラジオ料理番組開始

4節　これからの食育

1. 変わる食卓

　高度経済成長期以降，食品・外食産業の発展により，家庭内で行われてきた調理・加工の多くの部分が社会化され，冷凍食品，レトルトパック食品など多様な加工食品の発展により，家庭で材料を購入して調理する機会が少なくなった。生産者と消費者の距離が遠くなり，どこで生産され，どのような過程で加工されるかについて無関心になり，食材の名称も知らない子どもたちが増加している。

　さらに，24時間営業のコンビニエンスストアやスーパーマーケット，ファミリーレストラン，ファーストフード店などが1970年代には広がり，簡単に比較的安価な食物が手に入ることになった。また，交通網の発達により，通勤距離が伸び，家庭にいる時間も少なくなっている。その結果，家族そろって同じものを食べる機会が減少することにもなった。

　また，子どもたちも塾や習い事などに忙しく，家族がそろって食事をする機会が減っている。1982年と1999年の家族の共食を調査した足立己幸『知っていますか子どもたちの食卓』などで，子どもが1人だけで食事をすることが社会的問題となり，「孤食」という言葉が使われるようになった。さらに家族が別々のものを食べる「個食」が増えたとされる。

　『食育白書』（2010年）によれば，小学5年生で家族で朝食を食べる（家族そろって食べる26.6％＋おとなの家族の誰かと食べる29.0％）割合は55.6％，子どもだけで食べる25.0％，一人で食べるは15.3％であった。中学2年生は，同様の算出で家族だけが41.8％，子どもだけで食べるが19.7％，一人で食べるが33.7％と比較的多い。

　いっぽう夕食は一人で食べる割合は，小学生2.2％，中学生6.0％と朝食に比べ少ないが，子どもだけで食べる割合は小学生4.1％，中学生4.9％と，夕食も家族との共食が少ない傾向がみられる（図15-9）。

　1960年代に生まれた主婦2,300余人を対象とした調査（岩村暢子『変わる家族　変わる食卓』）では，遊び疲れた主婦は，朝食は前日の残り，夕食は，スーパーの惣菜にインスタント食品，ゆっくりしたときは，親子でカラオケを楽しみ，たこ焼き，ピラフ，焼きうどんなどを食べるなど，遊びを優先した様子や食事つくりへの無関心や自信のなさについて報告している。

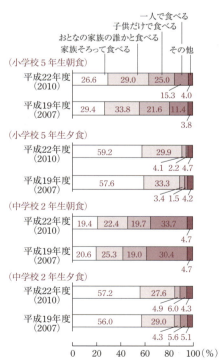

図15-9　家族との食事の状況
厚生労働省『食育白書』（2010）より作成

昭和時代									平成時代								
●1943年 中等教育改革	●1947年 都市児童に学校給食	●1950年 完全学校給食開始	●1957年 「きょうの料理」開始	●1976年 米飯給食開始	●1980年代 家庭料理洋風化・簡便化				●2005年 食育基本法制定	●栄養教諭制度発足 ●食育の日毎月19日に制定	●2006年 第一回食育推進全国大会 ●食事バランスガイド策定	●2007年 日本食育学会設立	●2008年 食育学習指導要領に	●2013年 「和食」ユネスコ無形文化遺産に登録	●2016年 第3次食育推進基本計画策定		

近・現代

2．「食育」の政策

　食生活のこのような変化に対して，国は，2005年食育基本法を制定した。子どもたちが豊かな人間性を育み，生きる力を身につけていくためには，何よりも食が大切であるとして，「食育」についての基本理念を示した。そのなかには，保護者，教育者などの役割，伝統的な食文化への理解，食料の生産者と消費者の交流をはかること，農山漁村の活性化と自給率の向上，推進などについて述べている。

　2016年（平成28）に策定された第3次食育推進基本計画では，2013年にユネスコに登録された「和食」の継承について新たに加わるなど食文化理解への推進は，より一層食育の施策のなかで重要になっている。食育の推進に関する施策，5点の重点課題が挙げられており要約したものを図15-10にまとめた。

3．豊かな食生活のために

　1節に述べたとおり，本来，家庭・地域の食育は，文字によらない教育，繰り返しの体験を中心としていたが，現在では，その重要性が忘れられている。しかし，毎日の食生活の体験は，成果がすぐにはあらわれないが，食生活の技能を身につけ，味覚をみがくなかで，その後の生きる力にもつながるであろう。

　また，食事のバランスを考え日常食を改善するためには，伝統的な日本の優れた食事構成は有効である。「飯・汁・菜・漬物」の和食の基本形は，主菜として，魚・肉類などを中心とし，副菜には，種々の野菜類を配するように考えれば，献立も立てやすく，栄養的なバランスも取りやすい。学校給食も同様の献立構成を考えれば，子どもたちにも食事の構成が身につきやすく，食習慣の改善につながると考えられる。このような過程を経て，食事を大切にすることができれば，食の向こう側にある心を育むことも可能となろう。

第3次食育推進基本計画（2016〜2020年）
重点課題
(1) 若い世代を中心とした食育の推進
　　生涯を通じた食育の推進が重要であるが，特に20歳代，30歳代の若い世代は，これから親になる世代でもあり，食育の推進が重要である。
(2) 多様な暮らしに対応した食育の推進
　　地域や関係団体の連携をはかりつつ，コミュニケーションや豊かな食体験にもつながる共食の機会の提供等を行う。
(3) 健康寿命の延伸につながる食育の推進
　　生活習慣病の発症・重症化の予防や改善に向けて健全な食生活を実践できるよう支援する。
(4) 食の循環や環境を意識した食育の推進
　　食料の生産から消費に至る食の循環を意識し，食に関する感謝の食を深めることや食品廃棄の抑制の推進
(5) 食文化の継承に向けた食育の推進
　　「和食；日本人の伝統的な食文化」が「自然の尊重」という日本人の精神を体現した食に関する社会的慣習としてユネスコに登録されたことを踏まえ食育活動を通じて，郷土料理，伝統食材，食事の作法などへの理解と伝統的な食文化の保護・継承を促進する（序章参照）。

図15-10　第3次食育推進基本計画重点課題

参考文献

阿古真理『昭和の洋食平成のカフェ飯―家庭料理の80年』筑摩書房，2013
アーノルド・ゲセル著・生月雅子訳『狼に育てられた子』家政教育社，1967
足立己幸『なぜひとりで食べるの』日本放送出版協会，1983
足立己幸『知っていますか子どもたちの食卓―食生活からからだと心がみえる』日本放送出版協会，2000
石川尚子他『ふるさと唐子のくらしと遊び』5集おてつだい，あかね出版編集委員会，まつやま書房，1991
生野照子「『食』と心の働き」『食の科学』277号，2001
岩村暢子『変わる家族　変わる食卓』勁草書房，2003
岩村暢子『普通の家族がいちばん怖い　破滅する日本の食卓』新潮社，2007
NHK放送文化研究所世論調査部編『崩食と放食－NHK日本人の食生活調査から』日本放送出版協会，2006
江原絢子編『学校のお昼ごはん』『vesta』52号，味の素食の文化センター，2003
江原絢子編著『食と教育』ドメス出版，2001
江原絢子『家庭料理の近代』吉川弘文館，2012
江原絢子「日本の食文化と学校給食」第1〜12回『学校の食事』第38巻8号〜第39巻7号，2005－06
江原絢子・東四柳祥子『近代料理書の世界』ドメス出版，2008
落合恵美子『近代家族の曲がり角』角川書店，2000
門脇厚司『子どもの社会力』岩波書店，1999
黒岩比佐子『食育のススメ』文芸春秋，2007
熊倉功夫(監)・江原絢子(編著)『和食と食育』アイ・ケイコーポレーション，2014
桑畑美沙子『地域の食文化に視点をあてた食育の研究』風間書房，2008
近藤恵津子『わたしと地球がつながる食農共育』コモンズ，2006
産経新聞社社会部『検証　日本の食卓―私たちは何を食べているのか』産経新聞，2004
高田公理編『共食・食のコミュニーケーション』『vesta』100号，味の素食の文化センター，2015
髙橋久仁子編『家庭の食卓は，今』『vesta』75号，味の素食の文化センター，2011
田中葉子他『それでも好きなものだけ食べさせますか？』日本放送出版協会，2007
内閣府『食育白書』各年度版
中田哲也『フード・マイレージ』日本評論社，2007
日本放送協会編『放送料理一千集』(肉類編)日本放送出版協会，1935(個人蔵)
農山漁村文化協会『食育活動』No.1〜No.9，2006－08
畑中三応子『ファッションフードあります：はやりの食べ物クロニカル1970―2010』紀伊国屋書店，2013
藤沢良知『図解　食育』全国学校給食協会，2007
藤本浩之『聞き書き　明治の子ども　遊びと暮らし』SBB出版会，1986
伏木亨・山極寿一・サントリー次世代研究所『いま食べることを問う』農山漁村文化協会，2006
古島敏雄『子供たちの大正時代―田舎町の生活史―』平凡社，1982
本田和子『変貌する子ども世界―子どもパワーの光と影―』中央公論社，1999
宮本常一『家郷の訓』岩波書店，1984
村井弦齋『食道楽』上・下　岩波書店，2005
文部省『学制百年史』資料編　文部省，1972

索　　引

あ
- 揚浜式製塩 …… 72
- 羹 …… 68
- 甘葛煎 …… 73
- アミロースでんぷん …… 27
- アミロペクチンでんぷん …… 27
- 飴 …… 42, 83
- アルファー(α)米 …… 55
- 有平糖 …… 44, 82
- アンケート調査 …… 16
- アンテナショップ …… 148
- あんパン …… 84

い
- イオン交換樹脂膜法 …… 72
- 石囲炉 …… 102
- 医食同源 …… 28
- いしる …… 24
- 一億総グルメ …… 137
- 一汁三菜 …… 36, 92
- 一般社団法人和食文化国民会議 …… 9
- 一服一銭 …… 86
- 遺伝子組み換え …… 65
- 糸引きなっとう …… 64
- 稲作の伝来 …… 34
- 猪肉は「山鯨」,「牡丹」…… 66
- 異文化接触 …… 15
- 甘藷百珍 …… 53
- 芋飯文化圏 …… 25
- 煎酒 …… 74
- 入浜式塩田 …… 72
- 囲炉裏 …… 102
- 祝い肴 …… 143
- 祝い箸 …… 6
- 隠元 …… 43, 87
- インスタントラーメン …… 38
- インディカ …… 27
- インド料理文化圏 …… 28

う
- ウースターソース …… 79
- Webcat …… 17
- ウォーターオーブン …… 105
- うこん(ターメリック) …… 28
- 淡口しょうゆ …… 75
- 内食 …… 137
- うの花 …… 129
- 産飯 …… 144
- うま味調味料 …… 78

え
- 栄養機能食品制度 …… 19
- 駅弁 …… 118
- エスニック …… 49, 79
- 江戸切子 …… 107
- NHKテレビ番組「きょうの料理」…… 48, 157
- 延喜式 …… 69, 88
- 淹茶法 …… 87

お
- 大炊寮 …… 112
- 大草家料理書 …… 76
- 大草流 …… 94
- オートミール …… 59
- 尾頭付きの魚 …… 98, 144
- おかぼ(陸稲) …… 25
- 岡持 …… 119
- お子様ランチ …… 136
- 折敷 …… 96
- 押し麦 …… 56
- おせち …… 143
- お救小屋 …… 122
- 親潮(千島海流) …… 33
- オランダ商館 …… 44

か
- 外食元年 …… 138
- 外食券 …… 132
- 外食産業 …… 38, 132
- 外食の国際化 …… 139
- 懐石料理 …… 43, 86
- 会席料理 …… 93
- 貝塚 …… 33
- 化学調味料 …… 78
- 鏡餅 …… 6
- 学童集団疎開 …… 125
- 陰膳 …… 8
- 懸盤 …… 108
- 菓子パン …… 84
- 嘉祥 …… 83
- 過食症 …… 39
- 菓子話船橋 …… 83
- かすてら …… 44, 82
- ガストロノミー …… 3
- 固粥 …… 114
- 固粥(姫飯) …… 54

- 堅魚煎汁 …… 78
- かつぎ屋台 …… 135
- 学校給食 …… 8
- 割烹教科書 …… 104
- カテ飯 …… 36, 114
- 竈 …… 42
- 鎌倉彫 …… 106
- 唐菓子 …… 42, 76, 82
- 唐箸 …… 106
- 簡易食堂 …… 137
- 岩塩 …… 34
- 完全給食 …… 154
- 関東大震災 …… 126
- 広東料理 …… 28

き
- 聞き書きによる研究 …… 16
- 魏志倭人伝 …… 32
- 絆の強化 …… 4
- 擬製とうふ …… 64
- 義倉 …… 122
- 臘 …… 66
- 北前船 …… 35, 146
- 喫茶養生記 …… 86
- キャッサバ, キャッサバ文化圏 …… 25
- キャラ弁 …… 119
- キャラメル …… 85
- 救荒食・備荒食 …… 128
- 救荒食品 …… 123
- 牛鍋屋 …… 46, 66
- 供応食 …… 7
- 行事食 …… 6, 142
- 共食 …… 153
- 郷土料理百選 …… 37
- 漁業専管水域 …… 63
- 魚醤 …… 24, 42
- 拒食症 …… 39
- 魚食文化 …… 33
- 魚肉ハム・ソーセージ …… 63
- 切机 …… 104
- 儀礼食 …… 6
- 径山寺みそ …… 64
- 近世職人尽絵詞 …… 134

く
- 食い切り …… 98
- 食いぞめ …… 144
- クープイリチー …… 146

クープマチ……146
9月9日(重陽)……143
草醤……24, 42
鯨肉調味方……62
薬食い……66
下り京菓子……83
下り酒……88
くだりしょうゆ……75
グルメブーム……113
黒潮(日本海流)……33

け

慶安御触書……59
携帯口糧……124
鶏卵……44, 82
計量カップ……157
激辛ブーム……79
健康の増進……4

こ

濃口しょうゆ……75
交換経済体制……117
郷倉……122
考古学……14
考古学的手法による研究……16
麹……42, 88
公設市場……126
高知の皿鉢料理……147
紅茶……87
高等女学校……154
高度経済成長期……8, 48
行李……119
こうりゃん……129
ゴーヤーチャンプル……147
凍とうふ……65
コーヒー……45, 47
コールドチェーン……49
コーンフレーク……59
5月5日(端午)……142
穀醤……24, 42
五穀米……59
甑……24, 42
腰弁当……119
御酒之日記……88
孤食……35, 109
個食……109
糊食文化……37
御前菓子秘伝抄……83
国会図書館……17
兀子……42
子ども食堂……39
粉粥餅文化圏……25

小鍋料理……104
強飯……114
根栽農耕文化……23
混主食……129
コンビニエンスストア……38, 138
金平糖……44, 82

さ

座……35
CiNii(国立情報学研究所)……17
索餅……76
提重……118
サッカリン……73
雑食性……22
雑誌『料理の友』……157
薩摩切子……107
茶道……86
さば街道……146
サバンナ農耕文化……23
サプリメント……65
3月3日(上巳)……142
三内丸山遺跡……52
三方……108

し

市……35
強肴……96
シェアハウス……109
塩辛なっとう……64
鹿肉は「紅葉」……66
式正料理……55
自給自足……116
シシケバブ……29
枝条架流下式製塩……72
四条流……94
システムキッチン……103
自然環境……12
自然の尊重……4
四川料理……28
7月7日(七夕)……142
七輪……103
卓袱(卓子)料理……43
自動式電気炊飯器……48
地床炉……102
芝居弁当……118
地場産物……117
師範学校……154
四文屋……134
社会環境……12
社倉……122
ジャポニカ……27
周年栽培……38

出張てんぷら……135
主婦之友……156
旬……36
正月魚……143
正月7日(人日)……142
精進落し……145
精進料理……43
小説『食道楽』……156
上菓子……83
醸造酒……88, 146
常平倉……122
情報社会の発展……152
縄文式土器……106
蒸留酒……89, 146
食育推進基本計画……8
殖産興業政策……115
食事作法……18
食事文化……12
食習慣……13
食の外部化・社会化……38
食の簡便化志向……63
食品公害……35
食文化……12
食文化研究……14
食物アレルギー……39
食糧管理法……54, 125
食糧切符配給制……125
食料自給率……39
諸国名産大根料理秘伝抄……68
食器洗い乾燥機……105
しょっつる……24
神酒……6
新食糧法……125
進土流……94
神人共食……6
人生儀礼……6
神饌……6, 82
新大陸農耕文化……23

す

ずいき……129
吸い口……79
水田稲作……4
スーパーマーケット……38, 138
須恵器……42
すしブーム……149
須田町食堂……137
スプーン……157
スマート家電……105
スローフード運動……39

せ

- 生活習慣病 …… 39
- 生活様式 …… 12
- 製油録 …… 77
- 西洋衣食住 …… 46
- 西洋料理指南 …… 47
- 西洋料理通 …… 47
- 背負い餅 …… 144
- 施粥 …… 122
- 折衷料理 …… 115
- 節分の豆打 …… 64
- 戦陣食 …… 118
- 煎茶法 …… 86
- 千利休 …… 86

そ

- 雑炊食堂 …… 137
- 雑煮 …… 143
- 宗和膳 …… 108
- そば切り …… 57

た

- 大饗料理 …… 42
- 体験的教育 …… 154
- 大膳職 …… 112
- ダイニングキッチン(DK) …… 48, 103
- 台盤 …… 42
- 台盤所 …… 102
- 代用食 …… 118
- 代用全食 …… 129
- 駄菓子 …… 83
- タカジアスターゼ …… 34
- 高坏 …… 106
- 籠物 …… 119
- 炊き干し法 …… 27
- たけのこ生活 …… 125
- たたみいわし …… 128
- 玉子ふわふわ …… 67
- 溜しょうゆ …… 75
- ダル …… 29
- タロいも …… 25
- タンドール …… 29

ち

- 地域コミュニティ …… 4
- 地産地消 …… 116
- 地中海農耕文化 …… 23
- 地中海料理 …… 3
- 千歳飴 …… 144
- 茶経 …… 86
- 茶湯 …… 43

- チャパティ …… 26
- チャブ台 …… 109
- 中国料理文化圏 …… 28
- 蝶足膳 …… 108
- 調菜 …… 43
- 朝鮮通信使 …… 43, 95
- 調理済み食品 …… 38
- 猪口 …… 95
- チョコレート …… 85
- 著作物による研究 …… 16

つ

- 衝重 …… 108
- 津軽塗 …… 107
- 月見の枝豆 …… 64
- 対馬海流 …… 33
- 坪 …… 95

て

- 庭訓往来 …… 66
- 手塩皿 …… 94
- 手食文化圏 …… 25
- 電子ジャー炊飯器 …… 105
- 電磁誘導(IH)炊飯器 …… 105
- 点心 …… 43, 82, 112
- 典座教訓 …… 43
- 点茶法 …… 86
- てんぷら …… 45
- 天明の大飢饉 …… 122
- 天盛り …… 79

と

- 道元 …… 43
- 唐人屋敷 …… 43
- 闘茶 …… 86
- 豆乳 …… 65
- 豆腐百珍 …… 64
- 土器製塩 …… 72
- 特定保健用食品 …… 19, 65
- 歳取りの魚 …… 146
- 土製内耳なべ …… 104
- 屠蘇酒 …… 143
- 都鄙安逸傳 …… 53
- 止め椀 …… 99
- 豊葦原の瑞穂の国 …… 32
- ドライブスルー …… 133
- 鳥浜遺跡 …… 33
- とんかつソース …… 79
- 屯食 …… 118

な

- 内国勧業博覧会 …… 47, 84

- 中食 …… 119, 137
- なごり …… 36
- 七草粥 …… 64, 143
- 塩 …… 24
- 生成ずし …… 149
- 嘗めみそ …… 75
- 奈良茶飯屋 …… 135
- なれずし …… 55, 149
- ナン …… 29
- 南蛮菓子 …… 44, 82
- 南蛮料理 …… 44
- ナンプラー …… 24
- 南方録覚書 …… 97

に

- 新嘗祭 …… 88
- 煮売居酒屋 …… 88
- 煮売屋 …… 134
- 肉食禁忌 …… 19, 42, 44
- 肉食文化圏 …… 25
- 肉醤 …… 24, 42
- 二汁五菜 …… 95
- 日本型食生活 …… 7
- 日本食レストラン …… 9
- 日本の食生活全集 …… 116
- 日本料理 …… 15
- 二毛作 …… 64
- 乳製品 …… 42, 47
- ニョクマム …… 24

ね

- 根来塗 …… 106
- 年中行事 …… 142

は

- 配給制度 …… 34
- 箱膳 …… 108
- 箸洗・一口椀 …… 96
- 土師器 …… 42
- 箸使い …… 18
- 走り …… 36
- バターオイル(ギー) …… 29
- 八寸 …… 96
- 花見弁当 …… 118
- 早ずし …… 149
- ハレ食 …… 7
- 万国博覧会 …… 132
- ハンゴロシ文化 …… 37
- 蕃薯考 …… 53
- 阪神淡路大震災 …… 126
- 番茶 …… 87
- 半調理品 …… 38

パンとミルクの給食………155	ポストハーベスト………39	焼畑農耕………25
パン屋………84	ホットプレート………127	薬膳………28
ひ	本膳料理………43	ヤミ市………125
ビール………45, 47, 89	本草学………19	弥生式土器………106
東日本大震災………126	本朝食鑑………19	**ゆ**
ひかど………45	**ま**	有職料理………94
ひき割り………56	マイコン式自動炊飯器………105	湯桶………96
ビスケット………82, 84	Magazineplus………17	湯とり法………27
飛騨春慶塗………107	饅頭………43, 82	ユネスコ………2
日の丸弁当………118	**み**	**よ**
姫飯………114	味覚境界線………37	栄西………43, 86
平椀………95	水の文化………32	羊羹………43, 82
飛龍頭………45, 64	みたて料理………82	養生訓………19
ふ	道の駅………148	油飯………76
ファーストフード店……38, 49, 158	三つの教育の場………152	ヨーロッパ料理文化圏………28
ファミリーレストラン……38, 49, 138	みようみまね………153	**ら**
深川洲崎の升屋………135	ミルクホール………136	ライスブレッドクッカー………27
赴粥飯法………43	民俗学………14	**り**
婦人倶楽部………156	**む**	立働式台所………103
婦人之友………156	むかご………52	リマン海流………33
ふすま………129	むぎこがし………128	粒食文化圏………24
普茶料理………43, 93	無形文化遺産………2	流通革命………38
仏教伝来………35	向付………96	領海12カイリ………63
福建料理………28	向詰………95	料理茶屋………88
歩留まり………27	**め**	料理通………135
フライパン運動………77	名飯部類………59	料理の起源………56
フランスの美食術………3	メキシコの伝統料理………3	料理早指南………95
プラント・オパール………17	麺食文化………37, 43, 82	料理物語………66
振り売り………65, 134	面桶………119	**れ**
振茶………87	**も**	レトルトパック食品………158
ふるさと名物応援事業………148	藻塩焼き製塩………72	**ろ**
文化人類学………14	もち帰り弁当………119	六条とうふ………64
粉食文化圏………24	餅なし正月………53	**わ**
へ	餅踏ませ………144	ワイン………47
米飯給食………8	モチ文化………37	和三盆糖………73
北京料理………28	木簡………67	輪島塗………107
ペルシャ・アラブ料理文化圏………28	もったいない運動………39	和食………2
BENTO………119	ももんじ屋………66	和食の日………9
弁当の日………119	守貞謾稿………83	和名類聚抄………76
ほ	諸白………88	破子………118
飽食………39	**や**	椀盛………98
包丁式………62	八百善………135	
包丁人………36	焼米………118	
行器………118		
糒………55		

編著者紹介

江原絢子(えはら　あやこ)
　　お茶の水女子大学家政学部食物学科卒業　博士(教育学)　東京家政学院大学名誉教授
　　　主な著作:『家庭料理の近代』吉川弘文館,『和食とは何か』思文閣出版(共著),『和食と食育』アイ・ケイコーポレーション(編著),『食と教育』ドメス出版(編著),『近代料理書の世界』ドメス出版(共著)　他

石川尚子(いしかわ　なおこ)
　　お茶の水女子大学家政学部食物学科卒業　元都立短期大学
　　　主な著作:『江戸の食』アイ・ケイコーポレーション(共著),『論集　日本の食文化』雄山閣出版(編著),『近現代の食文化』アイ・ケイコーポレーション(共著),『日本食物史』吉川弘文館(共著)『論集　東京都における学童疎開と食の実態』ユーポック　他

執筆者紹介

橋爪伸子(はしづめ　のぶこ)
　　奈良女子大学大学院家政学研究科卒業　博士(学術)　同志社大学非常勤講師
　　　主な著作:『地域名菓の誕生』思文閣出版,『京料理の文化史』思文閣出版(共著),『熊本藩士のレシピ帖』熊本市熊本築城400年記念事業実行委員会 2008(監修・著)　他

島﨑とみ子(しまざき　とみこ)
　　日本女子大学家政学部食物学科卒業　女子栄養大学名誉教授
　　　主な著作:『日本料理秘伝集成』同朋舎出版(共著),『江戸料理百選』2001社(共著),『変わりご飯』柴田書店(共著),『江戸文化の考古学』吉川弘文館(共著),『新野菜料理』女子栄養大学出版部(共著),『江戸のおかず帖』女子栄養大学出版部　他

冨岡典子(とみおか　のりこ)
　　奈良教育大学大学院教育学研究科卒業　博士(学術)　元畿央大学
　　　主な著作:『大和の食文化　日本の食のルーツをたずねて』奈良新聞社,『まほろば巡礼』小学館(共著),『基礎から学ぶ調理実習』理工学社(共著),『ものと人間の文化史170 ごぼう』法政大学出版局　他

大久保洋子(おおくぼ　ひろこ)
　　実践女子大学大学院家政学研究科卒業　博士(食物栄養学)　元実践女子大学教授
　　　主な著作:『江戸の食空間』講談社学術文庫,『江戸の食, 現代の食』NHK出版,『近現代の食文化』アイ・ケイコーポレーション(共著),『和食と食育』アイ・ケイコーポレーション(共著),『食生活論』南江堂(共著),『江戸っ子は何を食べていたか』青春出版社(監修)他

中澤弥子(なかざわ　ひろこ)
　　東京大学大学院医学系研究科卒業　博士(保健学)　長野県立大学教授
　　　主な著作:「ヨーロッパ7か国の日本食文化への関心—平成26年度文化庁文化交流使活動の参加者へのアンケート調査—」『会誌食文化研究』第11号,「日本の学校給食と牛乳利用の現状と課題—食育及び食文化の視点から—」『会誌食文化研究』第10号他

新版　日本の食文化―「和食」の継承と食育―

初版発行	2009年8月30日	初版発行	2016年9月30日
二版発行	2010年1月20日	初版二刷	2017年9月30日
三版発行	2010年9月20日	第二版発行	2018年10月31日
四版発行	2011年4月1日	第三版発行	2019年9月30日
五版発行	2011年9月30日	第三版五刷	2024年3月30日
六版発行	2012年9月25日		
七版発行	2013年5月10日		
八版発行	2014年1月30日		
八版三刷	2016年1月20日		

（日本の食文化―その伝承と食の教育―）

編著者Ⓒ　　江原　絢子
　　　　　　石川　尚子

発行者　　森田　富子
発行所　　株式会社　アイ・ケイ　コーポレーション
　　　　　東京都葛飾区西新小岩4-37-16
　　　　　メゾンドールI＆K／〒124-0025
　　　　　電話 03-5654-3722,3番　FAX 03-5654-3720番

表紙デザイン　㈱エナグ　渡部晶子
組版　㈲ぷりんてぃあ第二／印刷所　㈱エーヴィスシステムズ

ISBN978-4-87492-343-6　C3077